사랑으로부터의 재창조

"기쁜 소식"

으로

읽는

성서

사랑으로부터의 재창조

문학과 사람 총서 008

초판 발행 | 2017년 5월 15일

지 은 이 김진춘
펴 낸 이 김광기
편집주간 박현솔
펴 낸 곳 문학과 사람 Literature and Human
출판등록 2016. 7. 22. 제2016-9호
주 소 경기도 시흥시 하상로 36 금호타운 301-203
대표전화 031)253-2575, 010-8773-8806
homepage http://cafe.daum.net/yadan21
E_mail keeps@naver.com

ISBN 978-89-89265-79-5 03810

*이 도서의 국립중앙도서관 출판시도서목록(CIP)은
서지정보유통지원시스템 홈페이지(http://seoji.nl.go.kr)와
국가자료공동목록시스템(http://www.nl.go.kr/kolisnet)에서
이용하실 수 있습니다.
*'문학과 사람'은 1998년 등록된 도서출판 'AJ(에이제이)'와 연계됩니다.

값 15,000원

사랑으로부터의 재창조

김진춘 지음

문학과 사람
Literature and Human

■□ 머리말

"살아 있는 사람은 누구나 불행하다"는 모진 말이 있다. 세상에서 누가 제일 행복하냐는 크로이서스(Kroesus) 왕의 질문에, 현자 솔론(Solon)은 "죽은 사람들이 행복하다"는 썰렁한 대답을 한다. 삶 자체가 불행 이외에 다른 것이 아니라는 말인데, 선뜻 받아들이고 싶지 않으면서도 아니라는 반론을 펴기도 어렵다.

주어진 상황이 힘겨워서 어찌할 방법을 모르며, 자신의 삶을 남의 일처럼 방치하고, 자신의 생명까지 남의 것처럼 네 가지 고통(四苦)이니 여덟 가지 고통(八苦)이니 하면서, 살아가야 할 자기 자리를 고통의 바다(苦海)라며 남의 얘기하듯 한다.

그래서인가. 경험하는 일들마다 회한과 상처와 얼룩만 남기니, 사람들은 세상을 어렵게만 바라보는 습성이 생겼다. 매사에 성큼 나서기가 두렵기만 하다. 하나의 회한을 또 추가할까 두려운 거다. 습성을 지나 체질이 되다시피 하면서 자기가 살아야 할 세상사를 남의 말 하듯 한다. 계속 그런다면 이 세상은 누가 살아주나?

하느님을 경험하는 분위기도 마찬가지다. 하느님은 어렵고 어둡고 무섭고 딱딱하기만 하다. 하느님 앞에서는 늘 주눅이 들고 분위기를 살펴야 하고 눈치를 보며 마음고생을 해야 한다. 결코 하느님이 그럴 리가 없는데! 살아가는 현실이 어려운네 하느님 경험조차 이렇게 힘겨워야만 하니, 인생길이 꼭 이런 식이어야만 되는가? 그렇다고 하느님을 훌훌 털어버리고 떠나버릴 만큼 배포가 두둑한 것도 아니니 마땅한 방안은 없고 답답하기만 하다.

어차피 살아야 할 삶이라면 모든 걸 힘들게만 바라보는 몸에 밴 관점에서 잠깐 비켜서서 새로운 각도에서 자신과 세상을 바라보는 안(案)을 만들어보고 싶다. 같은 산이라도 어디서 보느냐에 따라서 마치 다른 산처럼 보이기도 한다. 시각(視角)을 달리해서 관점을 바꾸면 세상 모습이 새로워지는 일을 종종 경험한다.

관점을 바꾸면 전혀 보이지 않던 새로운 길이 보이기도 한다. 또 관점을 바꿔서 자신을 바라보면, 오리무중이던 자신의 정체성이 또렷하게 정리되는 감동적인 상황을 경험하기도 한다.

성서를 읽는 일도 마찬가지다. 관점을 바꿔서 다가가면 전혀 새로운 세계로 안내를 받을 수도 있다. 성서를 기록하거나 편집한 사람들의 의도를 잘 파악해서 죽이 맞는 필자와 독자관계를 만들어서 "성서야, 놀자!" 하는 방식으로 읽어보자는 제안이다. 제발 동문서답식 미신적 성서 읽기는 그만하도록 하자.

성서가 품고 있는 본래의 관점을 따라서 그것이 일러주는 원리를 살피면서 자신을 보고, 세상을 보고, 그리고 삶을 바르게 살아가는 방안을 찾아보고 싶어서 〈사랑으로부터의 재창조〉라는 피켓을 들고 길을 나섰다. 길동무도 여럿을 만났다.

"너는 내 아들이다. 나는 너를 좋아한다!" 이것은 세례를 받고 강변으로 올라온 예수의 귀에 들린 하느님의 음성이었다. 예수의 눈에는 비둘기가 다가오는 것이 보이기도 했다. 이 소리와 그림은 예수가 그때 그곳에서 자신이 하느님의 아들이라는 것을 자각했다는 것을 알려주는 그 시대의 서술방식이었다.

중요한 것은 자신이 하느님의 아들이라는 사실을 자각하는 일이다. 객관적으로 하느님의 아들임이 분명하더라도, 그 사실을 당사자인 자신이 인식하지 못한다면, 그는 여전히 하느님의 아들이 아닌 상태에 있다는 점이다. 본인의 각성이 그만큼 중요하다.

이 사실은 예수의 경우에만 해당되는 것은 아니다. 세상에는 아들의식(意識)을 가지고 아들로서 살아가는 사람이 있는 반면, 자신이 아들이면서도 노예 의식(意識)을 갖고 노예로 살아가는 아들이 많다.

이것이 성서가 사람들에게 일러주고 있는 중심 내용이다. 성서는 우리 모두가 노예의 삶에서 뛰쳐나와서 아들의 삶으로 뛰어들라는 가르침을 주고 있다.

필자는 스스로 독자(讀者)라는 생각으로 자신을 향해서 이 글을 쓰고 있다. 자신에게 써 보내는 지난날의 회고문(回顧文)이며 살아갈 날들에 대한 마음의 다짐을 다듬고 있다. 서툰 글을 정리하면서 스스로 경험하는 일들이 더러 있어서, 부족하나마 의미를 느끼면서, 이런 내적 경험은 나눠가지면 좋겠구나 싶기도 하다. 말하자면 자신이 아직 살아 있는 이유를 명확하게 정리해 볼 수 있었다는 점이다. 〈사랑으로부터의 재창조〉를 아는 것은 모르고 사는 것과는 다르게 살아 있는 감각을 새롭게 해 준다.

늘 가까이 지내면서 구도(求道)의 길을 함께 가고 있는 고마운 길동무들의 요청과 격려가 이 글을 정리하도록 밀어주는 동력이었다. 아내 또한 말없는 요청과 응원으로 이 글을 시작하도록 등을 밀어줬다.

특별히 자신의 일보다 더 걱정하며 일을 추진해 준 문 선생, 그리고 일마다 흔쾌히 도움을 주는 박 사장에게 깊은 고마움을 전하고 싶다. 또 십년지기처럼 마음 가까이에서 이 일을 도와준 〈문학과 사람〉의 김광기 시인에게 깊은 감사를 드린다.

2017년 5월 일흔일곱 번째 생일에, 김진춘

차례

Part 1 극상품(極上品)

Part 2 정지화면(停止畵面)

Part 3 유레카

Part 4 전도몽상(顚倒夢想)

Part 5 구원 : 창조의 완성

Part 6 새로운 피조물

Part 7 인신공양(人身供養)

Part 1

극상품(極上品)

01 ▪ 어떻게 읽느냐?

사람이 자신을 두르고 있는 외부 세계와 관계를 맺는 방식은 세 가지다. 내부에서 움직이는 서정(抒情)으로 다가가는 노래의 방식, 합리적인 이치를 따라서 삶의 길을 찾아가는 이성(理性)의 움직임, 어머니같이 자신을 맞아줄 대상을 찾아 신뢰의 관계를 맺고자 길을 찾아가는 움직임이 이 세 가지다.

자연계를 보면서, 시인 W. Wordsworth는 그 감동을 이렇게 표현했다. (*이 멋진 내용을 우리말로 바꿔보려고 몇 번을 시도했지만 매번 딴 소리가 되었고, 다른 이들의 번역을 몇 가지 봤지만 딴 소리이기는 마찬가지여서 꾸지람을 각오하고 원문을 그냥 실었다. 전체 그림만 그려보면 이렇다. 하늘에 떠 있는 무지개를 보면 가슴이 뛰는 것이 어린 시절에 그러더니, 나이 먹은 지금도 그렇고, 늙어가는 세월에도 그럴 것 같다. 그렇지 않다면 차라리 죽은 거나 마찬가지일 터이지.)

My heart leaps up when I behold
A rainbow in the sky:
So was it when my life began,
So is it now I am a man,
So be it when I shall grow old,
Or let me die.

과학의 눈으로, 같은 대상을 보면서 B. Guiderdoni는 이렇게 그렸다.

소용돌이치는 입자의 세계에서는 많은 일들이 벌어지지만, 입자의 세계가 에너지를 원자로 바꾸고, 원자를 다시 코끼리로, 인간으로 탈바꿈시킬 수 있을까? (....) 지구상에 그 어떤 생명체도 존재하지 않던 시절이 있었다. 물론 생물학적 성질을 가진 분자의 덩어리는 있었을지 모르지만 이들은 살아있는 시스템으로 조직된 모습을 갖추지는 못했다. 그러나 이제 무수한 생명체들이 걷고 헤엄치고 기고 날고 있다. 이러한 엄청난 변화는 어떻게 이루어졌을까? 우리의 과학적 예감이 맞는다면, 앞서 말한 분자 덩어리들 중 일부가 원시적인 생명체를 스스로 구성해 낼 수 있었을 것이다. 이 원시 조직들은 시간이 지남에 따라 무한히 다양한 새로운 형태로 분화되는 능력을 갖추었음에 틀림없다(신과 과학 그리고 인간. pp.57-58).

시인은 노래하고, 과학자는 사실(事實)을 추구한다. 시인의 노래도 옳고 과학자의 사실추구도 맞다. 시인의 표현을 과학자가 비판할 수 없고 과학자의 탐구를 시인이 못마땅해 하는 일이 있을 수 없다. 한 쪽은 감성(感性)을 매개로 자연을 보는 것이고, 다른 편은 이성(理性)을 매개로 상황을 설명한다. 이 두 기능은 서로를 도우면서 사람이 살아가는 일을 돕는다. 이 둘이 서로를 인정하지 않으면 사람은 혼란에 빠져서 가야 할 길을 갈 수 없게 된다.

사람들은 감성과 이성의 움직임 외에 자신의 내부에서 돌아가고 있는 제3의 움직임을 경험한다. 학생 시절, 공부 안 한다고 많이 꾸지람하시던 은사 김하태 교수가(*지금 뵙는다 해도 송구스러워 머리 들기가 힘들 것 같다) 〈철학의 길잡이〉에서 옥스퍼드 대학의 L. M. 크롬비 교수가 발한 'logical mother(논리적 어머니)'에 대하여 이렇게 인용했다.

우리는 우리의 존재가 다른 것에 의존되어 있다는 것을 경험한다. 그리하여 우리 인간이나 세계가 우리 밖에 있는 어떤 것으로부터 유래되었다는 것을 느낀다. 곧 우리는 우리의 존재가 다른 그 무엇에 의존되어 있다는 것을 깨닫게 된다. 다른 그 무엇은 우연적인 존재가 아니며 필연적이며 스스로 존재하는 존재자이며 또는 '제일 원인'이며 창조자라는 개념으로 이해된다.

또한 우리는 행동할 때 어떤 의무감을 느껴서, 내가 좋거나 싫거나를 떠나서 반드시 해야 할 것으로 알고 행하는데, 이런 의무감은 초월적 근거로부터 오며, 그 근거가 우리에게 명령한다고 느끼게 된다. 또한 우리가 사는 세계는 질서정연하고 아름다운데, 이 질서를 만들어 놓은 초월적 존재가 있을 것이 아니냐는 생각을 하게 된다.

이러한 인간 경험에서 느끼는 생각을 표현할 때 우리는 막연하지만 하느님을 향한 생각을 하게 된다. 이것이 곧 종교적 신념의 '논리적 어머니'이다. 이 '논리적 어머니'는 우리들을 사실(事實)의 세계에서 희망의 세계로 인도한다. 곧 이런 경험이 하느님을 말하게 하는데, 이 '논리적 어머니'의 역할은 하느님의 존재를 증명하는 것이 아니라, 하느님이라는 말의 의미를 밝혀준다(철학의 길잡이. pp.128-129).

시인은 노래하고, 과학자는 사실을 탐구하며, 순례자는 논리적 어머니에게 기도한다. 이 시인과 과학자와 순례자는 각각 다른 세 사람일 수도 있고, 한 사람 안에서 시인과 과학자와 순례자가 함께 살아가면서 노래하며 탐구하며 기도하는 상황일 수도 있다. 그러므로 시인의 노래는 언제나 필요하고 아름다우며, 이치를 설명하려는 과학적인 탐구 또한 언제나 필요하고 아름다우며, 실재를 찾아서 순례 길을 걷는 순례자의 기도 또한 타당하고 아름답다. 식탁 위에 순가락과 젓가락이나 포크가 갖춰지는 것과 같다. 음식 종류에 따라서 셋을 적절하게 사용해서 식사를 즐길 수 있다. 셋은 서로를 도우면서 식사하는 일을 돕는다. 그래서 사람의 몸을 만들고 생활을 만들어 준다. 1발이는 세워지지 않고, 2발이도 마찬가지고, 3발이는 쓰러지지 않는다. 삼위일체가 안정감을 주는 이유도 알 것 같다.

율법 교사가 예수에게 질문한다. "내가 무엇을 하여야 영생을 얻겠습니까?" 대답 대신에, 예수는 핵심을 찌르는 질문을 던진다. "율법에 무엇이라고 기록하였으며, 너는 그것을 어떻게 읽고 있느냐?"(눅10:26).

이사야는 이런 시를 적었다. "내가 사랑하는 사람은 기름진 언덕에서 포도원을 가꾸고 있네. 땅을 일구고 돌을 골라내고 아주 좋은 포도나무를 심었네. 그 한가운데 망대를 세우고, 거기에 포도주 짜는 곳도 파 놓고, 좋은 포도 맺기를 기다렸네"(사5:2).

이 시를 쓴 이사야가 독자에게 질문한다. "어떻게 읽느냐?" 물론 이것은 농사법 강의가 아니다. 농사일을 떠올리는 비유의 방식으로, 하느님이 하는 일을 들려줄 뿐이다. 창조의 세계와 역사의 현장에서 하느님이 하는 일을 포도농사에 익숙한 농부들이 알아듣기 쉬운 이야기 형식으로 일러주는 것이다. 하느님 나라 얘기를 이 세상 얘기로 변형시켜서 이유식(離乳食)을 먹이듯이 먹여주는 셈이다. 하느님이 사람을 창조하고 이후 그를 사랑으로 돌본다는 사실을 당사자가 알아차리는 일은 매우 중요하기 때문이다.

성현들의 가르침을 담은 경전들은 하나같이 소중하다. 사서삼경(四書三經)이 그렇고 도덕경(道德經)이 그렇고 붓다의 가르침들이 그렇다. 성서의 가르침이 얼마나 유익한지를 새삼 설명하는 일은 오히려 부자연스럽다. 이토록 소중한 자산들이 그 자체로서도 중요하지만, 이들을 '어떻게 읽느냐'의 문제가 바르게 정리되지 않는다면 모두 옛 시대의 유물에 머무르고 말 수도 있다.

그러나 경전들을 바르게 읽으며 소화시킨다는 일은 그리 간단한 일이 아니다. 당대 자타가 공인하는 성서 연구의 권위자인 17세기의 대주교 J. 어셔(Ussher)는 황당하다 못해 기괴한 말을 했다. "세상은 기원전 4004년 10월 22일 저녁 6시에 창조되었다." 이 황당한 주장에 대해서, 역시 저명한 성서학자이며 케임브리지 대학 부총장이었던 J. 라이트훗(Llghtfoot)은 어셔의 황당한 주장에다 한 술을 더 떴다. "인간은 기원전 4004년 10월 23일 아침 9시에 삼위일체에 의해 창조되었다."

이것이 무슨 괴담(怪談)들인가? 이들은 모두가 인정하는 박학다식(博學多識)한 대가들이며, 존경받는 대주교요, 유명대학의 부총장이었는지는 모르지만, 성서를 '어떻게 읽느냐?'에 대해서는 일자무식들이었다. 당대에 내로라하던 유명 지도급 인사들이 이 정도로 황당한 소리를 하는 걸 보면, 같은 시대를 사는 보통 사람들의 성서 이해가 어느 정도로 황당했을 지 생각하면 생각할수록 민망스러워지기만 한다. 이런 시각으로 성서를 읽는 사람들이 성서를 모시다시피 했다는 사실은 정말 곤혹스럽다. 성서를 바르게 읽는 일이 쉽지 않다는 현실을 다시 생각하게 된다.

오늘 이 시대에는 성서가 어떻게 읽히고 이해되고 있는지 생각하면 마음이 어지럽다. 성서를 바르게 읽고 이해해서 삶의 지침으로 삼는다는 것은 좀처럼 쉬운 일이 아니다. 우리에게 중요한 것은 "율법에 무엇이라고 기록되었는가?"의 문제이기도 하지만, 그보다 훨씬 더 중요한 문제는 "그것을 어떻게 읽느냐?"의 문제다.

왜 이렇게 황당한 주장들이 세상을 혼란스럽게 만들까? 혼란의 근본 이유는 성서를 "어떻게 읽느냐?"의 문제에 대한 정답이 마련되어 있지 않기 때문이다. 큰 틀에서 보자면 성서는 객관적인 사실(事實)들에 대한 증언들이 아니다. 성서는 사물의 세계를 탐구하는 물리학이나 화학의 교재가 아니며 지리학이나 역사학의 기록도 아니다. 성서는 삶의 의미와 가치에 대한 보편적인 관점을 정리해 놓은 인생독본일 뿐이다. 사실들을 증언하는 것으로 보이는 내용들조차도 의미와 가치의 관점에서 정리되고 다듬어지고 있다는 점을 염두에 두고 읽어야 한다.

그러자니 성서를 바르게 읽는 일은 만만치 않은 일이다. 사실과 의미를 혼동하면 성서 읽기나 이해하기는 엉망이 된다. 성서를 바로 읽으려면 성서가 어떤 기록인 줄을 먼저 알아야 한다. 성서는 하느님을 찾으면서 세상을 살아가는 사람들의 삶을 그려놓은 기록이기 때문에 거기에는 앞에서 말한 세 가지 움직임이 다 들어 있다. 노래와 과학과 기도가 모두 섞여서 같은 곳에 자리 잡고 있다. 그러므로 성서를 읽는 이들은 시(詩)는 시로 읽어야 하고, 과학은 과학으로 읽어야 하며, 기도문은 기도문으로 읽어야 한다. 시나 기도문을 과학으로 읽으려 하거나 혹은 그 반대의 입장에 서려고 고집을 부려선 안 된다.

이와 관련해서 우리는 바울에게서 중요한 가르침을 얻게 된다. 그는 고린도 교회 성도들에게 혼인 문제에 대하여 지침을 주면서 이렇게 말한다. “이것은 나의 말이요, 주님의 말씀은 아니다”(고전7:12). 바울이 얼마나 품격 높은 사람인지 놀랍다. 바울은 자신의 말과 주님의 말씀을 분명하게 구별한다. 그러면서 자신의 말을 주님의 말씀으로 오해하는 일이 없도록 조심하라고 당부한다. 지금 우리가 읽는 성서 속에는 ‘주님의 말씀’도 있지만, 반면에 ‘나의 말’ 곧 바울의 개인적인 의견들도 있다는 얘기다. 모든 성서들이 다 ‘주님의 말씀’도 담고 있지만, 기록한 이들의 개인적인 소견들도 담고 있다는 말이다.

이사야서 안에는 ‘주님의 말씀’도 있지만 기록자인 ‘이사야의 말’도 들어 있다는 얘기다. 예레미야서가 그렇고 에스겔서 또한 그렇다. 마태복음에는 ‘주님의 말씀’도 있지만 ‘마태 자신의 말’도 들어 있으며 마가복음이나 누가복음이 또한 그렇다. 한 걸음 더 나가서 한국어 성경에는 번역자들의 개인적인 소견들이 섞여 있다는 사실을 힘들지만 인정해야 한다. 그런데, 사람들이 개인적인 소견을 진술해 놓은 뒤에 “아멘 하세요” 하면서, 사람의 말을 주님의 말씀으로 받아들이라고 강요하는 현실을 보면 우리가 성서의 가르침에서 얼마나 멀리 떨어져 있는지 아득하기만 하다.

성서를 펴서 읽어보자. 십계명이 기록된 두 돌 판에 대한 기록을 보자. “모세는 거기서(시내 산) 주님과 함께 밤낮 40일을 지내면서: 십계명을 판에 기록하였다(출34:28)고 적혀 있다. 여기서는 기록자가 모세다. 같은 일에 대한 다른 기록을 읽어보자. 똑같은 일을 기록하지만 내용이 조금 다르다. "모세에게 말씀하셨다. '너는 내가 있는 산으로 올라와서, 여기에서 기다려라. 그러면 내가 백성을 가르치려고 몸소 돌 판에 기록한 율법과 계명을 너에게 주겠다"(출23:12). 여기서는 기록자가 하느님으로 보인다.

하나의 상황을 말하는데 전혀 다른 소리들이 섞여 나온다. 다시 보자. "이것이 곧 그가 두 돌 판에 손수 쓰신 십계명이다"(신4:12). 또 보자. "당신들은 천사들이 전하여 준 율법을 받기만 하고 지키지는 않았다"(행7:53). 돌 판에 십계명을 쓴 주인공은 누구인가? 모세인가? 하느님인가? 천사인가?

성서는 하느님을 알게 해 주는 교재(敎材)다. 교재가 나오려면 필진(筆陣)이 있어야 한다. 오경(五經)은 자체의 편집자 내지는 집필자가 있었다. 역사서는 역사서대로, 지혜서는 지혜서대로, 예언서는 예언서대로 각각의 필자나 편집자가 따로 있다. 복음서들은 그들대로 필자가 있고, 서신(書信)들은 각각의 발신자가 있고 수신인(受信人)이 따로 있다.

이런 문제를 제기하는 것은 성서가 어떤 기록물이며 어떻게 읽어야 하는지 생각해 보자는 뜻이다. 살핀 대로 성서는 모두 필자와 편집자들의 손을 거쳐서 기록되거나 편집되었다. "모든 성경은 하느님의 영감으로 된 것"(딤후3:16)이라 하더라도 개운치 않다. 하느님의 영감을 완전하게 받을 수 있는 사람이 누구인가? 인간의 한계를 완전하게 벗어나서 완벽하게 영(靈)에 속하여 움직일 수 있는 그런 사람이 몇이나 될까? 사람은 어디까지나 사람이기 마련이다. 선남선녀(善男

善女)는 희망사항일 뿐이며 더구나 성남성녀(聖男聖女)는 현실이 아닌 꿈에 불과하다. 세상에는 순례길 바로 걷기를 고민하며 노력하는 사람이 있을 뿐이다. 아니면 방향도 정처도 없이 오고갈 뿐인 회전초(回轉草) 같은 필부필부(匹夫匹婦)들이 있을 뿐이다.

어떻게 읽어야 할까? 성서를 읽는 사람은, 기록자들이 노래와 기도문과 사실 기록의 형식을 빌려서 말하려고 했던 정신과 의미를 읽어내야 한다. 기록자들은 문자라는 그릇 속에다 그들의 정신과 의미를 담으려고 했다. 성서를 읽는 사람은 문자에 얽매이는 것이 아니라 그 속에 담겨 있는 정신을 읽어야만 한다. 문자는 그릇에 불과하다. 더구나 문자나 언어는 모든 사물과 마찬가지로 생로병사를 거쳐야만 하는 자체 결함을 숙명으로 안고 있다. 그런 제약 속에 있지만 그래도 그것에 담겨 있는 내용물은 중요하다. "문자는 죽이지만 영은 살린다"고 말한 바울의 주장이 그런 얘기다.

성서는, 그 근본 성격이 이런 기록물인데, 그것을 들여다보면서 연월일시(年月日時)를 계산해 낸다고 오기를 부리는 일은 얼마나 답답한 일인가! 그야말로 연목구어(緣木求魚)다. 나무에게서 생선을 얻으려하는 억지를 이제는 접어야 하지 않을까? 성서를 문자적으로 읽으려는 허망한 고생을 이제는 접어야 한다. 성서야, 사이좋게 놀자!

02 ▪ 창조하다(bara)

마태복음과 마가복음과 누가복음 그리고 요한복음이 기쁜 소식을 전한다 하여 복음서라는 이름을 달아 놨다. 그렇지만 사실상 성서 66권 전부가 기쁜 소식을 전하는 복음서들이다. 그 중에서도 창세기가 전하는 기쁜 소식은 그 색채와 중량감이 매우 특별하다. 의미가 깊은 동사 bara로 시작하는 창세기의 기쁜 소식은 울림이 크다.

창 1:27을 보자. "하느님이 당신의 형상대로 사람을 창조하셨으니(bara), 곧 하느님의 형상대로 사람을 창조하셨다(bara). 하느님이 그들을 남자와 여자로 창조하셨다(bara)."

bara는 구약 성서에 49회 나오며 하느님의 창조 행위를 말하는 뜻으로만 사용된다. 창세기에서는 의외로 5회만 사용되는데, "태초에 하느님이 천지를 창조하셨다(bara)"와 "바다짐승들과 날개 달린 모든 새를 창조하셨다(bara)"에서 나온다. 그리고 나머지 세 번은 사람을 창조하는 구절에서 사용되고 있다.

bara는 creatio ex nihilo(무로부터의 창조)의 의미를 품고 있다. 이렇게 쓰이고 있는 bara와 기왕에 있는 어떤 소재를 전제로 하면서 '만들다'를 뜻하는 asah의 의미의 차이를 살피는 일은 중요하다. 몰트만의 설명을 들어보자.

바라(bara)는 오직 신적인 창조에 대해서만 하느님의 창조에 대한 표현으로서만 사용된다. 그것은 지금까지 존재하지 않았던 것이 존재하게 되는 역사와 자연과 영의 영역에서의 생성을 표현한다. 바라는 거기에서부터 무엇이 만들어질 수 있는 재료의 목적격과는 한 번도 나타나지 않는다. 이것은 하느님의 창조가 절대적이며 전제가 없는 창조임을 말하며, 창조는 현실적으로나 잠재적으로 다른 것 안에 들어 있거나 현존하지 않는 새로운 것임을 표현한다. 본문은 '창조하다'와 '만들다'(asah)를 철저히 구분한다. bara는 창조 전체를 표현하고 '만들다'는 2절과 함께 시작하여 안식일과 함께 끝난다"(창조 안에 계신 하느님, p.96).

우리는 사람의 출현을 bara와 직결시키는 성서의 첫 장에서 힘 있게 울려나오는 기쁜 소식을 듣는다. 성서는 사람이 세상에 나오는 것이 하느님의 bara 행위에서 이뤄지는 일이라는 사실을 알려 준다. 여기서 울리는 기쁨의 소리는 네 복음서들은 물론 다른 모든 성서가 전하는 기쁨의 소리보다 더 감동적이다. 돌아가는 판에서 흘러나오는 노래처럼 기쁜 소식이 성서의 각각 페이지마다에서 특별히 창세기 각 장에서 큰 소리로 울려 나온다.

첫 장으로 다시 돌아가 보자. "하느님이 당신의 형상대로 사람을 창조하셨으니(bara), 곧 하느님의 형상대로 사람을 창조하셨다(bara). 하느님이 그들을 남자와 여자로 창조하셨다(bara)." 이 증언은 사람들이 일생 품고 살아가는 근본적인 질문에 대한 명확한 대답이다. 사람마다 "나는 무엇인가?" "나는 누구인가?" 하는 질문을 평생 내려놓지 못한다. 평생 이 무거운 짐을 지고 간다.

더구나, 한국인들은 "너 다리 밑에서 주어왔다!" 하는 짓궂은 농담을 하기도 하며 자기 정체성에 대해 심각한 혼란을 느끼면서 긴 세월을 살아간다. '내가 발견된 그 다리는 어디에 있을까?" 하며 황당한 마음고생을 한다. 또 이것이 저마다의 귀소(歸巢)본능을 일깨워서 찾을 길 없는 그 다리 밑을 찾아 평생을 길에서 헤매는 역마살 주인공이 되기도 한다.

헤맬수록 멀어지기만 하는 그 다리 밑 성지(聖地)에 도달한 사람은 단 한 명도 없다. 그러다 보니 사람마다 원치 않는 실향민이 되거나 이교도(異敎徒)가 되는 셈이다. 이래저래 지력도 체력도 바닥난 인생들은 '다리 밑에서 주워 온 천한 인간'이라는 팻말에 자신을 묶어 놓고, 주눅 든 세월을 길게도 살아간다. '다리 밑' 콤플렉스에 눌려서 눈칫밥을 먹으며 인생길을 걷는데, 한 번도 당당해 본 일이 없는 세월이 그나마 맥없이 저물어 간다.

어지럽고 고달픈 일들은 헤아리기도 머리 아프다. 한 소년은 자신의 어머니가 이웃에게 던지는 말을 들었다. "저 놈의 자식 지우려다 낳았더니 저렇게 말썽입니다." 머리에 떨어진 바위가 전신을 뭉갠 것만 같을 것이다. 어머니가 외계인처럼 멀어지고 살아야 할 현실이 수십 광년(光年) 너머에 있는 어디인 듯 낯설기만 할 것이다.

뿐만 아니다. 자기도 자신에게 한없이 낯이 설어 영원히 친해질 것 같지 않아 영문을 알 수 없는 혼란 속에 빠진다. 이처럼 입이 쓰도록 힘들어하며 자신의 정체성을 찾아 헤매는 '다리 밑' 증후군 환자들에게 성서는 완벽한 해답을 준다. 그 명쾌한 해답이 bara다! 하느님이 그대를 창조했다! 이 bara는 온갖 종류의 '다리 밑' 악몽을 단번에 청산한다.

bara의 의미를 깨닫는 사람은 자신이 세상에서 가장 자랑스러운

혈통인 성골(聖骨)임을 알게 된다. 그러면서 자신이 "하느님이 지으신 바"로서 이 세상에 자리 잡고 살아간다는 사실을 마음에 새긴다. 그리고 자신이 무엇이며 누구인지에 대해 명확하게 이해하고, 이 정리된 깨달음을 디디고 자신의 삶을 살아간다.

이렇게 자기 정체성을 깨달은 사람은, 자신의 내부에서 울리고 있는 소리를 듣는다. 무슨 소린지 귀 기울여 본다. '너는 내 사랑하는 아들이다!' 이런 소리다. 이 울림은 bara의 의미를 터득한 모든 사람에게 들리는 생방송이다. 이 하느님의 소리 청취자(聽取者)는 자신이 하느님의 아들이라는 울림이 자신의 내부를 강하게 진동시키는 것을 늘 경험한다. 물론 이 청취(聽取)는 감각의 활동이 아니라 의식(意識)의 작용에 의하여 이뤄지는 경험이다.

이렇게 새로운 각성으로 살아가는 감동을 염두에 두고 바울은 이렇게 증언했다. "우리는 하느님의 작품이다. 선한 일을 하게 하시려고, 하느님이 그리스도 예수 안에서 우리를 만드셨다"(엡2:10). 자신의 정체성을 알고 살아가는 사람의 발걸음은 가볍다. 자신이 하느님의 작품이란 사실을 자각하며 자기 정체성을 확인한 사람은 bara의 동력이 자신을 움직이고 있다는 사실도 감각한다.

03 ▪ 하느님의 형상(tselem elohim)

창조의 마지막 절차는 사람 창조였다. 사람 창조의 과정은 다른 경우와는 다르게 진행되었다. “하느님이 당신의 형상대로 사람을 창조하셨다”는 선언은 정말 놀랍다. 이 감동적인 기쁜 소식의 울림이 bara로 시작해서 tselem elohim으로 이이진다.

그 내용을 들여다보자. 하느님이 “빛이 생겨라” 하시니 빛이 생겼다. 일반 창조의 경우에는 이런 식으로 “생겨라” “되어라” “번성하라” 하는 방식으로 진행되었다. 이때에는 지시형(指示形,jussive) 동사 “있어라” “되어라”의 방식으로 절차가 진행된 것이다. 그러나 마지막 순서로 사람을 창조하는 일에는 격려형(激勵形,cohortative) 동사가 사용된다. “있어라” “되어라” 대신에 “우리가 만들자”(창1:26)로 바뀌어서 창조 작업은 새로운 분위기로 바뀐다.

지시형 동사가 사용된 일반 피조물 창조 작업에서는 창조자와 피조물 사이에 거리가 있었다. 반면에 격려형 동사가 쓰이면서 “우리가 사람을 만들자”로 바뀌는 사람 창조의 경우에는 창조주와 피조물 사이에서 거리가 사라진다. 창조주가 직접 작업자가 된다. 이 특별한 창조 과정을 알리는 의도는 사람이 하느님을 닮은 존재로서 자연과 역사의 중심에 서 있다는 사실을 밝히는 것이다. 이것은 ‘나는 누구인가? 그리고 나는 무엇인가?’라는 정체성 물음에 대한 완벽한 해답이다.

이렇게 해서 사람이 출현했다. 그리고 “하느님이 당신의 형상대로 사람을 창조하셨다”는 대담한 선언문이 발표된다. 얼마나 놀라운 일인가? 귀한 집안에 아이가 태어난다. 집안과 주변 사람들이 보니 이 아이에게 집안의 모든 내력이 담겨져 있다. 아이의 부모와 조부모가 아이 속에 고스란히 담겨 있다. 이목구비 속에 피부 색깔의 농도에 머리카락의 모양이나 색깔까지 심지어 발가락이나 손가락의 길이나 모양까지 모두 빼닮았다.

씨는 못 속인다. 아이의 부모가 아이 속에 담겨진다. 피조물인 사람 속에 창조주 하느님이 고스란히 담겨진다. 고흐가 그린 그림 속에는 고흐가 들어 있다. 피카소가 그린 작품 속에는 피카소가 들어 있다. 웅장한 교향곡 속에 베토벤이 들어 있다. 지어진 것 속에는 지은 자가 들어 있다. 피조물 속에는 창조자가 들어 있다. 이러한 중대한 원리를 마음속에 간직하고 그 창조의 원리를 따라서 살아가도록 일깨우는 것이 bara와 tselem이 전하는 교훈이다.

사람이 하느님의 형상을 닮았다는 성서의 증언은 진정 대단한 일이다. 다른 각도에서 '하느님의 모양과 형상'이란 말의 의미를 살펴보자. 천자(天子)라는 말이 있다. 최고 권력을 가진 지도자를 일컫는 말이었다. 문자대로 하면 하늘의 아들이라는 의미다. 지금도 그 비슷하게 천황(天皇)이라는 말이 사용되기도 한다.

'~의 형상'이라는 용어는 고대 근동지방에서 왕을 신격화(神格化)시켜서 권위를 높이는 의미로 사용하는 화법이었다. 당시 사람들의 인식을 따라서, 메소포타미아 사람들은 왕을 '마르둑의 형상', '샤마쉬의 형상', '벨의 형상'이라고 이해했다. 마르둑(Marduk)은 바빌론 사람들이 섬기던 최고의 신이었고, 샤마쉬(Shamash)는 태양신이었으며, 벨(Bel)은 마르둑 신의 이름들 중 하나였다. 고대 이집트 사람들에게 바라오(Pharaoh)는 '라(Ra)의 형상'이었고, 라(Ra)는 여러

신들 중 최고의 존재였다. 이들 신(神)들 이름에다 '형상'을 붙이면, 왕은 곧 신(神)들을 대신하는 대리인이 된다.

이렇게 쓰이는 "~의 형상"이라는 대단한 서술법을, 창세기 기자는 사람에게 연결시켜서 사람이 곧 '하느님의 형상'이라는 혁명적인 인간관을 내놓는다. 사람들이 '하느님의 형상'으로 지어진 존재라는 주장은, 그가 바로 하느님의 대리인이라는 엄청난 주장이다. 사람들은 누구나 왕으로 태어났고 왕권을 가지고 있다는 주장이다. 왕(王)만이 가지고 있는 줄 알았던 놀라운 존엄성을 모든 사람들이 다 가지고 있다는 놀라운 주장이다. 이 놀라운 사실을 두고 김영진은 말한다.

모든 인간들, 모든 남사와 모든 여사는 다 같이 왕과 같이 귀한 존재로 창조되었다는 주장이다. 그러므로 창세기 기사에서 모든 인간은 왕과 같은 존재라는 뜻이다. 제사장 전승은 고대 근동 사회에서 왕권적 언어인 "신의 형상"이라는 용어를 사용하고 있으나 그 왕권적 언어를 모두 민주화시켰다. 즉 왕 한 사람만이 아니라 인간이면 누구나 '신의 형상'이라는 것이다. 이와 같이 '신의 형상'이라는 말이 가지고 있던 왕권적 의미가 창세기에서는 사람 모두에게 적용되고 있다. '신의 형상'이라는 말이 철저하게 민주화되고 있다.(김영진, 신학론단 37집, P.123)

일반 생물들은 "종류 대로" 지어졌다. 그러나 사람은 "하느님의 형상대로" 지어졌다. 거기에서 끝나지 않고, 하느님이 "기운을 코에 불어 넣으시" 비로소 "사람은 생명체가 되었다." 성서는 창조 질서에서 사람이 얼마나 귀한 존재인가를 알려주기 위해 가능한 모든 방법을 동원하고 있다.

조금 다른 각도에서 성서를 읽어보자. 하느님의 형상을 따라서 만들고 코에 기운을 불어넣는 등 주도면밀한 과정을 끝내고서야 사람이라는 "생명체"가 이뤄졌다. 구체적으로 하느님의 형상은 무엇을 두고 하는 말일까? 코에 불어넣은 기운은 무엇을 뜻하는가? 이것은 사람만이 초월자 하느님과 교통하면서 살아갈 수 있다는 것을 말하는 방식이리라. 사람과 원숭이는 그 유전자가 98%는 동일하다고 한다. 나머지 2%만 다르다고 한다. 원숭이와 사람 사이에 공유되고 있는 것이 98%라는 사실은 '사람은 거의 원숭이이고 원숭이는 거의 사람'이란 말이다. 둘 사이에 단 2%만 차이가 있단 말인데, 차이를 만들어내면서 사람에게만 있는 2%의 성분은 무엇일까? 혹시 이것이 사람을 만물의 영장이라고 말할 수 있게 하는 그 무엇이 아닐까? 이 2%가 없으면 사람은 그냥 원숭이일 뿐이다. 그 2%가 없다면 사람일 수가 없다. 원숭이에게는 없고 사람에게만 있는 이 2%가 하느님과 사람이 공유하고 있는 '모양과 형상'이 아닐까? "하느님은 사람들 안에 현존한다"고 주장하는 몰트만의 진술을 들어보자.

하느님은 사람들 안에 현존한다. 그는 사람들이 나타나는 거기에 나타난다. 사람은 땅 위에 있는 하느님의 간접적 자기 계시이다. '형상'이라는 것은, 무엇인가를 나타나게 하는 것, 그것을 계시하는 것을 언제나 의미한다. 신학의 전통은 하느님의 형상을 거울 속에 있는 것과 같은 하느님의 반사로 이해하였다. 땅 위에 있는 하느님의 형상과 현상으로서 사람은 세 가지 근본적 관계 속에 있다. 그는 하느님의 '대리자'로서 그리고 하느님의 이름으로 다른 피조물들을 지배한다. 그는 땅 위에 있는 하느님의 '대칭'으로서, 하느님은 그와 함께 말하고자 하며 그는 하느님에게 답변해야 한다. 그는 하느님의 영광의 '현상'이요 땅 위에 있는 그의 영광이다(창조 안에 계신 하느님, PP.262-263).

김하태 박사는 "우리 영혼 속에 있는 지성소를 통하여 우리는 하느님을 볼 수 있으며, 또한 하느님은 이곳을 통하여 우리를 내려다 볼 수 있다"(마음 머물 곳을 찾아서, p.65)고 쓰면서 P. Wust의 견해를 소개한다.

자기 자신에 대한 정신적 경건성은 우리 영혼의 형이상학적 깊이에 대하여 종교적 경외심을 보유하려는 것이 그 목적이다. 왜냐하면 이 깊이는 하느님이 부여한 신비로운 실체이기 때문이다. 우리의 진정한 자아는 정신의 거룩한 성전으로서, 이는 하느님의 손으로 건설된 것이요, 이 세상에 있는 그 무엇보다 훌륭한 것이다. 이는 지성소이며 거룩한 것 중 거룩한 곳이다. 이곳에는 거룩한 경외심이 없이는 도저히 들어갈 수 없다(마음 머물 곳을 찾아서, pp.64-65).

사람이 하느님의 "형상과 모양을 따라서" 지음 받았다는 이 알림은 생각할수록 그 울림이 깊다. 손자 녀석이 "너는 할아버지를 닮았구나" 하는 말을 들으면서 퍽 만족스러워 하는 표정을 떠올렸다. 할아버지는 손자를 보면서 내심 흐뭇하면서도 한편으로는 미안하다 못해 속이 아팠다. "할아버지가 못 생겨서 미안하다. 할아버지가 이 꼴이어서 정말 면목이 없구나. 저 혼자 못생긴 것도 민망한데 너까지 닮게 했으니 어쩌면 좋으냐!" 그렇게 깊은 탄식은 처음인 것 같은 그런 신음이 흘러나왔다. 못 생겨서 정말 미안하구나! 부모 잘 만나는 것이 복 중에 복이라는데!

못 생긴 할아버지를 닮은 것도 그렇게 자랑스러운데 하물며 사람이 하느님을 닮았다고 하니 이 얼마나 감격스러운 소식인가! 창세기는 기쁨을 눌러서 고봉으로 담아주는 복음서다. "제가 무슨 자 무슨 자 어르신 아들입니다." "아버님 함자가 무슨 자 무슨 자이십니다." 사람들은 이런 언어의 그릇으로 삶의 의미와 은총의 맛을 담아 나르면서, 아버지로 그리고 아들로서 인생길을 걷는다.

얼마나 민감하게 집안을 살피며 핏줄을 가리며 가문을 따지며 내력을 중시하는가? 뉘 집 자식인가가 그토록 신경 쓰이는 일이다. 이런 상황에, 사람은 하느님에게서 내력으로 내려온 뭣인가를 그 내부에 간직한 하느님의 혈육이라니 얼마나 감격스러운 일인가! 이런 사실을 감동으로 경험하면서 시인은 이렇게 노래한다.

사람이 무엇이기에 주님께서 이렇게까지 생각하여 주시며, 사람의 아들이 무엇이기에 주님께서 이렇게까지 돌보아 주십니까? 주님께서는 그를 하느님보다 조금 못하게 하시고, 그에게 존귀하고 영화로운 왕관을 씌워주셨습니다. 주님께서 손수 지으신 만물을 다스리게 하시고 모든 것을 그의 발아래 두셨습니다(시8:4-6).

사람이 하느님의 '형상과 모습'으로 지어졌다는 것은 신체의 요소가 아닌 비물질적 소프트웨어를 두고 하는 말이다. 이 문제는 뒤에서 다시 살펴보기로 하자. 자연과 인간을 아우르는 창조 세계를 응시하면서 "사람은 하느님보다 조금 못하다"고 차분하게 시인은 말한다. 이 말을 "천사 보다 조금 못하다"라고 번역하기도 한다. "조금 못하다"는 진술은 둘 사이에 있는 공통점을 염두에 두고 있다.

요단강 변에서 예수는 "너는 내 사랑하는 아들이다. 내가 너를 기뻐한다"는 하느님의 음성을 들었다. 물론 하느님이 기뻐하고 사랑하는 대상은 예수만으로 국한되는 것은 결코 아니다. 하느님의 형상과 모습을 따라서 지어진 인생들 전부가 하느님이 기뻐하고 사랑하는 혈육들일 것은 당연하다.

사람이면 누구나 하느님의 형상을 닮은 하느님의 아들이다. 하느님의 아들인 사람이 따로 있고, 하느님의 아들이 아닌 사람이 따로 있는 것이 결코 아니다. 다만 자신이 하느님의 아들이라는 사실을 아는 사람이 있는 반면에 자신이 하느님의 아들이라는 사실을 자각하지 못하는 사람이 있을 뿐이다. 알고 모르고의 차이만 있을 뿐이다.

모든 사람의 귀에 "너는 내 사랑하는 아들이다. 내가 너를 사랑한다"는 하느님의 소리가 모두에게 전해지지만, 그 소리를 듣는 사람이 있는 반면에 듣지 못하는 사람이 있다. 듣는 사람은 자신이 하느님의 아들임을 자각하고 아들로서 살아가지만 듣지 못하는 사람은 자신이 아들인 줄 모른 채 정체성을 깨닫지 못하는 상태를 안고 살아가게 된다. 얼마나 불행한 일인가!

그토록 또렷한 하느님의 소리를 듣지 못하며 자신이 하느님의 아들임을 자각하지 못하는 까닭은 그들의 내부가 '들어도 듣지 못하는' 정도로 죽어 있거나 잠들어 있기 때문이다. 감각으로 듣는 것은 가능해도 의식(意識)으로 듣는 것은 불가능한 상태가 되었기 때문이다.

깨어난 사람은 듣지만 잠든 사람은 듣지 못 한다. 소리는 만인에게 공통이지만, 듣고 못 듣고는 사람에게 따라서 갈린다. 듣는 사람은 자신이 누구인지 안다. 듣지 못하는 사람은 자신이 누구인지 모른다. 깨어난 사람은 하느님의 소리를 귀담아 들으면서 자신이 하느님의 아들이라는 사실을 알고 자신을 존중하면서 살아간다. 계속해서 자고 있는 사람은 자신의 고귀함을 모르기 때문에 자신을 종으로 노예로 헐값 처리하면서 구차하게 살아간다.

제자들이 "우리에게 아버지를 보여 주십시오" 하면서 예수에게 다가왔다. 예수는 "너희가 나를 알았더라면 내 아버지도 알았을 것이다. 나를 본 사람은 아버지를 보았다"(요14:9)고 일러줬다. 손상되지 않은 하느님 형상과 모습을 간직해서 인간원형을 그대로 간직하고 있는 예수는 주저하지 않고 이렇게 주장할 수 있었다. "하느님과 나는 하나다"(요10:30).

사람이 하느님의 '형상과 모양'을 따라서 지어졌다고 일러 준 성서는 이어서 "하느님은 영이시다"(요4:24)라고 일러준다. 사람이 영이신 하느님의 형상과 모양을 '따라서' 지어졌다면 사람과 하느님 사이에 "영(靈)"이 공유되고 있다는 말이다. 사람들은 하느님과 공유하고 있는 이 부분을 매개로 해서 하느님과 교통할 수 있는 특별한 존재다.

"빛이 생겨라 하시니" "빛이 생겼다"는 창조의 공식은 "하느님의 말씀은 살아 있고 운동력이 있다"(히4:12)는 가르침과 관련이 있다. 말씀이 가지고 있는 운동력에 의하여 "빛이 생겼다"고 보면 어떨까? 이 운동력이 사람도 공유하고 있는 '영(靈)'의 기능이라 볼 수 있다.

영이 가지고 있는 운동력이 바로 창조의 중심 동력일 것이다. 여기서 이 운동력에 대하여 조금 더 살펴보자.

그 시대의 과학에 기초해서 그 시대의 철학이 성립된다. 그 시대의 철학을 바탕 삼고 그 시대의 신학(神學)이 구성된다. 과학이 변하면 철학이 바뀌기 마련이고 철학이 바뀌면 신학이 따라서 변하기 마련이다. 시대를 뛰어넘는 만고불변의 과학이 있을 이 없고, 철학은 물론 더 말할 나위가 없으며, 당연히 고정불변의 신학이 있을 수 없다.

카프라가 말한 바대로 이 세상이 "에너지의 무도(舞蹈)"라고 본다면 이 무도장에서는 훨씬 더 역동적인 영(靈)의 움직임이 이뤄진다고 예상할 수 있다. "바람(혹은 영)은 불고 싶은 대로 분다. 너희는 그 소리는 듣지만, 어디서 와서 어디로 가는지는 모른다. 성령으로 태어난 사람은 이와 같다"(요3:8). 창조 당시를 그리는 기록도 비슷한 분위기를 전한다. "땅이 혼돈하고 공허하며 어두움이 깊음 위에 있고 하느님의 영은 물 위에 움직였다"(창1:2).

이 영의 존재와 그 움직임과 그 운동력(창1:2, 요3:8, 히4:12)에 대하여 생각해 보자. "하느님은 영(靈)이다" 하니, 하느님은 비(非)물질의 존재라는 진술이다. 그러면 비물질이 존재하고 움직이며 운동력을 나타내는 것이 가능한가? 물질 아닌 것이 존재할 수 있으며 운동력을 가지고 영향력을 나타낸다는 일은 언뜻 수긍이 가지 않는다.

열린 마음으로 이 문제에 접근해 보자. 사람이 닮았다고 하는 그 하느님이 영이라면 하느님과 공유하는 성분이 있는 사람에게도 이 비물질적인 뭔가가 작동되고 있다는 얘기가 된다. 물질처럼 운동력이 있으면서도 비물질인 이 영을 어떻게 이해해야 될까? 이상성은 중력의 작용을 설명하면서 이 문제를 흥미롭게 설명한다.

중력은 graviton이라는 소립자에 의하여 나타나는 현상이다. 이 graviton에 의하여 발생하는 중력장은 모든 물질이 가지는 특성이다. 이 세상에 존재하는 모든 물질은 중력장을 방출한다. 그리고 이 중력장은 모든 물체가 흡수하면서 인력이 발생한다. 이 중력장은 질량을 가지지 않는다. graviton은 질량을 가지지 않으니 먼 거리에 있는 별들과 은하들 사이에서도 힘을 전달하고 받을 수 있게 된다.

중력장은 사물자체는 아니면서도 모든 사물에게 내재할 수 있다. 중력장은 모든 물체를 이루는 쿼크에는 물론 파동으로써의 빛에도 영향을 미친다. 중력장의 영향에서 벗어나는 것은 없다. (...) 중력장은 질량도 없어서 우주 끝까지 나아가지 못하는 곳이 없으며 영향을 미치지 않는 곳이 없다. 질량이 없으니 물질이라고 할 수도 없지만 그것이 행하는 일은 분명히 있으니 없다고도 할 수 없다

(...) 엄청난 물질이 모인 곳에서 발생하는 엄청난 양의 중력으로 인해서 나타나는 현상인 블랙홀 안에서는 이 중력의 힘에 의해서 공간과 시간이 무한한 곡률로 휘어지는 현상까지 발생한다. 중력장은 시간까지 지배하는 힘을 가지고 있다. 중력장은 단순한 힘이지만 별을 끌어 모으고 은하를 형성하며 은하 내에서 별들 사이의 균형과 상호관계성을 유발함과 동시에 살아 움직이는 우주를 만드는 역할을 한다. 중력장이 이루어내는 계속적 창조는 끊임없이 새로운 것을 우주 내에 만들어 간다.

graviton은 모든 물질의 근원이 되는 쿼크의 한 종류로서 근본적으로 진동하는 끈이기 때문에 모든 존재의 근원이며 존재 자체라고 할 수 있다

(신학론단 30,PP.190-195).

중력은 질량이 없으니 물질이 아닌 것이 분명하지만, 임연하게 존재할 뿐 만 아니라 별을 끌어 모으고 은하를 형성하며 별들 사이의 균형과 관계성을 조절하는 엄청난 일을 해낸다. 중력의 존재와 활동은 참으로 흥미롭다.

자연계의 이치를 살펴보면서 비물질인 하느님의 존재와 그의 활동에 대하여 살펴보는 일은 퍽 재미있다. 창세기를 읽으면서 자연계에서 들려오는 기쁜 소식을 귀담아 들어봤다. bara와 tselem elohim의 소리를 들으면서, 사람은 누구나 하느님의 혈육이라는 사실을 살폈고, 피조물 속에 들어 있는 창조자 그리고 아들 속에 들어 있는 아버지를 알아보게 되었다.

04 ▪ 되어감(becoming)

이제는 영(靈)이 펼치는 운동력을 살펴보자. 이 운동력은 창조와 재창조를 실현하는 동력으로 보인다. 짓는 이(能動者)가 있으면 지어지는 자(受動者)가 있어야 창조 행위가 가능하다. 창조자의 능동과 피조물의 수동 사이에 이뤄지는 상호작용이 바로 재창조 행위다. 하느님의 재창조 역사에 반응하는 상호작용의 선발대가 하느님의 동역자이며 대리인인 사람들이다.

이제 시선을 역사의 무대로 옮겨서 거기서 하느님의 동선을 살펴보자. 그러면서 하느님의 대리역인 사람들의 움직임도 살펴보자. 창조의 과정과 이뤄진 질서 속에서 들려오던 그 기쁜 소식이 역사 현장에서도 들려올 것은 필연적이다. 주목해서 살펴볼 무대는 이집트이다.

하느님의 창조에 의하여 혼돈 속에서 질서가 나왔고, 하느님의 형상이 내장된 하느님의 아들들이 출현하였다. 이제 이 역사의 무대에서 하느님의 대리인인 그 아들들이 재창조 작업을 어떻게 거드는지 살펴보자.

학교 다닐 때 그런 경험을 했다. 이공계(理工係) 강의실과 인문계열의 강의실 분위기가 많이 다르다는 느낌이다. 심지어 이공계열 공부를 하는 친구들과 인문계열 공부를 하는 친구들이 풍기는 분위기가 많이 다르다는 것을 경험했다. 정답이 하나인 자연계열 공부 분위기는 뭔가 갈피를 잘 잡아가는 분위기였지만 반대로 정답이 복수일 수 있는 인문계열 공부 분위기는 뭔지 어수선해서 정리가 안 되는 것 같은 느낌을 받았다.

비교적 잡음이 적은 자연계에서 들려오는 기쁨의 소리는 상대적으로 청취하기가 쉽다. 반면에 잡음이 많이 들리는 역사의 현장에서는 그 기쁨의 소리를 구별해서 듣는 일이 상대적으로 어렵다. 언뜻 느껴지는 분위기가 하나는 질서라 본다면 다른 하나는 혼돈인 것 같은 느낌이다.

잡음이 많은 역사의 현장으로 파송을 받는 사람이 모세였다. 모세가 그를 파송하는 하느님에게 질문한다. "하느님의 이름이 무엇입니까?"(출3:13). 이 질문에 대한 하느님의 대답이 70인 역에서는 이렇다. "나는 스스로 있는 자다." 그러나 이것을 표준 새 번역 개정판에서는 "나는 곧 나다"라고 더 황당하게 번역했다. 어느 나라 말인지조차 모를 말이다. 이 본문이 대단히 중요한데, 번역하기는 퍽 어려운 모양이다. 그러나 다행스럽게도 표준 새 번역의 이 이상한 번역 본문 아래 난외주(欄外註)에 보충 설명이 제공되어 있다.

천만다행이다. 그 보충 설명은 이렇다. "'나는 나다'라는 이 번역이 칠십인 역에서는 '나는 스스로 있는 자다'라고 번역되었는데, 히브리 원문의 뜻을 살려서 옮겨보자면 '나는 되고자 하는 대로 될 나일 것이다'라는 의미다"라고 풀어놨다. 원문에 담긴 의미를 따라야 한다는 일은 상식이다. E. 프롬의 도움을 받아 이 대목을 풀어보자. (*이 문제는 존재와 삶의 문제를 풀어가는 핵심이 되는 중요한 내용이다. 그래서 〈장미와 예수〉에서도 이 문제를 다뤘지만 좀 더 보충하자는 취지로 설명을 더한다.)

이 이상한 이름은 히브리 원문에 의하면 EHEYEH asher EHEYEH다. 중요한 것은 에헤이에가 to be의 미완료형이라는 사실이다. 하느님이 존재한다(is)는 것은 사실이지만, 그러나 이 존재는 하나의 사물과 같이 완성되는 것이 아니라 살아 있는 과정(living process)이요 생성됨(becoming)이다. 사물은 그 과정이 궁극적인 형태에 이르면 이름을 가지지 않을 수 없다. 모세의 질문에 대한 대답을 자연스럽게 표현하면 다음과 같다. "나의 이름은 무명씨다. 그들에게 가서 무명씨가 너를 보냈다고 해라." 단지 우상들만 이름을 갖는데 그것들은 사물들이기 때문이다(너희도 신처럼 되리라. P.39).

하느님은 붙박이 '있음'이 아니라 '되어감'으로 이해되어야 한다는 말이다. 이 세상은 동사(動詞)다. 명사(名辭)가 아니다. 붙박이가 아니다. 우리는 동사로 움직이는 세상을 '편의상' 명사화(名詞化) 시켜서 서술하면서 살아간다. 그러다가 세상을 명사로만 이해하는 습성이 굳어버렸다. 이 명사화 습관에 익숙해져서 언제부터인지 '편의상'은 사라지고 '명사화'만 남았다. 여기서 심각한 오류가 무더기로 생겨난다. 동사를 명사로 보는 착시(錯視) 속에서 세상을 명사로 보는 동맹(動盲)이 되고 만 것이다. 색을 구분 못하는 색맹(色盲)이 있는 것처럼, 움직임을 알아보지 못하는 현상이 일반화 되었다.

붙박이라면 명사로 규정해서 이름을 붙일 수 있다. 그러나 되어감이라면 얘기가 달라진다. 그러니까 하느님에게 이름을 붙이는 일은 원천적으로 불가능하다. 되어감이 진행되는데 어떻게 어느 부분에다 이름을 붙일 수 있는가? '되어감'이라는 흐름의 상태인데 어느 부분을 지목해서 이름을 달 수 있는가? 불가능하다. 마감되고 고정된 것으로 이해되는 붙박이 사물(이것도 심각한 착각이지만)에게는 명찰을 달 수 있지만 하느님에게는 명찰을 달 수 없다. 오직 무명씨라는 표현만 가능하다. 하느님에게 이름을 붙이려는 황당한 고집이야 말로 심각한 억지다.

하느님이 붙박이가 아닌 '되어감'이라면 모든 피조물은 다 붙박이일 수가 없고 되어감이어야 한다. 하느님의 형상으로 지음 받은 사람의 경우는 더더욱 그렇다. 사람은 철저한 되어감이다. 만나는 사람을 붙박이로 아는 일은 실수다. 특히 자신을 붙박이로 이해하는 일은 심각한 실수다. 오늘의 나는 이미 어제의 나가 아니다. 오늘의 나는 결코 내일의 나가 아닐 것이다. 나는 날마다 다른 사람이다. 자신을 붙박이로 아는 일은 자기 고문(拷問)이다. 만나는 사람마다 날마다 다른 사람이다. 그렇게 대해야 한다.

결코 사주나 팔자 얘기를 꺼내지 말아야 한다. 운명이란 말도 실제 상황과는 거리가 멀다. 그것은 붙박이를 전제로 삼아서 펼치는 생각놀음이기 때문이다. 세상에 그 어느 것도 붙박이가 아닌데 하필 사람 살아가는 일을 붙박이로 전제해서 말한다는 것은 이치에 맞지 않는다. 한 순간도 멈춰 있는 것은 없다.

옛 문서인 성서가 하느님을 붙박이가 아닌 되어감으로 서술하는 그 통찰력은 얼마나 놀라운가! 모든 것을 붙박이로 이해했을 그 당대의 관점을 멀찍이 뛰어넘어서 하느님의 존재 방식을 되어감으로 봤다는 사실은 얼마나 신비스러운가! 놀라울 따름이다.

하느님의 존재방식이 되어감이니 사람의 존재방식도 당연히 되어감일 수밖에 없다. 존재방식이 서로 다르다면 충돌이나 결별(訣別)이 불가피하다. 삼라만상의 존재방식 또한 그럴 수밖에 없다. 말하자면 모두가 being이 아닌 becoming이란 말이다. 이 세상은 창조의 마당이나 역사의 무대가 전부 되어감의 무도장(舞蹈場)인 셈이다.

1층이 '되어감'으로 설계되었다면 2층이 '붙박이'일 수는 없다. 2층도 당연히 '되어감'으로 설계되어 있을 것이다. 1층이 흐르면 2층도 같이 흘러야 한다. 흐름을 거역하면서 붙박이를 고집하는 사람은 자기를 거역하며 세상을 거스르며 역리(逆理)를 따라가고 있는 것이다. 공법(工法)에 어긋난 건축물이 붕괴하는 것은 시간문제다.

화이트헤드는 그의 주저(主著)의 제목을 〈Process and Reality〉라고 지었다. 과정이 곧 실재라는 주장이다. 되어감이 실재라는 설명이다. 이 책에서 화이트헤드는 설득력 있는 의견을 낸다. 그는 역사상에 들어난 하느님 이해를 세 가지로 본다. 하느님을 이 세계와 동일한 비인격적 대상으로 보는 동양의 내재적 관점이 그 하나다. 다른 하나는 하느님을 이 세상을 창조한 초월적이고 인격적인 존재로 보는 유대적 관점이다. 세 번째는 앞의 두 견해를 조화시킨 일원론적인 입장으로 이 현실 세계는 하느님 존재에 관한 부분적인 서술이며 이 우주는 하느님 존재의 한 국면인 나타남의 상호성이라고 보는 입장이다(Process and Reality. pp127-167).

호킹은 세상이 돌아가는 이치를 친절하게 설명한다.

아리스토텔레스는 지구는 가만히 있고 그 둘레에 태양, 달, 행성, 별들이 원 궤도를 돈다고 믿었다. 이런 생각은 프톨레마이오스에 의하여 기원전 2세기에 완전한 우주 체계로 완성되었다. (...) 프톨레마이오스의 우주 모델은 하늘에서 천체의 위치를 예언하는데 상당히 정확한 체계를 마련하였다. (...) 기독교 교회는 그것을 성서의 진술과 부합하는 우주의 모습으로 채택하였다. (...) 20세기 이전에 우주가 팽창하거나 수축한다는 제안을 아무도 하지 않았다. (...) 사람들이 영원의 진리를 믿는 경향과 아울러 인간은 늙고 죽는다 해도 우주는 영원하고 불변하리라고 생각했다.

1514년, 코페르니쿠스는 태양이 우주의 중심에 정지하고 지구와 행성들은 태양 둘레에 원 궤도로 도는 것이라고 주장했다. 이후 100년 가까운 세월이 흘러서야 갈릴레오 갈릴레이가 케플러를 지지하고 나서면서 프톨레마이오스의 천구(天球)와 더불어 우주에 자연적인 경계가 존재한다는 생각도

제거해 버린다. (...) 1929년 허블은 은하들이 급속하게 멀어져 가고 있다는 획기적인 관측을 하였다. 우주는 팽창하고 있다는 것이다.

이 말은 은하들이 이전에는 더 가까이 있었다는 뜻이다. 사실 지금으로부터 100억 내지 200억 년 전에는 이들이 정확히 같은 곳에 있었고, 따라서 우주의 밀도는 무한히 컸던 시기가 있었을 것이다. 아리스토텔레스의 생각이 갈릴레이 및 뉴톤의 생각과 크게 다른 점은 어떤 물체가 힘이나 충격을 받지 않는 한 정지 상태에 머무를 것이라고 생각하는 점이다. (...) 과거에서 미래에 걸쳐 변함없이 존속하는 우주라는 낡은 생각은 역동적이고 팽창하는 우주라는 개념으로 바뀌었다. 팽창하는 우주는 창조주를 배제하지 않는다(시간의 역사, pp.21-67).

아리스토텔레스와 프톨레마이우스의 세계관이나 이들의 관점 위에 세워진 토마스 아퀴나스의 신학은 낡은 유물이 된지 이미 오래다. 마음 아픈 일은 기독교권에서는 아직도 세상을 붙박이로 보는 아퀴나스 신학이 사람들의 의식을 은밀하게 지배하고 있다는 사실이다.

종교 지도자들은 여전히 붙박이 세계관을 고수하면서 벌써 죽어버린 낡은 도그마를 고집하려 한다. 이러한 지도자들을 따르는 순진한 백성들은 낡은 오류들로 뭉쳐진 미신에 무한정 길들여진다. 이들은 그 낡은 도그마를 순진하게 따르면서 숨을 몰아쉬며 방어전을 편다. 이들은 착하지만 마냥 어리석어서 분별없이 거짓을 따르다가 어이없게도 모든 것을 잃는다.

이 고집불통의 낡은 세계관은 세상을 붙박이로만 이해한다. 하느님도 붙박이, 지구도 우주도 붙박이, 사람도 붙박이다. 세계관이 이렇게 되고 인생관이 그렇게 붙박이가 되면 창조자와 피조물은 서로 남남이 되고 만다. 둘이 함께 일궈가야 할 재창조의 작업은 중단된다. 모든 것이 고정불변이니, 하느님이 손을 놓고 역사와 자연으로부터 손을 털고 물러나야 한다. 이것은. 하느님을 미완료형으로 계시하는 성서의 기본 원리를 정면으로 거부하는 일이다. 종교인들은 이 붙박이 고집을 누그러뜨리고, 성서를 바르게 다시 읽으면서 이 시대의 과학과 철학을 겸허하게 들여다봐야 한다. 질량은 에너지의 한 형태에 불과하다는 것이 이 시대의 세상 이해다.

세상이 어떻게 돌아가고 있는 건지, 카프라의 얘기를 들어보자.

양자론에 의하면 물질은 결코 정태적(情態的)인 것이 아니라 항상 운동의 상태에 있다. 거시적으로는 우리 주위의 물질적 대상들은 부동이며 활성이 없는 것처럼 보이지만, 그러한 생명 없는 돌이나 금속을 확대해보면 그것들은 활성으로 충만해 있다는 것을 알게 된다. 상대성 이론은, 질량은 에너지의 한 형태에 지나지 않는 것이라고 말한다. 에너지는 고전 물리학에서 알려진 다양한 형태를 취할 수 있을 뿐만 아니라 또한 어떤 물체의 질량 속에 잠겨 있을 수도 있다. 예를 들면 어떤 입자에 포함되어 있는 에너지의 양은 그 입자의 질량에 광속의 제곱을 곱한 것과 같다. 입자는 기본적인 요소로 되어 있는 것이 아니라 에너지의 뭉치로 이해된다. 우리가 관찰하게 되는 것은 끊임없이 변화하는 역동적인 모형들의 끊임없는 에너지의 무도(舞蹈)이다(현대물리학과 동양사상, pp.217-227).

"양자 이론에 따르면. 물질을 구성하는 기본적 실체는 원자가 아니라 장(場)과 에너지다. 그것은 에너지의 패턴이다. 원자는 고정되어 있는 불활성 물질이 아니라 장 가운데서 이동하며 진동하는 에너지일 따름이다."(김균진, 현실의 객관성에 대한 양자 물리학의 토의와 신학적 의미, 신학논단41, pp.139-140).

세상이 붙박이가 아니라 '에너지의 무도(舞蹈)'라고 이해한다면 창세기를 읽는 감각이 훨씬 밝아진다. 세상은 에너지의 무도장이며 하느님은 '되어감'이며 하느님을 닮은 사람 또한 '되어감'인 줄 안다면 삶은 새로운 감각으로 경험된다. 러셀 스테나드가 엮은 〈21세기의 신과 과학 그리고 인간〉에서 주요대목을 읽어보자. 무도장의 분위기를 이렇게 소개한다.

태초에 우주는 한없이 조그만 점 하나에 응집된 에너지였으며, 이 점의 팽창과 더불어 작은 입자들이 생겨나 이윽고 원자가 탄생하고 원자 사이의 결합으로 다양한 물질이 태어났다. (...) 20세기 이전까지의 과학은 세상을 분명한 것으로 그려놓았다. 모든 현상에는 원인이 있고 맞물린 톱니바퀴같이 거대한 우주는 그 원인에 해당하는 결과를 낸다. 그러나 양자역학은 이러한 믿음을 뿌리 채 흔들어놓았다. 1 나노 초(10억분의 1초) 후에 어떤 소립자가 어디 있는지는 결코 알 수 없다. (...) 원자 이하의 소립자 세계는 괴물의 지배하에 있는 반면, 가시 세계는 아직도 뉴턴으로 대표되는 기계론적 세계관의 지배를 받고 있다(pp.10,16).

창세기는 창조의 무도장을 그려준다. 출애굽기는 역사의 무도장을 그려준다. 이 역사의 무도장에서 '되어감'으로 움직이는 하느님 동선(動線)을 찾아보자. 그리고 하느님과 '되어감'을 공유하는 그의 대리인 피조물이 어떻게 대리인 노릇을 하는지 살펴보자. 화이트헤드는 말한다. "변속(變續)은 되어감의 조화 안에서 실제적으로 일어나는 사건들의 완벽한 발생지점이다"(A duration is a complete locus of actual occasions in 'unison of becoming(Process and Reality, p.320).

사람이 하느님과 공유한 하느님의 형상은, 사람과 하느님이 공유한 영(靈)이라는 소프트웨어라고 보면 어떨까? 하느님의 형상은 '되어감'이 그 존재 방식이고 재창조가 그 활동 방식이다. 영이라는 소프트웨어의 작동상태가 재창조의 다른 이름인 '되어감'이다. 작동되지 않아 '되어감'이 일어나지 않으면 그것은 모든 것의 죽음이다. 재창조가 발생되고 이어지고 있는 상태가 바로 생명이며 그 반대는 붙박이 죽음이다.

05 ▪ 뒤뚱거림

하느님의 형상을 부여받고 태어나서 창조의 무도장을 걸어서 역사의 마당으로 걸어 나온 아담과 이브 두 사람의 걸음걸이가 부자연스러워지기 시작했다. 숲 속에서 초원으로 나온 회색 곰이 먹이를 찾으면서 걷는다. 자신이 곰이라는 사실을 말끔하게 잊은 듯 그 걸음걸이와 먹이활동은 자연스럽고 순하다. 자연의 흐름과 일치되는 그 모습은 한 폭의 그림 같이 평화롭다.

그러나 잠시 후 분위기는 바뀐다. 맞은 편 숲에서 다른 곰이 나타난다. 다른 곰의 등장을 알게 된 곰은 갑자기 다른 분위기를 띄우면서 부자연스러워지기 시작했고 하지 않던 행동을 한다. 네 다리에 필요 이상의 힘을 주면서 몸뚱이를 부풀리니 다리가 관절 없는 나무토막인 듯 뒤뚱거린다. 다리들 사이의 거리와 각도가 이상하게 변형되면서 숨소리도 거칠어진다. 갑자기 아드레날린 수치가 치솟은 듯 사생결단을 내겠다는 결의를 상대방에게 분명하게 알린다. 이쪽만 그러는 게 아니라 저 쪽 곰도 사나움을 뿜어내면서 어울리지 않게 뒤뚱거린다. 둘이 전투 자세를 갖추고 적대하고 있는 것이 분명하다.

쌍방 모두 상대를 적으로 생각하면서 그들 내면에 병적인 난기류가 일어났음이 틀림없다. 저쪽과 이쪽이 서로를 마주보고 선전포고를 날리고 있다. 이 갑작스런 움직임은 곰이 곰을 만나면서 일어난 일이다. 곰이 곰을 만나는 이 만남이 곰들 속에 자아의식을 발생시켰다. 이 자아의식은 자연스럽게 먹이를 뜯던 곰들 내부에 급삭스런 화학변화를 일으키면서 그들이 죽음을 불사하는 싸움꾼으로 돌변하게 만들었다. 모든 면에서 상대방에게 우위를 확보하고 유지하려면 한 발 짝도 물러서면 안 된다. 이 자아의식의 다른 이름이 바로 에고다.

곰이 저 혼자 있을 때는 자연스럽고 평안했는데, 곰 상대를 만나면서 느닷없이 부자연스러워진다. 이들의 급작스런 이상행동은 등치로 한몫을 하면서 상대를 제압하려는 폭력배들의 몸놀림 그대로다. 곰이 곰을 만나면서 부자연스러워지는 것처럼 사람은 사람을 만나면서 역시 부자연스런 몸놀림을 시작한다. 동류(同類)를 만나면서 혼자 있을 때는 안 하던 짓을 시작한다. 혼자 있을 때는 자연스럽지만 둘이 되면 부자연스러워지고 셋이 되면 이상해지고 집단이 만들어지면 자연은 간 데 없고 온통 부자연스러움 천지가 된다. 걸음걸이뿐만 아니라 표정에도 이상이 생기고 목소리에도 이상이 생기고 들어나지 않게 오장육부에 난조(亂調)가 일어난다. 혼자서는 자연의 이치를 따랐지만 함께 사는 법을 몰라서 그럴까? 동류를 만나기만 하면 곧 적대행위를 나타낸다.

곰이나 사람이나 자연의 순리를 거스르면서 살려니까, 살아가는 과정이 이상행동과 난조의 연속이 되었다. 하느님과 사람 사이에 공유된 되어감이 아귀가 맞지 않아 삐걱거리는 소리가 점점 더 크게 들렸다. 그렇게 삐걱거리는 소리를 내면서도 사람들은 자신들을 닮은 아담들과 이브들을 생산했다. 가지가 늘어나면서 나무마다 바람 잘 날이 없었다. 처음에는 조심스럽게 들리던 삐걱 소리가 차츰 더 커지면서 역사의 난조가 더욱 거칠어져갔다.

사람들은 예상치 못했던 엉뚱한 일들을 끊임없이 저질렀다. 한 사람 한 사람이 각각으로 나타내는 이상행동들이 모이고 쌓여서 사회 분위기가 되고 시대정신이 되고 흐름이 되고 문화가 되니까 제정신을 가지고 바르게 살아가는 사람들도 그 대세 속으로 다 말려들었다.

가인과 아벨 형제는 제단 주변에서 다툼을 벌이다가 형이 아우를 죽이는 참극을 저질렀다. 동생을 살해한 가인은 자기형상을 닮은 붕어빵 가인들을 낳았다. 그런 세상을 보면서 마음 아파하는 노아와 같은 사람도 있었다. 그리고 하느님과 결이 맞는 생애를 살아가는 에녹과 같은 사람도 있었다. 이들이 모두 바르고 심지가 굳은 사람들이지만 세상이 어두워지고 혼돈스러워가는 대세를 바로잡기는 역부족이었다. 그 시대의 소용돌이 세력이 워낙 세차기 때문에 되어감의 프로그램이 정상적으로 가동되기는 어려웠다. 이런 혼란 속에서 사람들은 저마다 부자연스럽게 뒤뚱거렸다. 삐걱거리는 소리는 점점 더 커졌다.

물론, 아브라함처럼 품성이 좋은 사람도 있었다. 그는 강하게 몰아치는 시대의 역풍을 거스르면서 그다운 방식으로 살아갔다. 그러면서 이삭을 낳았고 이 아들은 그다운 방식으로 자신의 인생길을 가면서 쌍둥이를 낳았다. 에서가 출생했고 그 나름의 방식으로 세상을 살았다. 야곱은 야곱의 방식으로 인생길을 걸었다. 한 배에서 같은 시간에 태어난 쌍둥이라 해도 다 각자의 길을 걸어가기 마련이다. 그러면서 각자의 어긋남을 모두 뭉쳐서 그 시대 자체를 뒤뚱거리게 만들었다. 아무리 출중한 사람이라 해도 그 뒤뚱거리는 시대의 포로이기를 거부할 수가 없었다. 분명 극상품 포도를 심었는데 모두가 들포도로 돌변해 버리는 것이다.

어느 날엔가 이렇게 사는 사람들이 이집트에 몰려와 있었다. 이들은 정치적인 압제와 경제적인 궁핍과 문화적인 역겨움을 겪으면서 노예 처지에 시달리며 맨밥을 먹는 맨주먹, 맨발, 맨손 신세들이었다. 말하자면 길을 잘못 들어 "억압 때문에 괴로워서 부르짖는" 막장 인생들이었다. 그들은 한 사람도 예외 없이 모두 뒤뚱거리고 있었다. 이들이 이런 처지에 놓인 것은 인생사 언제나 그렇듯이 자신들이 뿌린 것을 그대로 되돌려 받는 뒤뚱거림이었다.

뿌린 대로 거둔다는 이치는 예외를 두지 않는다. 어제에서 오늘이 나왔고, 누구나 예외 없이 오늘 자신의 내일을 만든다. 아무도 누구도 무엇도 탓할 수 없다. 모든 것이 이렇게 어긋나는 근본 원인은 되어감을 거부하고 붙박이이기를 고집하는 자기 자신이었다. 언제나 원인은 자신이라는 것을 사람들은 모르고 살아간다. 모든 것이 자기에게서 나가서 다시 자기에게로 돌아오는 현상들일 뿐이었다.

사람들 모두가 먹통이 되어 붙박이를 고집하는데 이 한 사람은 되어감으로 자신을 가동시키면서 하느님과 소통하고 있었다. 모세라 불리는 이 사람이 하느님과 호흡을 맞추면서 마음의 귀로 하느님의 소리를 듣고 있었다. 이 사람도 뒤뚱거리기는 했지만 자신이 뒤뚱거린다는 사실을 자각하면서 자신을 바로잡기 위해 마음을 쓰고 있었다.

혼돈의 마당 복판을 가로질러 모세의 내면으로 들어온 소리가 안에서 울렸다. 하느님의 말귀를 알아들을 수 있는 이 사람은 "나의 백성 이스라엘을 이집트에서 이끌어내겠다"는 하느님 소리를 청취했다. 소리는 들었으나 그 뜻은 선뜻 다가오지 않았다. 물론 이것은 고막(鼓膜)이 아닌 의식(意識)의 진동으로 파악된 하느님의 소리였다. 머뭇거리고 있는 그에게 다음 소리가 들려왔다. "내가 너와 함께 있겠다!" 상황이 차츰 정리되고 있는 셈이다. 모세는 하느님과 가까워지면서 하느님의 소리를 내면에서 들으면서 자신이 하느님과 함께 이집트로 가야만 되는 입장이 되어 가는 것을 감으로 알게 되었다.

"내가 너와 함께 있겠다"는 약속은 되어감 모드로 자신을 바로잡아 가는 사람에게만 주어질 수 있는 아주 특별한 은총 메뉴다. 하느님이 되어감이라면 함께 되어감으로 죽이 맞아야 "함께 있기"가 가능하다. 하나는 붙박이이고 하나는 되어감이라면 함께 있을 수가 없다. 붙박이로 자기를 고집하는 사람은 붙박이 종교를 가질 수는 있어도 하느님과 동행할 수는 없다.

하느님과 동행하는 일과 종교를 갖는 일은 전혀 다른 일이다. 종교를 갖고 있는 붙박이 사람은 자신의 종교에 갇히고 막혀서 하느님에게로 나가는 일도 하느님과 동행하는 일도 불가능하다. 그는 오히려 종교에 막히고 걸려서 하느님으로부터 점점 멀어지는 갇힘 속에서 종내 질식하고 말 것이다. 하느님과 "함께" 가려면 하느님의 존재 방식과 일치해야 한다.

동적 개념인 되어감이 실재라고 이해하는 화이트헤드는 오늘 이 시대가 하느님을 잃어버린 이유를 설명한다. 이유는 무엇일까? 기독교가 하느님에 관한 교리를 붙박이 고정 개념으로 고착시키고, 하느님을 최고의 완전자로 도식화 시키면서 유대적인 신관(神觀)에 갇혀 버리고 말았다는 것이다.

그런 관점에서 그는 기독교 신론(神論)에 도입된 세 가지 오류를 지적한다. 이 세 가지 오류에 의해서 만들어진 신은 갈릴리에서 시작된 본래의 하느님과는 전혀 다른 신(神)이었다. 이렇게 별개의 신(神)을 만들어낸 착오는 무엇일까? 첫째는 아리스토텔레스에게서 도입된 움직이지 않는 운동자 개념(unmoved mover)이다. 두 번째는 신이 이 세상을 창조한 초월적 창조자이며 최고의 실재라고 설명하는 기독교 신학의 고안(考案)이다. 셋째는 신(神)을 이집트나 페르샤나 로마의 황제와 똑같은 모습으로 그렸다(Process and Reality,pp.519-520).

이렇게 꾸려진 신(神)은 예수가 요단 강변에서 만나고 산상수훈으로 가르치며 십자가를 앞에 두고 애통해하며 붙들었던 그 하느님이 아니었다. 이 낯선 신은 오류(誤謬)임이 드러난 낡은 과학과 궤변임이 누차 확인된 철학이 만들어 낸 신(神)이었다. 사실 이 만들어진 신은 종교꾼들이 자신들의 발판을 만들기 위해서 미신으로 반죽해서 자신들 의도대로 만든 거푸집에서 나온 금송아지였다.

Part 2

정지화면(停止畵面)

06 ▪ 파장(罷場)은 없다

하느님의 존재방식이 되어감이고 그 활동방식이 재창조라는 관점에서 세상과 역사를 읽어가는 중이다. 창세기가 되어가는 세상을 그려주고 있으며 출애굽기 역시 흐르면서 변하는 역사를 보여주는 그림이다. 세상 만물 중에 머물러 있고 고정되어 있는 것은 아무것도 없다. 우리는 매 순간마다 새로운 세계를 대하면서, 매 순간 새로운 사람으로 살아간다. 같은 사람을 만나는 것 같아도 실상은 매번 다른 사람을 만나고 있다. "똑 같은 사람"이란 머릿속에만 그리고 기억 속에만 있는 허구일 뿐이다.

실상은 이렇지만 그 실상을 파악해서 표현하고 전달하자면 움직임 중에 있는 어느 한 순간의 단면을 고정시켜서 말하고 들으며 보는 그런 방식을 빌리게 된다. 상황이 그러니까 창세기도 고정된 세계를 말하는 것 같고 출애굽기 역시 그렇다. 그런 이유는 상황을 말하는 방식이 대부분 명사(名辭)이며 보여주는 방식도 정지화면이기 때문이다. 앞으로 이 문제점에 대해서 차분하게 살펴보도록 하자. 우리가 관찰하는 세상이 동사(動詞)의 세계라는 사실은 기억하고 지나가자.

길을 잘못 든 사람들이 모여 있는 역사의 마당은 혼돈과 공허와 어둠의 자리였다. 되어감의 하느님은 이토록 어지러운 역사의 마당을 어떻게 정리할 것인가? 세상을 붙박이로 이해한다면 하느님의 재창조는 불가능이다. 그러면 세상은 파장이다. 그러나 되어감의 하느님은 역사적 창조라는 작업과정을 통하여 새로운 역사의 문을 열고 있었다.

시인은 이렇게 세상을 읽었다. "모든 피조물이 주님만 바라보며 때를 따라서 먹이 주시기를 기다린다. 주께서 그들에게 먹이를 주시면 그들은 받아먹고 만족해한다. 주께서 주의 영을 불어넣으시면 그들이 다시 창조된다. 주께서 땅의 모습을 다시 새롭게 하신다"(시 104:27-30).

"주께서 주의 영을 불어넣으시면 피조물이 다시 창조되어 땅의 모습까지 새로워진다!" 피조물을 새롭게 하는 "재창조"를 눈여겨봐야 한다. 창세기 첫째 장과 똑같은 분위기다. "땅이 혼돈하고 공허하며 어둠이 깊음 위에 있고, 하느님의 영은 물 위에 움직이고 계셨다." 모든 피조물은 예외 없는 가능성을 품에 안고 "재창조"의 길목에 서 있다. 붙박이로 마감되어 고정된 것은 어디에도 없다. 창조 세계는 물론 역사의 마당 어디에도 파장(罷場)은 없다.

현대과학의 설명을 따라서 세계를 이해하면 하느님이 '빛이 있으라 하니 빛이 생겼다' 하는 진술이 훨씬 실감나게 들린다. 영(靈)과 관련한 예수의 가르침을 들어보자. 에너지의 무도장에서 "바람(영)은 불고 싶은 대로 분다. 너희는 그 소리는 듣지만 어디서 와서 어디로 가는지 모른다. 영으로 태어난 사람은 이와 같다"(요3:8). 입자의 위치에 대한 현대과학의 설명을 연상케 한다.

입자의 위치는 언제나 불확정적이다. 이 현상은 '우주의 근본적이고 불가피한 특성 가운데 하나다'(S. 호킹, 시간의 역사, P.95). '질량은 에너지의 한 형태에 불과하다. 정지해 있는 물체라 하더라도 그 질량 속에 에너지가 담겨 있다. 입자의 질량은 일정한 양의 에너지와 동등하다. 입자가 이제는 정지된 물체로서 이해될 수 없다. 순수한 에너지에서 물질적 입자를 생성시키는 일은 상대성 이론의 극적인 결과다'(현대물리학과 동양사상, pp.83-93).

사람마다 "나는 누구인가?" 그리고 '나는 무엇인가?'를 물으면서 또 하나의 질문을 계속하면서 살아간다. "어떻게 살아가야 하는가?"의 문제다. 앞의 두 가지 질문에 대해서 명확한 대답을 제시한 성서는 이 세 번째 질문에 대해서도 뚜렷한 해답을 준다. 그 해답은 무엇인가? "땅을 정복하여라. 땅 위에서 살아 움직이는 모든 생물을 다스려라"(창1:28). "다스려라" 이것이 '어떻게 살 것인가?'에 대한 명확한 대답이다. 몰트만의 설명을 들어보자.

사람은 창조의 사귐 속에서 하느님을 대리하고 그의 영광과 그의 의지를 나타낸다. 그는 창조의 사귐 앞에서 하느님을 책임진다. 이러한 면에서 사람은 땅 위에 있는 하느님의 대리자다. 사람은 하느님 앞에서 창조를 위하여 있고 창조 앞에서 하느님을 위하여 있으며 바로 여기에 그의 제사장적인 규정이 있다. 창조론에서 사람은 창조의 사귐 속에서 사라져도 안 되고 이 사귐으로부터 분리되어도 안 된다. 사람은 세계의 형상인 동시에 하느님의 형상이다. 이 두 기능 속에서 사람은 시간적으로 볼 때 안식일 앞에 있다. 사람은 창조의 축제를 준비한다"(창조 안에 계신 하느님, p.230).

사람은 언제나 어디서나 자신이 발을 디디고 있는 바로 그 자리에서 침착한 주인으로 살아가야 한다. 사람은 창조의 사귐 속에서 하느님을 대리하고 그의 영광과 의지를 나타낸다. 창세기가 기록되던 시절 고대인들의 관점으로 이 사실을 생각해 보면 더욱 놀랍다. 고대인들은 너나없이 자연을 신(神)으로 이해하고 숭배하면서 두려워하기까지 하는 자연 숭배자들이었다.

그런 시대 한 복판에서 성서는 호외(號外) 이상 가는 놀라운 소식을 대서특필(大書特筆)로 세상에 알린다. "땅을 정복하여라. 땅 위에서 살아 움직이는 모든 생물을 다스려라"(창1:28). 사람이 다스리면서 살아야 한다는 이 가르침은 얼마나 놀라운 일인가! 사람은 지배를 받으며 끌려 다니는 노예가 아니라 자연과 역사에 대하여 책임지고 돌아보는 관리자로 살아가야 한다는 것이다.

시편 기자는 이 감동적인 창조의 드라마를 보면서, 사람은 "하느님보다 조금 못한" 귀중한 존재라고 보았다. 그리고 이 피조물이 존귀하고 영화로운 왕관을 쓰고, 모든 것을 자신의 발아래 두고 다스린다고 보았다. 이토록 존귀한 피조물은, 동료 피조물과 함께 살아가는 역사의 마당에서, 다스리는 주인으로 살아가야 한다는 것이다.

몰트만은 사람이 그렇게 움직일 수 있는 근거를 하느님의 역사적 창조라고 이름 지었다. 하느님의 역사적 창조의 원리 안에서 망가진 사람들이 수리를 받고 제자리를 찾아 하느님의 대리자로서의 삶을 다시 시작한다. 아무리 막장 같은 상황이라 해도 파장은 없다. 어떤 상황에서도 하느님의 재창조는 중단되지 않는다.

07 ▪ 가로막힌 진로(進路)

역사의 무대에 나타난 하느님의 재창조는 사실상 하느님의 계속적 창조의 한 단면이다. 사진사는 이어지는 변화의 과정 중에서 어느 한 순간을 렌즈에 담아서 고정시킨다. 세상을 보는 사람의 눈도 마찬가지다. 움직임을 따라가면서 볼 수는 없고 한 순간의 동사(動詞)를 붙들어서 명사화(名辭化) 시키는 수밖에 없다. 피어나고 있는 꽃을 동사가 아닌 명사로 보는 것과 같다.

실질적으로는 동사형인 계속적 창조의 움직임이 실제상황이지만 그것을 파악하고 전달할 때는 재창조라는 명사형 정지화면(停止畵面)으로 고정시켜서 설명하는 수밖에 없다. 자라 오르는 싹은 분명 동사형이지만 사람의 눈은 이것을 명사형으로 본다. 실재의 세계는 동사형이지만 그것을 말하는 언어세계에서는 명사의 도움을 받을 수밖에 없다. 움직임을 쫓아가면서 말하기는 어렵기 때문에 부득불 명사화 된 단면(斷面)으로 표현할 수밖에 없다. 이점에 대하여 몰트만은 자세한 설명을 한다.

창조의 개념은 태초의 창조, 계속적 혹은 역사적 창조와 새 창조 세 가지로 생각할 수 있다. 태초의 창조와 계속적 창조 혹은 역사적 창조는 구분되어야 한다. 태초의 창조는 아무런 전제가 없으며 역사적 창조는 창조를 전제한다. (...) 하느님의 창조에 대한 단수형의 단어 bara는 태초의 세계 창조에 대하여 사용되기보다 오히려 해방과 구원의 역사적 창조에 대하여 더 많이 사용된다. (...) 역사적 창조는 한 때 창조된 것의 보존을 지향하지 않고 창조를 완성하는 구원의 성취를 지향하고 있다(몰트만, 창조 안에 계신 하느님, pp.250-251).

태어나기는 하느님의 형상을 갖춘 성골(聖骨)로 태어났지만 사람들은 자기답지 않게 가야 할 길에서 빗나가기를 계속했다. 그렇게 빗나가기를 계속하다가 결국 노예로 살아야 하는 한심한 처지가 되었다. 세상 살아가는 이치를 제대로 가르치지 않고 제대로 배우지 못한 사람들이 무리를 이루면서 형편은 더 악화되었다. 하느님의 형상을 갖추고 만물을 다스리면서 살아갈 수 있는 특전까지 갖췄지만 그 모든 은전(恩典)을 오용(誤用)하고 남용(濫用)하기를 계속했다.

그러면서 자신을 변화시키고 바로잡으며 스스로 일어서기는 불가능해 보이는 암담한 현실에 놓이게 되었다. "새로운 상황에 대처하기 위하여 그의 가치체계와 의미체계를 철저하게 변화시킬 수 없는 사회들은 자기 자신을 변화시킬 수 없으며 그가 초래하는 파괴를 중지할 수가 없다. 그 사회가 초래한 자연세계의 파괴는 오히려 파괴적인 방법으로 그 사회로 되돌아오며 그 속에서 가치의 상실과 의미의 위기를 초래한다"(창조 안에 계신 하느님, p.39).

자기 자신을 변화시킬 수 없으니, 하느님의 재창조 외에는 해결의 방법이 없는 막다른 골목에, 절망뿐인 사람들이 몰려 있었다. 백약(百藥)이 무효인 이런 상황에서, 유일한 해법으로 남아 있는 하느님의 계속적 창조에 대해서 몰트만의 설명을 들어보자.

하느님의 창조는 그의 무한한 능력의 표명이 아니라 전제 없는 그의 사랑의 전달, 곧 하느님의 사랑으로부터의 창조이다. 만물은 창조자의 사랑으로부터 영광스럽게 등장하였다. 하느님은 그의 선하심을 창조로써 전달하고 선하심을 그 속에서 전달한다. (...) 이 무아의 사랑 때문에 하느님은 자기 자신으로부터 나와서 자신과는 다르지만 자기에게 상응하는 것을 창조한다"(창조 안에 계신 하느님, p.100).

하느님의 계속적 창조가 본격화 된다. 하느님의 동역자인 모세가 움직이기 시작한다. 그러나 "무거운 노동에 지치고 기가 죽은"(출6:9) 백성들은 하느님의 재창조 움직임을 선뜻 따르지 않는다. 모세는 이런 백성을 움직여야만 한다. 그리고 백성을 노예로 삼아서 자신의 통치 기반을 만들고 있는 절대 군주 바로를 움직여야 한다. 모세의 소리는 백성들에게나 바로에게나 어림없는 헛소리였다.

그래도 어쩌겠는가? 모세는 꿈쩍 않는 백성의 마음을 움직여서 하느님의 재창조의 노정(路程)에 따라나서게 해야 한다. 어찌했던, 잘못된 악의 구조에 주저앉아 꿈적도 하지 않는 백성들을 움직여야 하고, 철벽처럼 가로막고 있는 바로의 음모를 밀쳐내야 한다. 무엇 하나 난관 아닌 것이 없다. 겨우 출발은 했지만 그들이 국경을 벗어나기도 전에 바로의 군대가 달려왔고 그들이 가야할 길은 물속에 갈아 앉아 있었다. 이럴 수도 저럴 수도 없다.

이집트에서의 노예생활은 그야말로 암담함 자체였다. 이집트를 떠나는 전환의 시점에서 혼돈이 극에 달했다. 무엇 하나 제 자리에 놓인 것이 없었다. 바닷물을 앞에 둔 백성들은 실색했다. 익사(溺死)를 목표삼아 달려온 것 같은 기막힌 상황을 현실로 받아들이는 일은 불가능이었다.

모든 변화에는 진통이 따르기 마련인가? 모든 성장에는 아픔이 따르기 마련인가. 모든 임계점마다 견디기 불가능했을 것으로 보이는 고통의 진액이 고여 있다. 꼭 100도를 채우는 진통이 충족되어야만 물이 끓을 수 있는 건가? 98도 혹은 99도에서는 전환(轉換)이 불가능한가. 대강 어설프게 해서 고비를 넘는 일은 진정 불가능만 한가. 산고(産苦)없이 생명을 출산할 수는 없는가. 꼭 죽어야만 사는 일이 가능하단 말인가? 떠나지 않고 약속의 땅에 도착하는 비법은 없는가? 십자가를 비켜가서 왕관을 쓰는 방법은 없을까?

살아가면서도 살아가는 이치를 깨닫기 힘들고, 더구나 그 이치를 받아들이기는 더 힘이 든다. 길을 떠난 백성들이 앞길을 가로막는 바다를 보면서 기가 막혀 신음소리를 낸다. "이집트에 묘 자리가 없어서 우리를 이 광야에 끌어내어 죽이려 하는가? 우리를 이집트에서 끌어내어, 여기서 이런 일을 당하게 하다니, 왜 우리를 이렇게 만드는가? 광야에 나가서 죽는 것보다 이집트 사람을 섬기는 것이 나으니 우리가 이집트 사람을 섬기게 그대로 내버려 두라고 하지 않았는가?(출14:10-12)

08 ▪ 재창조의 현장(locus)

이 극한 상황에서 기쁜 소식이 들린다. "두려워하지 마라. 그대들은 가만히 서서 주께서 그대들을 어떻게 구원하시는지 지켜보기만 하라. 주께서 그대들을 구하여 주시려고 싸우실 것이다”(출14:13). 분명한 소리가 들려왔지만 거기 있는 사람들이 다 들은 것은 아니었다. 그 소리는 미세(微細)하게 전해졌기 때문에 “귀 있는 자” 곧 의식이 깨어 있는 사람들만 들을 수 있었다. 요단 강변에서 들리던 소리와 풍경을 사람마다 다 듣고 본 것이 아니었다. 세상 어디서나 똑같은 현상이 벌어지기 마련이다. 다 듣는 것이 아니고 다 보는 것도 아니다.

민족을 이끌고 움직이는 모세는 그 소리를 들었다. 첫째는 “두려워하지 말라”는 소리였다. 두려움은 사람 내부에 자리 잡고 있는 본능적 움직임이다. 사람의 내부 장기(臟器)들이 의지와는 상관없이 자동으로 움직이는 것처럼 두려움도 사람의 불수의근(不隨意筋)처럼 자동으로 움직여서 조절하는 일은 불가능하다.

이 두려움은 왜 생기는가? 사람을 움직이는 핵심 동력은 놀랍게도 실물이 아닌 에고(ego)다. 이른바 자기 혹은 자아라고 불리는 심리적 구성물이다. 이 에고는 심리적 구성체에 불과하지만 마치 실물인 것처럼 막강한 동력으로 사람을 움직이는 문제의 덩어리이다. 두려움이 작동되는 일도 이 에고의 활동과 관련된 것으로 보인다.

왜 에고가 두려움을 발동시킬까? 에고는 자신이 변화되거나 손상받는 일을 매우 싫어한다. 에고는 되어감을 한사코 반대하면서 확고부동의 붙박이를 고집한다. 에고는 변화를 적극적으로 막는 붙박이 체질이다. 상황이 변하면 자신의 지배력이 약해지면서 자신이 원치 않는 일이 일어날 수도 있기 때문이다. 자신은 전혀 믿지지 않으면서 계속해서 공고해지고 계속해서 강해지고 커지려 하는 것이 에고의 변치 않는 본성이다. 바벨탑을 짓는 동기가 건물이 하늘에까지 닿도록 지어서 자신들의 이름을 날려보자는 복잡한 계산이었듯이 자기중심적인 에고가 품고 있는 속셈은 항상 미묘하고 복잡하다.

예수는 "누구든지 나를 따르려면 자기를 부인해야 한다"며 에고가 사람의 인격과 삶을 망치고 있다는 사실을 경고했다. 이집트를 떠나는 백성들이 추적자들과 가로막는 바닷물 틈에 끼어서 절망하며 주저앉고 싶은 극한 상황에서 에고의 움직임에 휘말리지 말라는 뜻으로 "두려워하지 마라"는 가르침이 주어졌다. 에고는 타고난 겁쟁이기 때문에 에고의 지배를 받는 한에서는 두려움을 벗어날 방법이 없다.

들려온 두 번째 소리는 무엇인가? 지금은 되어감이 이뤄져야 하는 결정적인 임계점이다. 지금 여기서 일대 전환이 이뤄져야 한다. 삶의 새로운 차원으로 들어가야 한다. 껍질을 깨고 튀어 나와야 한다. 어느 쪽으로 도약할 것인가? 백성들이 뛰어 들어갈 차원은 어디인가? 모세가 일러준다. "주께서 그대들을 구하기 위하여 싸우실 것이니 그대들은 진정하시오"(출14:14).

이른 바 자율(自律)에서 "주께서 그대들을 위하여 싸우신다" 하는 신율(神律)로 들어가야 한다. 그러나 에고는 자신의 지배권이 다른 사람에게 넘어가는 것을 결코 반기지 않는다. 자신이 무슨 일에나 전권을 행사하려 한다. 이른바 아집(我執)이다. 자율 왕국의 실질적 지배자는 에고다. 자율의 영역은 말과는 달리 에고가 자기놀음을 제멋대로 펼치는 에고의 왕국이다.

이런 내용도 모른 채 사람들은 일찍 일어나고 늦게 누우며 수고의 떡을 먹으며 집을 세우려고 한계 바깥의 고생까지 마다하지 않았다. 그러나 이 모든 일들이 실상은 에고의 놀음에 놀아난 것뿐이어서 제대로 살아진 것은 하나 없이 돌이킬 수 없는 회한만 남았다. 회한만 남기는 그런 방식을 앞으로도 계속할 것인가?

이제 어떻게 해야 옳은가? "주께서 그대들을 구하기 위하여 싸우실 것이니 그대들은 진정하시오"(출14:14). "주께서 그들을 위하여 싸우실 것"이다. 작전권을 하느님에게로 넘기는 것이 인생만사 얽힘을 풀어내는 유일한 해법이다. "하느님이 싸우는" 그 차원으로 들어가서, 존재방식을 근본적으로 바꾸는 것이다. "내 뜻대로 하지 마시고 아버지 뜻대로 하십시오." 이 방법이다.

09 ▪ 가만히 서 있어라

다음에 들려온 소리는 무엇인가? "가만히 서 있어야 한다"는 소리다. 작전권을 넘겨받은 하느님이 싸운다면 사람들은 가만히 서 있어야 한다. "가만히 서 있는 것" 이것이 존재 방식을 바꾸는 방법 중 하나다. 중무장을 하고 적진 속으로 들어간 수색대 전투요원들은 일정한 거리를 전진하면 반드시 멈춰서 상황을 살펴야 한다. 전진만

하면 상황을 파악하는 것이 소홀해지고 적에게 노출될 위험이 많아진다. 가만히 서 있어야 살아남는다.

그렇지만 서 있기는 실로 어려운 일이다. 사람은 온종일 들락거린다. 그러면서 하릴없이 동서남북을 헤맨다. 하루 종일 헤매 다니고도 깊은 밤 잠 속에서는 꿈까지 요란하게 꿔대고 별별 잠꼬대를 다 한다. 잠을 자다가 잠이 깨지도 않은 채 밖으로 나가 돌아다니는 사람도 있다. 사람들은 자신들도 모르는 사이에 이상한 행동장애를 앓고 있다. 몸이 그렇고 마음은 말할 것도 없다.

사람들이 이렇게 소란을 떠는 이유는 무엇인가? 에고와 관련이 있다. 에고는 한시도 가만히 있지 못한다. 자기 방어를 위해서, 자기 강화를 위해서 그리고 자기 확장을 위해서 온종일을 그리고 밤낮을 가리지 않고 작업을 해야 한다. 그러느라고 온 동네를 다 헤매면서 일마다 참견하며 말썽을 부린다. 제아무리 자제하려 해도 가만히 있을 수가 없다. 부지런히 돌아다니며 순찰을 하고 확인하고 손을 써야 한다. 세상에서 일어난 일 모두를 알아야 하고 모두 참견해야 하고 모두 손질을 해야 한다. 에고의 감각으로는 자신과 관계되지 않는 일이 없다. 모든 일이 자기 소관이다. 에고에게는 가만히 있으라는 말처럼 힘든 말이 없다.

공간 속을 그렇게 헤매는 것만으로는 마음이 차지 않는지 이번에는 시간 속으로 들어가 끝없이 헤맨다. 살아야 할 현재는 아랑곳하지 않고 끝없는 과거 속을 헤집고 다닌다. 그러다가 느닷없이 미래로 뛰어 들어가서 한정 없이 헤매고 다니면서 통반장을 다 거머쥐고

북을 치며 장구까지 쳐댄다. 관절이 녹아내리고 발바닥에 불이 붙을 정도로 헤매며 쏘다닌다. 사실상 과거나 미래는 실물 아닌 허구일 따름이다. 무한으로 펼쳐지는 이 가상공간은 다름 아닌 에고의 창작품이다. 에고는 자신이 만든 그 헛것들 공간 속으로 제멋에 겨워서 돌아다닌다. 그러면서 에고는 자신의 숙주(宿主)를 행동장애 중증환자로 만들어 놨다.

몸으로만 돌아다니는 것이 아니다. 몸이 쉼 없이 난리를 피지만 마음으로 소란을 일으키는 일에 비하면 비교도 안 된다. 정신이 온전치 않아서 특별한 이상행동을 하는 사람이 있다. 그는 집안에 온갖 쓰레기를 쌓아 놓는다. 세상에 눈에 띄는 온갖 쓰레기를 다 모아들여 집안에 쌓아둔다. 쌓아놓기를 끊임없이 계속해서 정작 집 주인인 자신이 있을 자리가 없다. 잠자는 자리도 없고 밥 먹는 자리도 없고 화장실도 없고 심지어는 집안으로 들고나는 출입구도 없다. 온갖 냄새가 들끓어서 이웃들까지 숨쉬기조차 어렵고 벌레들까지 들끓으니 문자 그대로 아수라장이다. 자기 집이지만 자기가 있을 자리가 없다.

집안을 그렇게 해놓고 사람은 쓰레기 속에서 밥을 먹고 쓰레기 속에서 잠을 자고 쓰레기 속에서 용변을 보며 땅 짐승처럼 쓰레기 속으로 굴을 파고 출입을 하는 사람! 이 사람은 쓰레기와 자기를 동일시하며 살아가는 실상을 실물교육으로 우리에게 보여준다. 집안을 채운 쓰레기보다 더 심각한 마음 쓰레기에 대하여 생각게 한다. 마음 공간에 터지도록 들어찬 온갖 잡동사니 쓰레기 때문에 정상적인 생활이 불가능하게 되었다. 누울 자리는 고사하고 앉을 자리도 없고

서 있을 자리도 없다. 덕분에 주인은 노숙자가 되어야 할 판이다.

많은 사람들이 이런 식으로 자기 자신에게 억눌리고 시달린다. 기만히 있을 수가 없다. 끊임없이 설쳐야 한다. 돌아다니면서 오감을 작동시켜야 하고 지껄여야 하고 손짓 발짓을 끊임없이 작동시켜야 한다. 이토록 하루 종일 그리고 평생을 허둥대지만 이 모든 움직임이 다 이상행동일 뿐이어서 보탬 되는 것이 하나도 없다. 모두가 저지름들 뿐이니 삶 전체가 온통 난장판이다.

십계명 가운데 안식일을 지키라는 항목이 들어 있다는 점은 정말 놀라운 일이다, 그리고 안식일에는 쉬어야 한다는 가르침이 도처에 나타난다. 이상하지 않은가? 세상에 어떻게 쉬라는 계명이 다 있단 말인가? 쉬라는 계명이 꼭 필요한 상황이었다면 분명 그럴 수밖에 없는 사정이 있었을 것이다.

부모를 공경하라 하는 계명이 필요했던 것처럼 사람들은 휴식을 취해야만 살아남을 수 있었던 것이다. 만일에 휴식 없는 노동이 계속된다면 그런 사회는 엄청난 불행을 겪어야 했을 것이다. 사회가 전체적으로 겪는 손실은 매우 심각했을 터이다. 안식일을 지킨다는 일은 종교적 계율이 아니다. 자동차도 장시간 달리기를 계속하면 힘들어 한다. 쉬어야 한다는 것은 생명활동을 해나가는 데 필수요건이다.

사람이 과로하지 말아야 한다. 과로는 생명을 해치는 일이다. 물론 무리하게라도 일해야 입에 풀칠을 하게 되는 어려운 상황도 있다. 사람마다, 이러한 일이 생기지 않도록 앞뒤를 맞추는 계획성 있는 생활을 해야 한다. 몰리고 쫓기는 일이 없어야 할 것이다. 덜 중요한 것을 얻기 위해서 더 중요한 것을 희생시키는 일은 없어야 한다.

이렇게 짜임새 있게 생활하는 것은 개인들이 알아서 챙겨야 할 일이긴 하지만 그렇지 못하다면 그 사회와 국가가 제도를 만들어서라도 시행되도록 해야 한다. 안식일 제도는 순수하게 사람의 복지와 후생을 위하여 필요한 조치였다. 사람들이 악순환일 뿐인 그 과잉행동장애 때문에 모두 과열(過熱)과 과부하(過負荷) 상태다. 모두 과로 상태가 되니까 오작동(誤作動)이나 급발진 사고가 빈발한다.

가장 먼저 해야 할 일은 멈추는 일이다. 기계가 잘못 돌아가고 있으니 먼저 할 일은 멈추는 것이다. 저지르기를 멈춰야 한다. 멈추는 일에 대하여 노자(老子)는 이렇게 가르친다. 無爲卽 無不治(무위로 하면 다스려지지 않는 것이 없다). 마음을 멈추고 몸을 멈추는 無爲가 삶을 바로 잡는 단초가 된다. 얼핏 보면 有爲가 능사인 듯 보이지만 그것이 일 그르치기일 뿐이라면 시급히 멈춰서야 한다.

10 ■ 지켜보라

다음에 들려온 소리는 무엇일까? '가만히 서 있는' 無爲에 들어선 사람은 그냥 거기에 머무르기만 하는가? 아니다. 爲 以無爲다! 무위(無爲)에서 자연의 이치에 자신을 맞추고 나면 진정한 위(爲)의 단계로 나간다. 이때에 할 일은 "지켜보라" 이것이다. 멈춰야 비로소 사람의 눈이 열린다. 헤매는 사람은, 봐도 보지 못하고(視而不見) 들어도 듣지 못한다(聽而不聞).

멈추면 보인다는 말이 있다. 무위일 때 비로소 보이기 시작한다. 멈출 때 비로소 하느님의 동영상이 보이기 시작한다. 멈춰야 비로소 하느님의 재창조 작업이 시야에 들어온다. 무엇이 보이는가? 세상을 명사로만 본다면 '보아도 보지 못하는 것'이다. 소경이나 마찬가지다. 세상을 명사로만 보는 습성과 타성과 게으름을 깨쳐야 한다.

움직이는 세상을 정지된 것으로 보는 것을 어찌 본다고 할 수 있겠는가? 움직이고 변하는 실제상황을 보란 말이다. '지켜보라'는 말의 뜻이 그것이다. 물론 하느님을 보는 일은 마음의 눈으로만 가능한 일이다. 몸의 눈으로 하느님을 보려고 하는 것은 차원의 혼동을 모르는 바보짓이다.

금강경은 오안(五眼)에 대하여 가르친다. 첫째는 육안(肉眼)이다. 몸에 갖춰진 감각기능으로 보는 것을 말한다. 물론 이것은 극히 작은 부분만을 본다. 이 눈이 봐도 보지 못하는 바로 그 눈이다. 다음은 천안(天眼)이다. 세상의 흐름을 자유자재로 파악하는 눈이다. 천안이 보는 것을 육안으로는 볼 수 없다. 다음은 혜안(慧眼)이다. 세상 돌아가는 이치를 보는 눈이다. 다음은 법안(法眼)이다. 모든 현상을 헤아려 한 번에 파악하는 안목이다. 다음은 불안(佛眼)곧 사랑의 관점으로 세상을 살피는 눈이다.

성서는 마음이 청결한 사람이 하느님을 본다고 가르친다. 정결해진 마음의 눈으로만 하느님을 본다는 가르침이다. 물론 육안으로는 하느님을 볼 수 없다. 수없이 많은 비늘들이 마음의 눈에서 제거되어야 하느님을 보게 된다. 하느님을 보게 하는 마음의 청결은 無爲로서만 가능하다. 에고의 방식인 有爲의 수렁에 빠진 채로는 마음이 청결해지지 않는다. 에고의 방식이 유위이니, 그 에고에 휘둘리는 유위의 수렁에서는 누구나 하느님 맹(盲)이 된다.

아는 만큼 본다는 말도 자주 듣는다. 자기 눈에 보이는 것이 전부라고 믿는 사람은 하느님을 보기 어렵다. 자신이 볼 수 없는 것이 보는 것보다 훨씬 더 많다는 사실을 받아들이면서 마음을 열어야 한다. 개들이 듣는 소리를 사람은 듣지 못한다. 소리가 분명히 있는데 그것을 사람의 귀는 못 듣는다. 개들이 맡는 그 냄새를 사람은 맡을 수 없다. 그 냄새가 코 속으로 들어와도 사람은 모른다. 여실히 있는 소리와 냄새를 사람은 감각하지 못하고 있다. 다 보는 줄, 다 듣는 줄 착각하지 말자.

소경이 등장하는 상황에서 이뤄지는 바리새파 사람들과 예수 사이의 대화를 살펴보자. 소경이 눈을 뜨게 되는 감동적인 일이 있은 뒤에 "나는 이 세상을 심판하러 왔다. 나는 못 보는 사람은 보게 하고 보는 사람은 못 보게 하려는 것이다"고 예수가 말한다. 이 말을 들은 바리새파 사람들이 말한다. "우리도 눈이 먼 사람이란 말인가?" 예수의 대답은 이렇다. "너희가 눈먼 사람들이라면 도리어 죄가 없을 것이다. 그러나 너희가 지금 본다고 하니 너희의 죄가 그대로 남아 있다"(요9:39-41).

지켜보라! 무엇을 지켜보란 말인가? 건성으로만 보면 명사만 보인다. 세상을 명사로만 보면서 실상인 동사의 차원을 못 본다면 분명 세상을 잘못 보는 일이다. 출애굽의 그 긴박한 현장에서 급변하는 상황을 명사로만 본다면, 동사로 놀아가고 있는 상황의 실상을 볼 수 없다면, 그냥 머물러 있는 붙박이로만 본다면, 정녕 보는 사람이라고는 못하리라. 상황의 움직임인 동사가 눈으로 들어와야 한다. 여기 지금 이 현장에는 붙박이는 하나도 없다. 모든 일이 다 동사형이다. 지켜보시라!

겉보기로는 멀쩡한 사람들인데 이들은 어쩌다 듣지도 보지도 못하는 불구가 되었나? 귀가 있어도 그만 눈이 있어도 그만이다. 눈도 닫혀 있고 귀도 닫혀 있다. 이들은 어쩌다가 이런 상태가 되었을까? 이런 증상을 일으키는 병이 바로 잘못된 동일시(同一視)다. 이 잘못된 동일시가 사람의 인격과 생활을 여러 가지 방면에서 이지러뜨린다.

앞에 나온 사람들은 그들만의 그릇된 종교 관행들을 그들 자신과 동일시하여 자신을 불구로 만드는 미련한 사람들이었다. 그들은 율법과 그들 자신을 동일시하면서 율법 이외의 모든 것에 대해서는 눈을 감고 귀를 막고 문을 닫아버렸다. 그 어리석은 동일시가, 그들의 눈을 닫는 문짝이었고 그들의 귀를 닫는 귀마개였다. 이 문짝들은 열기 위해서가 아니고 닫아버리는 용도로만 쓰였다.

11 ▪ 각성(覺醒)

자신이 모든 것을 본다고 착각하는 사람은 그 눈을 닫는다. 자신이 소경임을 깨닫기까지는 누구나 계속해서 소경이다. "너희가 본다고 하니 죄가 그대로 있다"는 가르침 그대로다. 자신이 소경인 줄 알아야 문을 열게 되고 문을 연 뒤에야 못 보던 세계를 보게 된다. 보면서 '이런 세계도 있고나' 놀라게 된다. 이것이 각성(覺醒)이다. 자신이 소경이라는 걸 깨닫는 것이 각성의 출발점이다. 자신이 소경이라는 사실을 알아야 닫힌 문을 열어젖힌다. 자신이 보고 있다고 착각하면, 착각인 줄 알 때까지는 결코 문을 열지 않을 것이다. 자신이 듣지 못한다는 사실을 자각해야 비로소 귀마개를 뽑을 것이다.

자신이 소경이며 귀머거리라는 것과 이런 일은 에고가 벌여놓은 잘못된 동일시 때문인 사실을 알아차리는 사람은 에고의 움직임을 0의 눈금에 맞춘다. 그러면 마음이 청결해지고 이때 비로소 하느님이 보이게 된다. 에고의 움직임을 0의 눈금에 맞추어서 그 움직임을 멈추는 일이 곧 '가만히 있는' 무위(無爲)의 상태다.

욥이 자신이 경험한 바를 이렇게 말한다. "하느님에 대해서 듣기만 했는데 이제는 하느님을 본다." 욥이 말하는 듣기와 보기는 감각기관의 활동을 말하는 것이 아니라 의식의 활동을 말한다. 듣는다는 것은 고막으로 듣는 것이 아니라 내면에서 일어나는 의식활동(意識活動)을 말한다. 이스라엘 백성이 시내 산 산자락에서 들었다는 천둥소리는 마치 천둥소리를 들으면서 놀라는 것만 같은 엄청난 의식의 변화를 경험했다는 말이다.

예수는 백성들의 깨달음이 더딘 상황을 "봐도 보지 못하며(視而

不見) 들어도 듣지 못 한다(聽而不聞)"고 말했다. 여기서 청(聽)은 고막의 진동으로 듣는 감각 활동이고 문(聞)은 의식의 활동으로 고막이 들을 수 없는 소리를 듣는 것을 말한다. 또 시(視)는 눈으로 감각하는 활동이지만 견(見)은 의식이 눈이 못 보는 것을 보는 것을 말한다. 귀는 청(聽)할 뿐 문(聞)하지 못 한다. 눈은 시(視)할 뿐이지 견(見)할 수 없다. 의식의 깨어난 활동에 의해서만 문(聞)하고 견(見)할 수 있다. 의식이 깨어나지 못하면 견(見)과 문(聞) 곧 견문(見聞)이 이뤄지지 않는다.

"마음이 깨끗한 사람이 하느님을 본다"는 가르침이 그런 뜻이다. 하느님의 음성을 듣는다는 말의 의미도 그렇다. 하느님을 본다 할 때 눈으로 시(視)하는 것이 아니라 깨어난 의식의 눈으로 견(見)한다는 말이다. 하느님의 음성을 듣는다는 말도 같아서 감각기관으로 듣는(聽) 것이 아니라 깨어난 의식으로 듣는(聞) 것을 말한다. 하느님 경험은 감각수준을 넘어서 있는 의식작용의 세계에서 이뤄지는 일이다.

시(視)와 견(見)을 혼동하지 않고 청(聽)과 문(聞)을 구분할 줄 알면 비로소 하느님을 듣고 하느님을 보는 일의 출발점에 올라선 셈이다. 하느님은 백성들이 제대로 걸을 수 있도록 재활이 가능하게 하는 재창조 작업 중이다. 이런 하느님의 재창조의 동력을 힘입은 백성들은 마른 땅을 건너듯이 물길을 건넜다. 바다 이쪽에 있던 백성들이 홀연히 물 저편으로 건너왔다.

신인동형론(神人同形論)의 방식으로 표현된 하느님의 재창조 활동 내용은 성서 여러 곳에 나타난다. "이 전쟁에서는 너희가 싸울 것이 없다. 너희는 대열만 정비하고 굳게 서서 내가 너희에게 승리를 가져다주는 것을 보라"(대하20:17). 사방으로 포위당한 백성들에게 은혜가 베풀어지는 재창조의 현장이다. 이곳에서 길을 찾아나가는 원리도 마찬가지다. "이 전쟁에서는 너희가 싸울 것이 없다." 무위(無爲)의 원리다. 저울 눈금을 0에 맞추고 하느님이 "승리를 가져다주는 것을 보도록 해라." 맑은 마음눈으로 하느님의 재창조 활동을 응시하라는 것이다.

'이편'에서, 시야에 보이지도 않던 '저편'으로 건너온 사람들은 놀라운 전환을 경험한다. 이들은 분명히 '저편'이었던 곳이 자기들이 발을 디딘 '이편'이 되었다는 꿈같은 현실에 스스로들 놀란다. 이들은 놀라운 경험이 자신들의 일상에서도 계속해서 일어나고 있는 사실들이라는 것을 마음에 새겼다. 그리고 현실감이 들지 않지만 엄연한 현실을 경험한 이들이 노래했다. 그것은 역사의 현장에서 이뤄지는 하느님의 재창조의 견본이었다. "주님을 찬송하여라. 말과 기병을 바다에 던져 넣으셨다"(출15:21). 말과 기병보다 훨씬 강한 동력이 삶의 중심축에서 작용된다는 사실을 봐야 한다.

Part 3

유레카

12 ▪ 콩깍지

아르키메데스가 목욕탕으로 들어가 몸을 담그다가 느닷없이 소리를 지르며 뛰어 나왔다. "유레카!" 무슨 소린가? "알아냈다!" 아르키메데스는 임금의 왕관이 순금인지 아닌지를 알아내야만 했는데 방안이 쉽게 떠오르지 않아서 애를 끓이고 있었다. 그런 중에 목욕탕에 몸을 담그면서 물이 넘치는 걸 보고 문득 깨달았다. 그의 눈이 환하게 열렸다. 지금까지는 보이지 않던 그 이치가 갑자기 튀어나와서 그에게 달려든 것만 같았다. 그러나 그 이치는 항상 거기에 있었고 다만 아르키메데스의 눈이 그때 거기서 열렸을 뿐이다.

하느님의 은총을 경험하는 일도 마찬가지다. 그것도 유레카다. 없던 것을 보는 것이 아니라 항상 거기에 있으면서 알아봐주기를 기다리고 있었던 것이다. 이런 경험을 하는 일은 무심(無心)을 지나 무위(無爲)에 이르렀을 때 가능하다. 다시 말하면, 에고의 작동이 멈추어 눈금이 0이 되었을 때 일어나는 일이다.

바울이 아테네에서 활동할 때 이런 말을 했다. "사람이 하느님을 더듬어 찾기만 하면 만날 수 있을 것이다. 사실 하느님은 우리 각 사람에게서 멀리 떨어져 계시지 않는다. 우리는 하느님 안에서 살고, 하느님 안에서 움직이고, 하느님 안에서 존재하고 있다"(행17:27-28),

그러나 하느님을 보고 은총을 경험하는 일은 언제나 어디서나 누구나 가능한 일이 아니다. 바울이 자신의 경험을 소개하는 재미있는 기록이 있다. 원래 유대교 전통을 철저하게 지키는 것이 잘 하는 일인 줄 알고 지내던 바울로서는 새롭게 번지고 있는 예수와 그의 가르침을 받아들이기가 어려웠다. 그래서 그는 예수와 그를 따르는 사람들에게 무서운 적개심을 품고 그들을 핍박하는 활동을 펼쳤다.

대낮에 폭염을 무릅쓰고 핍박활동을 펼치는 도중에 그가 갑자기 정신을 잃고 나동그라졌다. 그리고 극도로 어지러운 상태에서 "나는 네가 핍박하는 예수다. 왜 나를 핍박하느냐?" 하는 소리를 들었다. 한참이 지난 뒤에 "바울의 눈에서 비늘 같은 것이 떨어져 나가고 그는 시력을 회복하였다"(행9:18). 비늘 같은 것이 떨어져 나간 뒤에 지금까지는 못 보던 실재를 볼 수 있게 된 것이다.

바울의 눈에서 떨어져 나간 비늘은 순 우리말로 바꾸면 콩깍지인데, 이 콩깍지를 만들어내는 주재료가 바로 동일시(同一視)라는 것이다. 광신도들에게서 볼 수 있는 배타적인 동일시가 바로 그 비늘이요, 콩깍지다. 자신들이 광신적으로 동일시 한 것 외에 다른 모든 것에 대해서 눈과 귀를 막아버린다. 이 닫힌 문들이 열리지 않는 한 그들은 아무 것도 볼 수도 들을 수도 없다.

그들의 눈과 귀를 막아버린 닫힌 문을 여는 방법은 그들의 잘못된 동일시를 삭제해 버리는 일이다. 아르키메데스는 목욕탕에서 눈이 열렸다. 바울은 폭염 속에서 눈이 열렸다. 아는 만큼 본다는 말에는 깊은 뜻이 있다. 이 말은 사람이 보는 행위를 제대로 설명한다. 사람이 보는 일은 눈이 하는 일이 아니라, 눈 말고 누군가 혹은 무엇인가가 앎의 요건을 갖추고, 눈을 통해서 내다본다는 뜻이다. 눈은 보는 동작의 주체가 아니다. 보는 동작의 수단일 뿐이다. 눈은 보는 자의 시각 활동이 출입하는 통로이거나 혹은 창문일 뿐이다.

사람의 눈은 하나의 부품에 지나지 않는다. 비유하자면 눈은 창문과 같다. 창문을 통해서 누군가가 혹은 무엇인가가 밖을 내다보고 있다. 완전하게 실명인 내외가 노년으로 접어드는데 서로를 존중하면서 잉꼬처럼 살아간다. 남편이 말한다. "아, 내 아내가 최고로 예쁘다!" 아내가 말한다. "아, 내 남편이 최고로 멋지다!"

놀랍게도 내외는 등산을 즐긴다. 두 사람의 눈 넷이 다 잠겼으니 포장도로를 걷기조차 힘들고 위험할 것이 당연하다. 등산로에는 한시도 방심할 수 없는 위험요소들이 줄줄이 깔려 있다. 실상 등산로가 어디로 뚫려 있는지 눈을 뜬 사람도 찾아 걷기가 녹녹치도 않은 산길이다. 그런데도 부부는 눈이 성한 사람들처럼 지체 없이 걸어서 정상에 도착한다. 부부가 외친다. "정상이다!" "바로 이 맛이야!" 이것은 실화다.

내외는 창문을 열지 않고 밖을 내다보고 있다. 열던 혹은 닫던 상관없이 눈은 '보는 자'가 아니고 '창문'일 따름이다. 보는 자는 따로 있다. 눈이 보는 자인 줄 알거나 눈으로 보는 것이 전부인 줄 안다면 자신의 일부만을 살면서 다 사는 줄 착각하는 것이다.

눈이 '보는 자'가 아니라면 정말 '보는 자'는 무엇 혹은 누구인가? 방 안에서 창문으로 밖을 내다보는 자는 무엇 혹은 누구인가? 사실 바울의 눈에서 떨어져 나갔다는 비늘이 몸의 눈에서 뭣이 떨어져 나갔다는 얘기는 결코 아니리라. '보는 자'의 눈에서 무엇인가가 떨어져 나가면서 일어난 극적인 변화를 두고 하는 표현이다.

그 비늘에 대해서 생삭해 보사. 바울은 붙빅이 유대교 전통과 신앙에 문자적으로 얽매였던 사람이었다. 자신이 배우고 익힌 그 붙박이 종교 이외에는 모든 것이 이단이었고 사설(邪說)들이었다. 다 쓸어버려야 할 쓰레기들이었다.

"바리새인 중의 바리새인"이었던 그에게, 지금까지 배우고 익혀서 몸에 밴 유대교 전통이 가장 중요한 가치였다. 그러나 제3자가 보기에는 그것이 미신을 맹목(盲目)적으로 따르는 광신일 뿐이었다. 그렇게 그는 그 광신에 눈이 멀어서 다른 것을 무엇도 보지 못하는 소경이 되었던 것이다. 그 광신의 비늘이 '보는 자'의 시야를 완전히 가리고 있었다. 문자로 붙박이가 된 유대교 전통이 비늘이 되어 '보는 자'를 소경으로 만들었던 것이다.

비늘에는 종류도 많다. 사람마다 실명 증세는 다르다. 권력층에 있는 사람들이 상식을 벗어난 행동을 하는 걸 보면서 흔히 하는 말들이 있다. "세상이 다 보는데 저 혼자만 못 보고 있다!" 세상 사람들은 다 보는데 권력의 비늘이 눈에 씨인 사람이 그 비늘 때문에 실명되어서 칠흑 같은 깜깜나라에서 저 혼자 살고 있다.

"에미 애비도 몰라본다", "처자식도 몰라본다", "눈에 뵈는 게 없다." 이런 말들은 기가 막히는 절망적 상황을 두고 하는 소리들이다. 상황이 힘들다 못해 '보는' 기능에 이상이 생겼다는 기막힌 얘기들이다.

사람이 봐야 할 것을 제대로 보지 못하는 경우, 뭐 눈에는 뭐만 보인다는 경고로 나무란다. 비늘이 눈을 가리면 봐야 할 것을 볼 수 없게 되고 뭐만 보게 된다니 이 얼마나 답답한 노릇인가? 그런 경우는 수도 없이 많다. 욕심에 눈이 멀기도 한다. 돈에 눈이 멀기도 한다. 모두가 비늘이다. 애욕에 눈이 멀기도 한다. 명예에 눈이 먼다. 미신에 눈이 멀기도 한다.

바울 같은 비범한 사람도 미신의 비늘을 눈에 끼고 살았다니 범인들이야 말해 뭣하겠는가. 실상은 사람마다 비늘이 끼어 있다. 모두의 눈에 콩깍지가 씌워져 있다. "너희가 본다고 하니 너희 죄가 그대로 있다." 눈먼 줄도 모르고 자신의 눈이 멀쩡한 줄 알고, 비늘이 낀 채 살아가고 있는 인간 현상이 얼마나 슬픈가. 당연히 종교가 눈을 뜨게 하는 일을 해야 한다. 그 반대라면 얼마나 답답한가. 종교가 사람 눈을 멀게 한다면 얼마나 슬픈 일인가? 종파의 비늘 교파의 비늘 등 이상한 비늘들이 선량한 백성들의 눈을 멀게 하는 일은 결코 용납될 수 없다. 그러나 종교가 잘못된 동일시(同一視)를 조장하여 사시(斜視)나 소경을 만드는 일도 드물지 않으니 사회가 전체적으로 조심해야 할 일이다. 나라 전체가 놀라고 마음 아파하는 세월호 사건도 종교가 소경 만드는 일과 관련되어 일어난 참사(慘事)다.

"두려워하지 말고, 가만히 서서, 주께서 오늘 그대들을 어떻게 구원하시는지 지켜보기만 하라." 역사의 전환이 이뤄지는 창조 작업의 막바지에서 들리는 하느님의 호소가 얼마나 절실한가. "지켜보기만 하라" 이것은 모든 잘못된 동일시들을 말끔하게 삭제하고 이제는 바른 동일시를 챙겨야 한다는 말이다. 바른 동일시를 갖추는 일이 각성의 핵심이다. "주께서 그대들을 어떻게 구원하시는지 지켜보기만 하라.” 순례자는 문을 닫아버리는 잘못된 동일시를 청산하고 모든 것에 문을 열어 주는 진정한 동일시를 찾아내서 “지켜보기만 하는” 그 거점을 찾아간다.

13 ▪ 붙박이 도성(都城)

유대인들의 명절 중 가장 큰 명절은 매년 4월 중순경에 지키는 유월절(逾越節) 축제다. 이 명절은 당시로부터 1000여 년 전 이집트에서 노예 생활하던 조상들이 먼지 길을 달리고 바다를 건너서 약속의 땅에 들어오는 경사를 기리는 축제다. 절기가 되면 원근 각지에서 백성들이 예루살렘 성전으로 모여든다. 백성들은 민족을 해방시킨 하느님에게 제물을 드리는 일은 당연하고 신성한 의무라고 생각했다.

당시 흔한 이름인 예수라 불리는 12세 소년이 나사렛을 출발하여 한 주일 정도의 여정 끝에 예루살렘에 도착했다. 그는 부모와 함께 예루살렘 시내를 둘러봤고 제물을 드리면서 성전 주변을 둘러봤다. 그리고 그 기간에는 공개적으로 진행되는 제사과정을 눈여겨 살펴보았다. 관심이 얼마나 깊었는지 부모와 헤어지는 줄도 모르고 성전과 그곳 사람들과 그곳 행사에 깊이 몰입되어 있었다.

소년은 그 후 몇 차례 더 이곳을 방문했을 것이고 짧은 그의 생을 이곳에서 마감했다. 부모가 놀라서 찾아다니는 미아(迷兒)가 되었을 정도로 소년은 이곳에 대해서 깊은 관심을 가지고 있었다.

때 묻지 않은 소년의 기대와 호기심과는 전혀 달리 이 도시는 더러운 때가 찌들어 있는 세속의 도시였다. 소년이 나이가 들어 세상을 보는 안목이 생기면서 이 도성의 실상을 알게 되자 심각하게 괴로워하고 슬퍼하기도 했고 분을 새기기 힘들어하기도 했다. 그러다가 결국 이 도성을 장악하고 있는 검은 세력과 맞닥뜨리게 되었다. 맨 주먹으로 바위를 치는 것 같은 전세(戰勢)였다. 그는 이들 검은 세력과의 결전에서 예상대로 완패하고 정치범으로 그리고 종교사범으로 몰려서 죽임을 당했다.

하느님은 도성 어디에서도 눈에 띄지 않았고 어쩌면 이미 오래 전에 이곳에서 철수해버린 듯싶기도 했다. 아니다. 도성을 장악하고 있는 검은 세력들은 당초부터 하느님을 정치적으로 그리고 종교적으로 이용만 했지 하느님을 단 한 번도 인정한 일이 없었다. 하느님은 애초부터 철저하게 배제되었다. 그 어디에도 하느님이 몸 둘 곳은 없는 체제였다.

그들은 하느님의 이름을 이용만하고 일찌감치 하느님을 추방해버렸다. 남은 것은 죽은 종교의 찌듦뿐이었다. 도성은 그 시대의 온갖 말기증세들의 전시관이기도 했다. 온갖 미신들과 편견들과 어리석음들과 이것들을 뭉친 부패가 악취를 뿜어대고 있었다. 계속해야 할 일은 이런 실상을 치밀하게 은폐해서 백성들이 알아채지 못하게 하는 일이었다. 순진한 백성들을 자기들 의도대로 끌고 다니려면 실상이 철저하게 은폐되어야만 했다.

소년이 나중에 자신의 목숨까지 내놓고 풀어야 할 어려운 숙제가 거기에 다 모여 있었다. 어쩌면 목숨을 내어놓더라도 꿈적도 하지 않을 문제들이 바위처럼 버티고 있었다. 하느님의 도성다운 측면은 어디에도 남아 있지 않았다. 보이는 것과 들리는 것과 닿는 것 모두가 시체처럼 생기가 없었다. 한 마디로 이곳은 회칠한 무덤이었다. 하느님은 그림자도 체취도 없고 비인간적인 형식주의와 막나가는 장사속만 움직이고 있었다. 이런 현실을 의아해 하는 사람도 없고, 부끄러워하는 사람도 없고 반성하는 사람도 없다. 모두들 가는 데까지 가다가 죽어지면 죽으리라는 식이었다.

그 어디에도 살아 있는 감각이 없었다. 어디나 붙박이였고 어디에도 되어감은 없었다. 소년은 나이 먹어 이 도시를 찾았을 때 이렇게 외쳤다. "뱀들아! 독사의 새끼들아! 너희가 어떻게 지옥의 심판을 피하겠느냐? 의인 아벨의 피로부터 너희가 성소와 제단 사이에서 살해한 바가랴의 아들 사가랴의 피까지 땅에서 흘린 모든 피가 너희에게 돌아갈 것이다. 예루살렘아, 너희가 네게 보낸 예언자들을 죽이고 돌로 치는구나! 보아라, 너희 집은 버림을 받아서 황폐하게 될 것이다"(마23:33-37). 거기에는 하느님은 고사하고 하느님 그림자도 없었다.

특히 성전 안팎 분위기는 더 했다. 거기에도 물론 하느님은 없었다. 하느님을 경험하기에는 진정 거리가 먼 것들만 겹겹이 쌓여 있었다. 그냥 헛바퀴만 돌아가다가 그나마 멈춰버린 폐허 속의 낡은 공장 같았다. 무너져 가는 집이었다. 솔로몬이 지은 성전이 그랬고, 스룹바벨이 지은 성전도 그랬다. 물론 헤롯이 지은 성전은 말할 것도 없었다. 그것들은 모두 기도하는 집이 아니었다. 모두 도적의 소굴이었다. 하느님의 재창조는 엄두도 못 낼 철저한 파장(罷場)이었다.

'되어감'은 어디서도 감지되지 않는 이 붙박이 도성에도 길은 있을까? 붙박이 체계는 하느님을 철저하고 완벽하게 거부하는 반신론(反神論)이다.

예수는 예루살렘 전체가 그리고 성전 자체가 하느님의 재창조를 정면으로 가로막고 있는 거대한 장애물임을 알아차렸다. 거의 모두가 숨이 막힐 지경이었다. 사람들이 질식하는 것은 물론 하느님도 숨이 막힐 것 아닌가 싶었다. 하느님의 재창조가 가능할 것인지 가늠하기가 쉽지 않은 상황이다.

14 ■ 나사렛

얼떨떨한 기분을 삭이면서 소년은 고향으로 돌아왔다. 나사렛은 가까이 지나가는 도로조차 없는 외진 벽지인데다 400여 메타 높이의 지대에 자리 잡은 한적한 시골 마을이었다. 소년은 날아다니는 새들을 보면서 평화롭게 풀을 뜯는 양떼를 보면서, 열매 맺는 일에 충실한 포도나무를 보면서 그리고 향기를 자랑하는 백합을 보면서 다시 하느님 경험을 늘려갔다. 시골은 하느님이 만들고 도시는 악마가 만들었다고 누가 말했던가? 소년은 예루살렘 사람들이 내다 버린 하느님이 이곳 나사렛으로 쫓겨 왔나 하는 느낌을 가다듬으면서 생활에 젖어들어 갔다. 예루살렘에서는 전혀 감지되지 않던 '되어감'을 경험하면서 생활을 익혀 나갔다.

맏이인 소년은 가정의 살림살이를 구체적으로 감각하기 시작했다. 그는 식구 수가 많아서 엥겔 계수 수치를 낮출 방안이 없어 기초 생활로도 꾸려나가기가 만만치 않은 집안의 맏아들이었다. 생계 방안을 모색하던 궁리 끝에 그는 목수 일을 배워서 직업을 삼기로 마음을 정했다.

이 시절 목수는 단순한 소목이 아니었다. 목수는 집을 짓고 배를 만들고 가구를 만들고 다리를 건축하는 일 등 만능 기술자여야 했다. 뿐만 아니라 그들은 오늘날의 벌목공처럼 직접 숲으로 들어가서 필요한 나무를 베어내는 일까지 해야만 했다. 별도의 목재소가 있어서 목재를 공급해 주는 그런 상황이 아니었다. 상황이 이러니까 목수 일은 웬만한 기술과 체력으로는 맞서기가 어려운 직업이었다.

예수는 예루살렘을 다녀 온 후 18년 동안 가족의 생계를 꾸려나갔다. 그는 뛰어난 살림꾼이었다. 그는 누구보다도 뛰어난 목수로 이름을 날렸고, 특히 그가 만들어낸 멍에는 "가벼운 멍에"(마11:30)라고 정평이 나 있었다. 그가 만든 멍에는 맞춤복처럼 짐승의 목에 딱 들어맞았다. 명성을 날리는 목수로 가족을 부양하니 그 살림살이가 제법 자리를 잡아갔다.

그러면서 예수는 고향과 가족을 떠나야 하는 문제를 신중하게 검토하고 있었다. 그의 나이가 20을 넘으면서 동생들도 차츰 제 몫들을 하면서 생계에 보탬이 되기 시작했다. 그의 나이가 30에 가까워지면서 동생들이 이제는 모두 제 몫을 해냈다. 그는 자신이 없어도 살림살이가 별 어려움 없이 굴러가리란 판단을 하게 되었다. 그렇게 판단이 서는 어느 날 그는 홀연히 고향을 떠났다. 이때의 분위기를 크로산은 이렇게 그렸다.

그가 갈릴리 마을에 들어설 때 그는 아직 낯선 사람이다. 오랜 세월 겨우 끼니만 이어갈 수밖에 없어 가난과 극빈 사이의 경계선을 정확하게 알고 있는 농부들은 냉정하고 무뚝뚝한 눈으로 그를 바라본다. 그는 거지처럼 보이지만 그의 눈에는 비굴함이 없으며, 그의 목소리는 애처롭지 않으며, 그는 발을 질질 끌지도 않는다. 그가 하느님의 통치에 대하여 말하자 사람들은 무엇보다도 호기심에 끌려 그의 말을 듣는다. 그들 모두는 통치와 권력, 왕국과 제국에 관해 알고 있지만 그들이 그것에 대해서 알고 있는 것은 세금과 빚, 영양실조와 질병, 농민에 대한 억압과 악마 같은 재산이라는 관점에서 알고 있을 뿐이다. 그들이 실제로 알고 싶은 것은 이 하느님의 왕국이 절름발이 아이에 대해, 눈먼 부모에 대해, 그리고 마을 어귀의 묘지에 있는 몸서리치는 미친 사람에 대해서 무엇을 해 줄 수 있는가 하는 것이다. 예수는 그들과 함께 묘지에 가서 마귀를 쫓아낸다. 잠시 후 마을 사람들은 또다시 그의 이야기를 듣게 되는데, 이제는 호기심이 사라지고 두려움과 당혹스러움을 느끼게 된다(역사적 예수, P.23).

15 ▪ 만들어진 하느님

나사렛을 떠난 예수는 당시 시대정신의 정상에 있는 사람 세례 요한을 찾아갔다. 이때의 상황을 슈바이처는 이렇게 묘사한다.

주변은 고요하다. 세례자가 나타나 외친다. "회개하라. 하느님의 나라가 가까이 왔다." 잠시 후 예수가 와서, 자신이 뒤에 오는 '사람의 아들'임을 알고, 이 세상의 수레바퀴를 굴려 정상적인 모든 역사를 끝장 낼 마시막 혁명으로 굴러가도록 만든다. 그 수레바퀴가 굴러가기를 거부하자, 그는 그 위에 자신의 몸을 던진다. 그러자 그것이 굴러서 그를 깔아뭉갠다. 그는 종말론적인 조건을 만드는 대신에 그것들을 파괴했다. 수레바퀴는 앞으로 굴러가 자신을 인류의 영적 지배자라고 생각하고 역사를 자신의 목적대로 바꾸려 했을 만큼 충분히 강했던 더 할 나위 없이 강했던 위대한 인간의 뭉개진 몸은 그 바퀴 위에 매달려 있다, 이것이 그의 승리이며 그의 통치다(역사적 예수, P.373).

역사의 바퀴가 진창에 빠져서 구를 수 없는 상황이었다. 그 수레바퀴가 수렁을 빠져나와 굴러가도록 하기 위해서 예수가 자신의 몸을 던져야만 될 만큼 상황이 무거웠다. 그는 자신의 몸을 던져서 그 수레바퀴를 굴려서 움직이게는 했으나 자신이 수레에 치어서 뭉개지는 아픔을 겪어야 했다.

경건한 기도가 이뤄져야 할 성전까지도 강도의 소굴로 운영되고 있었다. 어쩌면 이런 현상은 그 시대에는 희망이 없다는 증표일지 모른다. 이런 위기상황에도 불구하고 종교 지도자들은 하느님 없는 종교 체제를 방어하고 강화하는 일에 몰두하고 있었다. 모든 것이 악화일로였다.

이렇게 상황은 긴박한데 예수가 세례 요한을 찾아간 이유는 무엇일까? 요한을 만난 뒤에 일어난 일들을 보면 대강 짐작이 간다. 어떤 일이 있었나? J. 클라우스너는 예수를 이렇게 그렸다.

예수는 유대민족에게 위대한 도덕 선생이며 비유를 사용한 예술가다. 그것은 당시의 민족들과 사회질서를 위한 윤리규범이 아니다. 당시의 사람들은 여전히 메시아와 예언자들이 선포한 미래로 가는 길을 찾고, 탈무드가 말한 '전능자의 왕국' 곧 이 세상의 이상(理想)으로 가는 길을 찾고 있었다. 그러나 그의 윤리 규범에는 다른 어느 히브리 윤리 규범에서 찾을 수 없는 고상함과 독특함과 독창적인 점이 있었다. 그의 비유들의 뚜렷한 예술성도 유례가 없는 것이다. 그의 잠언들의 예리함과 날카로움, 그의 강력한 경구(警句)들은 윤리적 이상들을 대중적 표현으로 만들어 놓는다(역사적 예수. P.372).

예수가 세례를 받고 강변으로 올라왔다. 거기서 그는 하늘이 열리면서 하느님의 영이 비둘기 같이 내려와 자기에게 오는 것을 보았다. 그리고 "이는 내 사랑하는 아들이다. 내가 그를 좋아 한다"(마3:16) 하는 소리를 들었다.

일어난 일은 예수가 자신의 정체성을 확인하는 것이었다. 모세는 이집트로 가라는 역사적 사명을 받았지만 자기정체성이 아직은 뚜렷하게 확인되지 않아서 주저하고 있었다. 그런 상황에서 모세는 덤불에서 피어오르는 불을 '보게' 된다. 예수는 하느님의 영이 비둘기 모양으로 내려오는 것을 '보았다.' 모세는 불을 보았고, 예수는 비둘기 형상의 하느님 영을 본다. 그리고 모세는 이집트로 내려가라는 하느님의 소리를 '듣고', 예수는 '너는 내 아들이다' 하는 소리를 듣는다.

불을 보고 음성을 들은 모세는 자기 정체성을 확실하게 깨닫고 이집트로 내려간다. 예수도 보고 들으면서 자기 정체성을 뚜렷하게 확인한다. 물론 여기서 보고 듣는 경험은 예수의 의식 속에서 그리고 모세의 의식 속에서 일어난 변화를 말하는 방법이다.

비둘기를 보고 소리를 들은 예수는 자기가 누구이며 무슨 일을 해야 하는지 명확하게 정리하게 된다. 첫 번 예루살렘 방문 이후 18년 동안 나사렛에서 지내며, 자기를 살피며, 하느님의 뜻을 살피며, 어떻게 살아야 하며 무슨 일을 해야 하는지 심사숙고하고 정리해서 나사렛을 떠난 터였다.

그러나 스스로의 마음으로 정리한 그 깨달음들과 도면(圖面)들은 독학(獨學)과 자습으로 만들어 낸 결과물이었다. 그래서 신뢰할만한 사람을 만나서 심금을 털어놓고 대화를 나누고 싶었던 것이다. 마땅한 상대를 찾고 있던 차에 요한의 소식을 듣고 그를 찾아온 것이다.

요한은 목이 잘리는 상황에 놓이더라도 진실하게 말하고 또 그렇게 살기를 주저하지 않는 사람이었다. 예수는 요한을 만나 여러 가지 생각들을 주고받으며 공감이 오가는 대화를 나누면서 모든 것을 명확하게 정리할 수 있었다. 그러면서 자기 정체성을 뚜렷하게 파악할 수 있게 되었다. 이제 무슨 일을 해야 하는지 그리고 어떻게 살아야 하는지에 관한 그림이 명확하게 그려졌다.

해야 할 일은 백성들이 하느님을 바로 알도록 하는 일이었다. 지도자들은 하느님을 잘못 가르치고 있었고 백성들은 하느님을 잘못 알고 있었다. 출애굽기 32장에서 눈을 의심케 하는 장면을 본다. 광야 길을 걷던 백성들 중 지도층과 제사장 아론이 느닷없이 금송아지를 만들어 놓고 그 주변을 뛰놀면서 외쳤다. "이스라엘아, 이 신(神)이 너희를 이집트 땅에서 이끌어 낸 너희의 신이다!"

영문을 모를 일이지만, 이 장면은 당시에도 현실이었고, 이후 언제나 어디서나 끊이지 않고 계속되는 '神만들기'의 실상이다. 세상에서 행세하는 드러난 신(神)들은 이미 본래의 원형이 아니라 수없이 변형되고 손질된 거푸집 산(産) 금송아지들이란 사실이다. 더욱 놀라운 일은 금송아지 만드는 일을 기획하고 추진한 중심인물이 다름 아닌 제사장 아론이라는 사실이다. 사람 손이 닿은 그 신은 이미 원형(原形)이 아니다.

16 ▪ 이산가족(離散家族) 재상봉(再相逢)

자기 정체성에 대한 확인을 거친 예수는 멈춰 서 있는 역사의 수레바퀴를 돌리는 일에 몸을 던진다. 수레바퀴가 다시 움직이려면 실로 중요한 작업이 선행되어야 했다. 그것은 사람들이 하느님을 바로 알도록 깨우치는 일이었다. 하느님을 바르게 알도록 사람들을 깨우치는 일이 곧 세상이 바르게 돌아가도록 하는 첫 번째 작업이었다.

하느님을 잘못 안다는 것은 살아가는 일의 근본을 잘못 알고 있다는 얘기다. 그것은 잘못된 가르침을 따르면서 자기를 잘못 알고, 사람을 잘못 알고, 세상을 잘못 알면서 삶을 잘못 살아간다는 말과 같다. 사람은 하느님을 이해하는 방식으로 자기와 사람과 세상과 삶을 이해한다. 사람들은 자신이 하느님을 이해하는 관점을 따라서 자신의 삶을 살아간다. 그 시대의 역사는 그 시대가 하느님을 이해하는 형식으로 흘러간다. 하느님 이해 형식이 곧 삶의 형식이다. 개인의 삶과 그 시대의 역사를 바로잡기 위해서는 하느님 바로 알기가 꼭 필요하다.

예수는 움츠리고 있는 백성들에게 "기쁜 소식"이 되고도 남을 사실들을 알려주고 싶었다. 백성들은 그 사실들을 모르거나 잘못 알고 있어서, 삶을 제대로 살지 못하고, 엉뚱한 방향으로 헤매고 다녔다. 예수가 백성들에게 기쁜 소식으로 알려주려 했던 소식의 내용은 무엇일까?

마가는 복음서를 쓰면서 "복음의 시작"이라는 제목을 달았다. 그 제목 속에 기쁜 소식을 전하고자 하는 의도가 담겨 있다. 누가는 "가난한 사람에게 기쁜 소식을 전하게 하셨다"(눅4:18)고 말한다. 그리고 12제자를 보내는 목적도 "기쁜 소식을 전하기"(눅9:6) 위해서였다고 밝힌다. 예수의 첫 번째 가르침도 "기쁜 소식을 믿어라"(막1:14)이었다.

백성들은 지금까지 사실도 아니고 기쁜 소식도 아닌 잘못된 관점에 갇혀 있었다. 하느님을 제대로 알지 못하고 사는 피해자들이었다. 사람들은 사실과는 매우 다른 관점으로 자신을 이해하고, 하느님을 이해하고, 그런 방향으로 세상을 이해하면서 잘못 살아오고 있었다. 그것이 그 당시의 일그러진 신관(神觀)이었다.

하느님 이해는 말 그대로 이산가족 개념이었다. 이상한 개념에 묶인 백성들은 자기들과 함께 있는 하느님을 휴전선 건너편에 있는 이산가족으로 여기면서 정신세계가 쪼개진 분단(分斷)을 겪고 있었다. 실제로는 임마누엘로 같이 있는 하느님이지만 경험상으로는 멀기만 한 이산가족이었다. 실제와 경험이 전혀 반대방향으로 돌아가고 있었다. 예수가 하려는 일은 백성들이 하느님의 본성을 바로 알아서 하느님이 자기들을 사랑하며 자기들과 함께 살고 있다는 사실을 깨우치는 일이었다. 다시 말하면 잘못된 관념 속에서 이산가족이 되어 있는 양쪽을 재상봉 시키는 일이었다. 백성들이 원래의 하느님을 경험하도록 하자는 것이었다.

백성들은 하느님을 '만나고' 싶어 했다. 그러나 하느님에게 '가고 싶고' '만나고' 싶어 하는 이것이 화근(禍根)이었다. 이미 '함께 있는' 하느님을 찾으려 한다는 일은 업은 아이를 찾으려고 나서는 행동과 같은 일이었다. '함께 살고 있는 이'를 찾는다고 나서는 것은, 결과적으로 '함께 있는 이'로부터 멀리 떠나는 일이었다. 하느님을 찾는 일은 하느님을 떠나는 일이다. 사람이 하느님을 찾아나서면 나설수록 그는 하느님으로부터 점점 더 멀어진다. 사람들이 살아가면서 실수를 많이 하지만, 가장 어처구니없는 일이 하느님을 '찾아 나서는' 일이다. 임마누엘이라는 말은 하느님의 주소가 나의 주소와 같다는 말이다. 하느님은 나와 함께 '여기'에 살고 있다.

자다가 깬 사람은 임마누엘의 원리를 터득하여 자신과 하느님이 함께 살고 있다는 사실을 깨달은 사람이다. 함께 살고 있는 동거인(同居人)을 찾아 나선다면 얼마나 이상한 일인가? 자신과 하느님이 함께 살고 있다는 사실을 깨닫는 일이 잠에서 깨어나는 일이다. 하느님을 찾아서 헤매지 말라는 것이 '임마누엘'이 전하는 가르침이다.

유대인들은 하느님을 철저하게 거룩하신 분으로 이해했다. 구약성서의 주제 중 두드러진 것이 바로 하느님의 거룩함과 사람의 부정(不淨)함을 대비해서 들어내는 일이다. "거룩하시다. 거룩하시다. 거룩하시다. 만군의 주님! (...) 이제 나는 죽게 되었구나. 나는 부정한 백성 가운데 있으면서 왕이신 만군의 주님을 뵙다니!"(사6:3,5).

하느님은 거룩하고 자신은 부정한데 가까이 갈 수 없는 하느님을 보게 되었으니 죽을 수밖에 없는 처지구나! 그런 인식이다. 부정한 자신과 거룩한 하느님은 질적으로 어긋나기 때문에 둘 사이에는 만남과 교류가 불가능하다는 인식이다. 하느님과 백성들 사이에 만남이 이뤄질 것이 기대 되는 호렙산 비탈에서 예상 밖의 일이 벌어진다. 모세를 산꼭대기로 부르신 하느님이 이렇게 말했다는 것이다. "너는 백성에게로 내려가서 백성에게 나를 보려고 경계선을 넘어오려다가 많은 사람이 죽는 일이 없도록 하라고 단단히 일러라"(출19:21).

하느님과 백성들 사이에 경계선이 설정되어 있고 그 경계선을 넘으면 죽게 된다는 이런 원시 종교적 상황 설정은 미숙하고 어설픈 신인동형론의 과장법이라고 보아야 한다. 이러한 과장법 배후에 자리 잡고 있는 것이 바로 하느님은 거룩하고 사람들은 부정하다고 보는 원시적 타부 감각이다. 필자도 어린 시절에 어른들이 "부정 탄다" 하면서 생활 일상으로부터 사람을 떼어놓는 일들이 많았던 것을 기억한다. 비슷한 얘기다.

히브리말 카도쉬(qadosh)는 '거룩하다'는 뜻으로 '다른' 혹은 '분리된'의 의미로 쓰이기도 한다. 이런 말뜻이 사람들의 하느님 경험의 바탕이 된다. 야곱은 자신의 경험을 이렇게 말한다. "내가 하느님의 얼굴을 직접 뵙고도 목숨이 이렇게 붙어 있구나"(창32:30). 모세는 이렇게 전달했다. "내가 너에게 나의 얼굴은 보여주지 않겠다. 나를 본 사람은 아무도 살 수 없기 때문이다"(출33:20).

이런 관점은 사람과 하느님 사이에 거리를 만들고 더 나가서는 단절감을 굳히는 결과를 낳았다. 얼굴을 보면 죽는다는 그 하느님을 누가 만나려 하겠나? 그러면서 사람은 점점 더 왜소(矮小)해지고 하느님은 비정상적으로 사나워져서 임의로 생사를 결정하는 불통(不通)의 절대군주처럼 인식되었다. 예레미야는 이렇게 썼다. "이스라엘 백성아, 내가 이 토기장이와 같이 너희를 다룰 수 없겠느냐? 진흙이 토기장이의 손에 있듯이 너희는 내 손 안에 있다"(렘18:1-10). 하느님에게 전권이 있고 사람들은 그 손에서 빚어지는 진흙 덩이에 불과하다.

이러다 보니, 하느님은 사람들에게서 점점 멀어져서 만남이 불가능한 상태가 되었고, 백성들은 하느님의 본성과는 전혀 맞지 않는 내용으로 하느님을 이해했다. "너희의 하느님은 질투하는 하느님이다"(출12:5). 질투라는 심리현상은 사람의 경우에도 저급한 것으로 치는 병적 작용이다. 하느님이 질투하는 존재라면 누가 그를 편안한 심정으로 예배할 수 있을까? 종교 지도자들이 신도들을 억압하는 빌미로나 써먹을 법한 달갑지 않은 표현이다. 사람들은 본래의 하느님은 잃어버리고, 왜곡되고 변조되어 괴기(怪奇) 한 조형물을 실재로 착각하고 살아간다. 두렵고 이질적이고 멀리 떨어진 하느님이고 보니 백성들은 결국 하느님을 잃어버린 셈이 되었다. 하느님이 그렇게 까다롭고 이질적이니, 다가가기도 어렵고 만남은 기대조차 어려워지면서 둘 사이는 어색하고 서먹한 사이가 되고 말았다.

상황이 이렇지만 종교성이 풍부한 백성들은 하느님 없이 살아갈 수는 없다. 여전히 하느님이 필요하다. 그러나 하느님은 사람들에게서 너무 멀리 있고 반가워하지도 않았다. 이런 상황에서 생겨난 미봉책이 하느님과 백성 사이에서 중간 역할을 하는 사람들을 따로 두자는 방안이 제시되었다. 논의 끝에 결국 이 문제를 전담하는 종교지도자들이 나타나게 되었다. 이 사람들이 점점 숫자가 늘어나면서 제도와 조직과 지침이 필요하게 되었다. 그러면서 이들은 점점 세력을 키워서 막대한 영향력을 행사하는 계층이 되어갔다.

이들은 공식적으로 하느님과 백성들 사이의 중재 역할을 맡게 되었다. 그러다가 게을러서 문제를 회피하기 좋아하는 백성들은, 이들에게 하느님 문제를 다 넘겨버리게 되었다. 그러면서 이들이 하느님과 사람 사이의 문제들을 사실상 독점하게 되었다. 와중에 백성들과 하느님 사이에 유지되어 오던 연결선은 아예 소멸되어 둘 사이의 거리는 더욱 멀어져서 남남처럼 서먹한 사이가 되고 말았다. 그러면서도 여전히 하느님을 필요로 하는 백성들은 하느님을 대신하는 중개인들을 만나는 어정쩡한 미봉책으로 만족해야만 했다. 이런 비정상적인 구조가 고착되면서 많은 문제점들이 드러나게 되었다.

그러는 상황에서 백성들은 왜곡되거나 변조된 하느님관념을 마음에 새기게 되었고, 멀고 두렵고 까다로운 하느님을 만나는 대신 중

개인을 만나는 것으로 내부에 있는 하느님 갈증을 얼버무리곤 했다. 옛 시인 루미의 표현을 빌리자면 사람들은 '신(神)의 어전(御前)으로 들어가지 않고 주막(酒幕)에서 노닥거리는' 방식으로 삶을 얼버무리고 있었다. 하느님 문제를 얼버무리니 삶 전체가 얼버무려졌다. 뭐하나 제대로 처리되는 것이 없었다.

게다가 주막에서 노닥거리는 것도 만만치 않은 대가를 치러야만 한다. 술은 술을 부르고 마약은 마약을 부른다. 일탈(逸脫)은 일탈을 부른다. 걷잡기 힘든 악순환이 속도를 낸다. 사람들은 영양가 없는 절충안만으로는 계속 살아낼 수 없다. 미봉책만 동원하다보면 사람은 누더기가 된다. 원인 치료를 위한 정답을 찾기까지는 불안감을 내려놓지 못한다. 사람은 자신이 있을 제자리에 있지 않으면 나그네 설움을 견디지 못하는 나약한 피조물이다.

그런 암흑시대는 쉽게 걷히기 어려울 것 같이 예상되는 가운데 상황은 나날이 악화되고 있다. 이것은 지도자들이 하느님 공부를 잘못 가르치고, 어리석은 백성들이 하느님을 잘못 배워서 생겨난 불행이었다. 일부 예언자들이 나서서 잘못 가는 시대를 바로잡으려고 혼신의 노력을 기울였지만 그때마다 허사로 돌아갔다.

17 ▪ 화육(化育)

길을 잃은 백성들이 길 찾는 일을 돕기 위해 안내도를 보내는 것이 하느님의 방식이었다. 병든 이들을 위해서 처방전을 보내는 것이 하느님의 방식이었다. 그 안내서와 처방전을 가지고 역사 속으로 들어와서 전달해 주려고 활동한 이들이 예언사들이었다.

그러나 이들의 수고로도 상황은 바로잡히지 않았다. 여전히 삶의 마당은 악화일로였다. 이제는 처방전이 아닌 의사가 필요했다. 편지가 아닌 발송인 자신이 필요했다. 말씀이 아니라 육신이 필요한 상황이었다. "말씀이 육신이 되어 우리 가운데서"(요1:14) 함께 움직이는 특단의 조치가 필요했다. 바로 '임마누엘'의 원리가 현실화 되고 역사화 되는 것이었다. 이 말은 '함께'라는 뜻을 가지고 있는 히브리말 '임'과 '우리와'의 뜻을 가지고 있는 '마누'와 '하느님'을 뜻하는 '엘'이 결합된 말이다.

하느님에 관한 설명서나 안내도나 처방전을 손에 쥐어주는 일도 효험이 없었다. 그 안내도나 해설서나 처방전도 이제는 무용지물이 되었다. 이제는 그 자신이 안내도이고 해설서이고 처방전이고, 자신이 길인 그 사람이 직접 찾아와야만 했다. 자신이 곧 "곧 길이고 곧 문"인 참 사람이 나타나야만 했다. 이제는 십계명을 핵심으로 담고 있는 모세 5경이라는 처방전들, 역사서라 일컫는 처방전들, 문학의 형식을 빌린 처방전들과, 다양한 배경과 관점으로 기록된 예언서들, 이런 처방전들만 가지고는 이미 막장처럼 무너져 내리는 파국을 막을 길이 없게 된 것이다. 말씀이 육신이 된 그 육신이 역사 속으로 달려 나와야만 했다.

그러면서 이제는 하느님의 주소가 명확해져야 하고 모든 삶의 초점이 또렷하게 정리가 되어야 했다. 하느님을 찾아 돌아다닐 필요가 없게 되었다는 사실도 모두 알아야 했다. 내가 발을 디디고 있는 "여기"가 바로 하느님의 주소라는 사실을 알아야만 했다 이런 사실은 벌써 야곱을 통해서 일찍이 알려진 사실이지만, 모두들 멀쩡하게 잊어버리고 엉뚱한 짓들을 했던 것이다. "이곳은 다름 아닌 하느님의 집이다. 여기가 바로 하늘로 들어가는 문이다"(창28:17). 하느님의 소재가 어딘지 헷갈리면 삶 전체가 헷갈리고 초점이 맞지 않는다. 하느님의 소재를 모르는 사람은 스스로 "하느님 없는 자"가 되어 자신의 정체성까지 잊어버리고 삶 전체를 헝클어뜨린다.

성서는 임마누엘의 원리가 더 구체화 되는 화육(化育)의 이치를 설명해 준다. 이 말을 도성인신(道成人身)이라고도 했다. 도(道)가 사람이 되었다는, "말씀이 육신이 되었다"는 그런 의미다. 사람이 몸으로 살아가는 이 세상과는 다른 차원에 있던 '말씀'이 살(肉)을 가진 사람이 되어서 역사 속으로 들어왔다는 설명이다.

어떤 집주인이 있었다. 그는 포도원을 일구고, 울타리를 치고, 그 안에 포도즙을 짜는 확을 파고, 망대를 세웠다. 그가 그것을 농부들에게 세로 주고 멀리 떠났다. 열매를 거두어들일 철이 왔을 때에 그는 그 소출을 받으려고 자기 종들을 농부들에게 보냈다. 그런데 농부들은 그 종들을 붙잡아서 하나는 때리고, 하나는 죽이고, 하나는 돌로 쳤다. 주인은 다시 다른 종들을 처음보다 더 많이 보냈다. 그랬더니 농부들은 그들에게도 똑같이 하였다. 마지막으로 그는 자기 아들을 보내며 말하기를 '그들이 내 아들이야 존중하겠지' 하였다(마21:33-38).

같은 주제에 대하여 요한은 이렇게 설명한다.

태초에 말씀이 계셨다. 그 말씀은 하느님과 함께 계셨다. 그 말씀은 하느님이셨다. (...) 참 빛이 있었다. 그 빛이 세상에 와서 모든 사람에게 비추고 있었다. 그는 세상에 계셨다. 세상이 그로 말미암아 생겼는데도 세상은 그를 알아보지 못하였다. 그가 자기 땅에 오셨으나 그의 백성은 그를 맞아들이지 않았다. (...) 그 말씀은 육신이 되어 우리 가운데 사셨다. 우리는 그의 영광을 보았다. 그것은 아버지께서 주신 외아들의 영광이었다(요1:1-14).

이 말은 아수라장이 된 역사 속으로 들어온 하느님의 움직임을 명시적으로 알려 준다. 임마누엘 하느님이 직접 사람이 되어서 역사 속으로 들어왔다. 하느님의 주소지가 천하에 알려졌다. 정호승은 〈봄길〉에서 하느님의 동선을 아름다운 시어(詩語)로 적절하게 그렸다. 언제 읽어도 좋다.

길이 끝나는 곳에서도
길이 있다.
길이 끝나는 곳에서도
길이 되는 사람이 있다.

스스로 봄 길이 되어
끝없이 걸어가는 사람이 있다.

강물은 흐르다가 멈추고
새들은 날아가 돌아오지 않고

하늘과 땅 사이의 모든 꽃잎은 흩어져도
보라
사랑이 끝난 곳에서도
사랑으로 남아 있는 사람이 있다

이사야는 이렇게 말하고 있다. "보라. 처녀가 잉태하여 아들을 낳을 것이며, 그가 그의 이름을 임마누엘이라고 할 것이다"(사7:14). 바로 이 구절에서 그토록 길게 이어지는 동정녀 논쟁이 시작된다. 화육(化育)과 관련되는 중요한 문제여서 비켜갈 수는 없지만, 동정녀란 논제를 다 만들어내다니, 사람들은 미묘한 일거리를 즐기는구나 싶어 쓴 웃음이 난다.

여기서 '처녀'라고 옮겨진 이 말은 헬라말 번역인 70인 역을 따른 것이다. 히브리말로는 alma인데 '젊은 여인'을 뜻한다. 왜 '처녀'라 하여 문제를 일으키는가? 이래서 번역(飜譯)은 반역(反逆)이라 해야 하는 이유가 자꾸 늘어난다. 원문의 뜻이 '젊은 여인'이라면 그대로 따르면 될 것을 왜 '처녀'라고 떼를 쓰다가 부스럼을 만드는가? 착오가 드러난 것만이라도 꾸물거리지 말고 바로잡으면 좋겠다.

이사야가 이런 증언을 하게 된 역사적 배경은 이렇다. 기원전 734년, 정치적으로 곤경에 처한 왕 아하스를 안심시키려고 이사야가 알려 준 말이다. '두려워하지 말라'라는 말을 하면서, '젊은 여인이 임마누엘이라는 아들을 낳을 것'이라는 표현을 덧붙인 것이다. 이것은 자녀들의 이름자에 큰 의미를 두는 우리네 인식과 흡사하다. 그들은 자녀에게 지어주는 이름자의 의미가 하느님의 뜻과 관련되어 있다고 생각해서, 자녀 이름 짓는 일에 많은 관심을 기울였다. 다시 말하면 곤경에 처한 사람에게 하느님이 함께할 것이라는 사실을 가장 확실하게 알려주는 방식으로 아이의 이름을 임마누엘이라 지었던 것이다.

'하느님이 우리와 함께 계신다'는 이 증언이 복음서 저자인 마태에게는 매우 중대한 의미를 가진 주제였다. 마태가 "동정녀가 잉태하여 아들을 낳을 것이니, 그의 이름을 임마누엘이라 할 것이다"(마1:23) 라고 표현한 이 증언은 성서 전체를 묶어주는 중심 테마 가운데 하나였다. 그런데 이번에는 번역상의 문제가 더 희한하게 꼬였다.

원래 의미는 '젊은 여인'인데, '처녀'라고 과장 되더니, 한 발을 더 나가서 '동정녀'(童貞女)라고까지 되었으니 과유불급(過猶不及), 지나치는 것은 못 미치는 것만 못하다는 가르침 또 한 번 생각하게 된다. 원문의 의미를 제대로 살리지 못하는 이런 과장법은 '참 사람'이신 예수를 괴기스런 모습으로 낯설게 꾸미는 일이어서 안타깝다.

보통 사람들이 태어나는 방식으로 태어나는 예수가 아니고 그가 별개의 통로로 세상에 들어오는 이상한 사람이라면 어떻게 그가 임마누엘일 수 있겠는가? 그의 어머니 마리아가 일반 어머니들처럼 임신과 해산의 순리를 따라서 아이를 낳지 않고 이상한 신화적인 방식으로 영문도 모르는 아이를 낳았다면 그가 어떻게 성모일 수 있겠는가? 누군가가 계란에서 나왔다는 신화가 웃음을 자아내게 하는 것과 무엇이 다른가?

화육(化肉)이라고 일컬어지는 이 내용을 요한은 이렇게 적었다.

"그 말씀이 육신이 되어 우리 가운데 사셨다"(요1:14). 말씀으로 계시던 하느님이 육신이 되어서 우리 동네에서 우리들과 같이 사는 이웃이 되었다는 주장이다. 강 건너 불이던 하느님이 사람 사는 동네로 건너왔다는 주장이다. 그래서 그는 참 하느님인 동시에 참 사람이다(vere deus vere homo). 그는 사람 흉내를 낸 환영(幻影)이 아니라 수식어가 필요 없는 사람이었다.

우리 주변에서 서성거리는 환영설(幻影說)을 말끔하게 걷어버리지 않으면 성서가 가르치는 임마누엘의 깊은 뜻을 터득하기 어렵다. 하느님은 '임마누엘'이라는 말 뜻 그대로 '하느님이 우리와 함께 계신다'여야 한다. 몸에 맞지 않는 남의 옷을 입고는 생활을 편하게 할 수 없다. 하느님은 맞춤복처럼 편안한 친아버지여야 한다. 바울은 하느님은 '아빠' 같은 존재라고 말한다.

농사를 짓는 사람들이 하는 말이 있다. 농작물은 주인의 발소리를 들으면서 건강하게 자란다고 한다. 사실 여부를 말하기는 어렵지만 정말 그럴듯한 말이다. 농부가 돌아보지 않아서 농작물이 농부의 발소리를 들을 수 없는 상황이라면 농작물이 제대로 크기가 어려울 것이다. 발소리에는 여러 가지 의미가 담겨 있다.

요한의 표현대로 하면 예수는 '말씀이 육신이 되어 우리 가운데 오셔서 우리와 함께 사시는' 한 식구다. 예수는 발소리를 내면서 농장을 찾아오는 농부이며, 구체적으로 화육(化肉)의 과정을 거쳐서 체중이 실린 발소리를 내는 구체적인 인간이다. 농작물이 농부의 발소리를 들어야 하는 것처럼 인간은 하느님의 발소리를 들어야 생명과 생활이 건강하다. 이런 상황을 성서는 이렇게 그렸다. “그 남자와 그 아내는 날이 저물고 서늘할 때에 주 하느님이 동산을 거니시는 소리를 들었다”(창3:8).

18 ■ 이정표(里程標)

성서를 좀 더 자세히 들여다보자. 의미 있는 가르침이 있다. 모세는 “당신들이 행복하게 살도록 내가 당신들에게 명하는 하느님의 명령과 규례를 지켜라”(신10:13)고 말한다. 하느님의 명령과 규례는 사람들이 행복하게 살아가도록 돕기 위한 지침이다. 하느님의 명령이나 규례는 그 자체가 목적이 아니라 사람이 목적이라는 뜻이다. 종교는 사람의 삶을 바로잡아주는 수단이란 뜻이다.

생존을 위해서 밥을 먹어야 하듯이, 의미 있는 삶을 살기 위해서는 바른 지침이 필요하다. 단순한 생존을 위해서도 바르게 조리된 밥을 먹어야 하는 것처럼, 품격 있는 삶을 살자면 규례와 명령이 필요한 셈이다. 밥이 목적이 아닌 수단인 것처럼 명령과 규례 역시 격조 있는 삶을 위한 수단으로 이해해야 한다. 수단을 목적과 혼동할 때 사람 살아가는 일이 엉망이 된다.

수단과 목적을 혼동하는 일이 얼마나 많은가. 모세는 다시 말한다. “주께서 우리에게 모든 규례를 명하여 지키게 하시고 하느님을 경외하게 하셨다. 우리가 그렇게만 하면 주께서 우리를 지키시고 잘

살게 하여 주실 것이다"(신6:24). 사람들이 잘 살아가도록 돕기 위한 수단으로 하느님을 경외하게 하고 규례를 지키도록 했다. 하느님을 경외하면서 마음을 바로잡고 규례를 지켜서 삶의 질을 높인다는 의미다.

수단과 목적을 혼동해서 엉뚱한 소리를 내는 사람들 앞에서 예수는 이렇게 선언했다. 혁명적이다. "사람이 안식일을 위해 있는 것이 아니라 안식일이 사람을 위해 생긴 것이다. 그러므로 사람이 안식일의 주인이다"(막2:27-28). 인류 정신사에서 이보다 더 혁명적인 주장을 들어낸 사람이 있는가?

안식일 제도는 사람을 쉬게 하려고 마련된 수단일 뿐이다. 사람의 후생과 복지를 위해서 꾸며진 제도일 뿐이지 그 자체가 목적이 되는 규정은 아니다. 예수는 인류 역사상 그 누구보다도 사람을 아꼈다. 안식일이 사람을 위한 것일 뿐이라는 그의 주장은 그가 놓여 있던 그 시대상황을 고려한다면 참으로 엄청난 주장이었다.

계명은 사람들이 사람답게 살아가도록 일깨워 주는 이정표다. 말하자면 사람들의 자각과 실천을 도와주는 방편이다. 그것을 지키지 않으면 죄인 취급한다는 처벌기준이 아니다. 바울이 말한 대로 죄가 많은 곳에 은혜가 더 넘치게 하는 것이 하느님의 방식이다. 더 많은 죄를 씻어버리고 거기에 은혜를 더 공급한다는 하느님의 방식을 고려하면 죄인 여부를 가리고 논한다는 일은 의미가 없다.

19 ■ 화근(禍根) : 에고와의 동일시

간음하다가 잡힌 여성에게 돌을 던지는 것은 당연하고 자랑스러운 일이라고 생각하며 사람들이 몰려들었다. 그러나 모두 꼬리를 내리고 사라졌다. 이 사람들이 얼굴을 들지 못하고 흩어지게 한 예수의 가르침은 큰 감동이다. 이 감동적인 가르침과 축을 같이하는 비유가 있다. 탕자의 비유로 알려진 감동적인 가르침이다. 둘은 예수 정신의 핵심이다.

어떤 사람에게 아들이 둘 있는데 작은 아들이 아버지에게 '아버지, 재산 가운데서 내게 돌아올 몫을 내게 주세요' 하였다. 아버지는 살림을 두 아들에게 나누어 주었다. 며칠 뒤에 작은 아들은 제 것을 챙겨 먼 지방으로 가서, 거기서 방탕하게 살면서 그 재산을 낭비하였다. 그가 모든 재산을 탕진했을 때에 그 지방에 흉년이 들어서 그는 아주 궁핍하게 되었다. 그는 그 지방의 주민 가운데 한 사람을 찾아가서 몸을 의탁하였다. 그 사람은 그를 들로 보내어 돼지를 치게 하였다. 그는 돼지가 먹는 쥐엄 열매로라도 배를 채우고 싶었으나 그에게 먹을 것을 주는 사람이 없었다. 그제서야 그는 제 정신이 들어서 이렇게 말하였다. '내 아버지의 그 많은 품꾼들에게는 먹을 것이 남아도는데 나는 여기서 굶어 죽는구나. 내가 일어나 아버지에게 돌아가서 이렇게 말씀드려야겠다. 아버지, 내가 하늘과 아버지 앞에 죄를 지었습니다. 나는 더 이상 아버지의 아들이라 불릴 자격이 없으니 나를 품꾼의 하나로 삼아주십시오' 그는 일어나서 아버지에게로 돌아갔다. 그는 아직 먼 거리에 있는데 그의 아버지가 그를 보고 측은히 여겨서, 달려가서 그의 목을 껴안고 입을 맞추었다(눅15:11-20).

비유에는 세 사람이 등장한다. 맏아들, 둘째 아들, 그리고 아버지다. 우선 둘째 아들이 시선을 끈다. 둘째는 에고가 몹시 강한 사람이다. 에고는 실물이 아니고 마음 증세들이 얼기설기 뭉쳐진 헛것이다. 헛것이긴 하지만 경험적으로는 꼭 실물인 것처럼 작용해서 인격과 생활에 실물보다 더 큰 영향력을 행세한다.

이 미묘한 에고의 움직임을 제대로 간파하고 통제해야 한다. 에고로 인한 피해를 근본적으로 해결하는 방안은 그것의 정체를 알아차리면서 그에 필요한 조치를 취하는 일이다. 조치는 이것이다. 그것은 실물이 아닌 헛것인데, 그것이 실물인 줄 알고 더 나가서 그것이 나인 줄 알고 그것에게 끌려 다니게 하는 에고와의 동일시(同一視)를 삭제하는 일이다. 에고와 관련해서 자신에게 일어난 일은 상상임신과 같은 현상이라는 점을 알아야 한다. 심리적 헛것인 에고가 실물인 줄 아는 것은 상상 속에만 있는 태아가 실제로 뱃속에 있는 줄 아는 것과 같은 일이다. 끝없이 얽혀 있는 사람의 문제를 정리하는 핵심 작업이 에고와의 동일시를 청산하는 일이다. 모든 얽힘의 화근이 에고다.

착각을 버리고 제정신을 챙기자. 에고는 실물이 아니고 더욱이나 그것이 '나'일 수가 없다. 이 이상한 동맹관계인 에고와의 동일시가 청산되지 않으면 인격도 망가지고 생활은 생활대로 큰 혼란에 빠진다. 이상한 일들이 허다하지만 정말 이상한 일은 사람들이 어쩌다가 에고와의 동일시를 생활의 축으로 삼았는가 하는 문제다. 실제로는 있지도 않고 상상 속에만 있는 아이가 뱃속에서 태동(胎動)을 하는 것과 같다. 아이는 어디에도 없다. 헛것이 배속에서 움직이는 것이다.

어디에도 없는 에고가 동일시를 통해서 사람을 묶어버렸다. 난세를 틈타서 에고가 인생들을 홀려서 노예로 삼아 버렸다.

둘째 아들은 자신이 지배권을 갖는 세상을 만들어보려고 나선다. 생각은 그렇게 했지만 사실상 그를 조종하는 것은 그의 에고였다. 그는 에고의 꼭두각시에 불과했다. 놀랍게도 본인은 자신이 에고에게 끌려 다니는 꼭두각시에 불과하다는 사실을 까맣게 모르고 있었다. 에고의 본성 중 하나가 자신이 지배자가 되려는 욕망이다. 지금까지는 아버지의 지배를 받으면서 자기가 아버지의 인생을 살아왔다고 느끼는 것이다. 그리고 형에 비해서 자신은 항상 뒤처지고 손해만 보는 입장이라고 보면서 심각한 박탈감을 느낀다.

이제는 자신이 주인이 되는 사업을 펼치고 자신이 지배하는 왕국을 건설하고 싶었다. 일단 떠나야 한다. 아버지와 형의 그늘에서 살아가는 일은 사는 것이 아니라고 느꼈다. 그렇게 사는 것은 종살이를 하는 것보다 나을 것이 없다는 판단이 섰다. 그러면서도 자신이 에고의 노예로 살고 있다는 사실은 꿈에도 몰랐다.

특히 형의 시선을 느껴야 하는 일은 부담스럽기 한량없다. 형을 의식하지 않으면서 살아갈 수 있는 정신적 공간이 집 안팎 어디에도 없었다. 형은 언제나 어디서나 갑이었고 자신은 언제나 어디서나 을이었다. 형은, 아버지보다도 훨씬 무겁고 힘들게 자신을 압박했다. 장자에게는 장자 콤플렉스가 있지만, 둘째에게는 그보다 훨씬 미묘하면서도 강력한 둘째 콤플렉스가 있다.

에서와 야곱 사이에서도 갈등과 충돌 속에서 움직이는 에고의 동영상을 볼 수 있다. 집을 떠나는 중요한 동기가 아버지를 벗어나고, 형의 시선이 닿지 않는 자기만의 왕국을 이뤄 보려는 것이다. 형을 마주 대하기만 하면 아니 형을 생각만 해도 내부에 혼란이 일어나면서 매사가 얽혀서 되는 노릇이 없다.

그래서 집을 떠났다. 그러나 집을 떠나자마자 그가 살아가는 방식은 '방탕'이었다. 자신을 통제하지도 못하면서 자유를 누리려 하니 방탕은 필연적이었다. 그러면서 모든 것이 대책 없이 얽히고 꼬였다. 일생을 쓰고도 남을 것 같던 자산(資産)이, '방탕'을 견뎌낼 수 없어 한순간에 흔적 없이 사라지고 말았다. 재산이 그렇게 무정하게 날아가 버리리라고는 상상도 못했다.

절대 빈곤 신세가 되고나니 굶기를 밥 먹듯 해야만 했다. 사흘 굶으면 도적질 안 할 사람 없다는 말을 실감나게 느끼면서 자신도 놀랐다. 밥상을 앞에 놓고 숟가락을 사용한다는 일이 하늘과 땅 사이에 그토록 신성한 일인 줄 꿈에도 몰랐다. 마당가에 떨어진 낟알을 줍느라고 날 저무는 줄 모르던 부모의 속마음을 이제야 조금 짐작할 수 있을 것 같았다.

사람이 수저를 움직여서 밥을 먹는 것이 당연한 일이지만 바닥에서도 한참을 더 꺼져버린 형편에 짐승먹이라도 마다할 처지가 아니었다. 사료라도 먹게 해달라고 구걸했지만 말 같지 않은 소리 집어치우라는 면박만 받았다. 그런 처지를 한탄할 만한 기본적인 감각조차 오래 전에 사라지고 없었다. 살아갈 방법을 백방으로 찾아봐도 길이 보이지 않았다. 꼴이 말이 아닌 채 죽게 생겼다.

어쩌다가 자신이 아버지 집에 있는 종들보다도 못한 몰골이 되고 말았나? 몸속에서는 쉰내가 풍기는 헛기침이 나오고 눈꺼풀은 납덩어리처럼 무겁다. 모든 것이 자업자득이라는 회한이 번갯불처럼 온몸을 스치고 지나간다. 하루에도 몇 번씩 눈앞으로 번갯불이 지나간다. 머릿속에서는 시위 줄 튕기는 소리가 수도 없이 뒷목을 치면서 충격을 준다. 아무리 몸을 뒤척여도 시원치 않고 쉬지 않고 마음을 뒤척여도 그냥 그대로다. 마음 부림도 소용없고 몸부림도 무용지물이다. 상황을 더 악화시키고 악순환을 가속시킬 뿐이다. 맥이 풀려 주저앉게 생겼다.

20 ■ 제 정신 : 순수의식

팔방으로 더듬어도 살아갈 방법이 손에 잡히지 않는다. 멋쩍게 떠오르는 오직 하나인 방법은 아버지에게로 돌아가서 무조건 엎드려서 용서를 빌고 아들이 아닌 종놈으로 살아가는 방법을 찾아보는 것이다. 아들이라는 인간은 제 손으로 스스로를 완전하게 망가트렸다. 철없이 제 몫이라고 억지를 부려서 챙겨 나온 재산을 '방탕'으로 다 말아먹었다. 남은 건 낡은 허수아비 같이 얼빠지고 남루한 몰골뿐이다. 백번 생각을 해봐도 사람 축에 낄 수가 없다. 죽고 싶어도 죽어지지도 않는다.

자신이 왕이 되는 자신의 나라를 세우고자 했던 어림없는 야심은 어린애 불장난이었다. 왕이 되는 일은 멍청이 눈에나 나타나는 신기루였다. 세상이 이렇게 허망할 수 있는가. 온종일 놀랜다. 아랫목 윗목을 정신없이 헤매면서 신음 소리를 하루 종일 펴 올려도 어디에서도 닫힌 문이 열리는 기미가 보이지 않는다. 어떻게 자신이 왕이 되는 허망한 꿈을 꿨는지 그렇게 바보스러울 수가 없다. 세상에 그토록 얼빠진 사람이 어디 있단 말인가?

그러나 이 얼빠진 사람에게도 얼핏 '제 정신'이 스쳤다. '빼앗긴 들에도 봄은 오는가?' 물론이다. 재창조의 원리로 움직이는 이 세상에 파장(罷場)은 없다. '바닥을 쳤다' 하는 말이 헛소리는 아니다. 삐쭉 고개를 내민 '제 정신'의 윤곽이 차츰 분명해졌다. '제 정신'이 앞으로 나서면서 몸동작이 뒤를 따랐다. 다 망가진 사람에게도 아직 망가지지 않은 부분이 있었다. 사람 전체가 에고에 엮이고 오염되었지만 아직 엮이지 않고, 오염되지 않은 태초 원형 그대로인 부분이 있었다. 바로 순수의식이다. 제정신이라 불러도 탓하지 않으리라.

마음을 최소한으로 수습하고 생각은 시늉만 하고 막다른 골목에서 튀어나온 거지가 아버지 집을 향해서 움직였다. 선택의 여지라는 것이 그렇게 귀한 줄은 짐작도 못했다. '선택의 여지가 없는' 상황이 그토록 숨이 막히는 막다른 골목이라는 것도 이번에 알았다. 남은 것이 아무것도 없다. 하늘과 땅 사이에 여지(餘地)라는 건 그림자도 없었다. 그저 돌아가는 길 밖에는 어떤 길도 없었다.

킬케고어는 사람이 일생동안 세 번 이사를 가서 사는 세 동네에 대해서 말한다. 자신을 중심 원리로 삼고 살아가는 자율(自律)이란 동네다. 좀 더 정확하게 들여다보자면, 이 동네는 에고가 모두를 좌지우지 하는 에고의 본거지다. 여기서 말하는 자(自)는 진정한 의미에서의 자아(自我)가 아니다. 이것은 거짓 자아의 주성분인 에고의 가면극일 뿐이다. 에고는 가면을 쓰고 무기명이나 차명(借名)으로 전권을 행사한다. 사람들은 에고에게 씌어서 영문도 모르고 맥없이 끌려 다닌다.

조금 철이 들면서 그렇게 사는 게 아닌 걸 깨닫고 다음 동네로 이사를 간다. 타율(他律)이란 동네다. 나 아닌 다른 사람들을 중심삼아서 살아가는 방식이다. 지배자가 자기에서 타인으로 바뀌었다. 둘째 아들이 형을 경험하면서 지나치게 힘들어 하는 경우도 그것이다. 모든 인간관계에서 상대방을 지배자로 경험하며 힘들어하는 것이다. 누가 시킨 바도 없는데 상대방을 갑(甲)으로 그리고 자신을 을(乙)이라 설정해 놓고 힘들어 하는 것이다.

얼마를 살다보니 자율이란 동네보다 나은 점이 있기는 해도 여전히 문제점들이 있어서 힘들게 한다. 사람은 자율의 원리만으로는 자신을 완성할 수 없다. 자기를 말아먹기 십상이다. 물론 타율의 방법만으로도 자신을 완성할 수가 없다. 문제점들이 한두 가지가 아니다. 그러는 사이에도 벌써 세월은 멈추지 않고 흘렀다. 주인공은 신중하게 생각하고 세 번째 이사를 계획한다. 신율(神律)이란 동네로 가기로 한다.

사람은 자율을 넘어서, 그리고 타율을 넘어서서 보다 근원적인 존재 원리를 찾아간다. 결국 사람들은 하느님을 상담자로 자신을 피상담자로 설정하는 신율(神律)의 차원으로 들어간다. 신율(神律)로 살아간다는 것은 사람이 하느님의 통치를 받아들이고 살아가는 것을 의미하는 하느님 나라 원리와 같은 뜻이다. 하느님의 나라에 들어간다는 것은 자율과 타율을 완전하게 털어내고 벗어나서 하느님의 다스림을 받아들이는 경지로 올라가서 "내 뜻대로 마시고 하느님 뜻대로 하십시오" 하는 것을 말한다.

예수가 마음에 두고 준비해 온 또 하나의 핵심 사업이 있다. 누가는 이렇게 대답한다. "예수께서 고을과 마을을 두루 다니시면서 하느님의 나라를 선포하시며 그 기쁜 소식을 전하셨다"(눅8:1). '하늘나라'라는 용어가 마태복음에는 30회, '하느님 나라'가 3회 나온다. 마가복음에는 '하느님의 나라'가 16회, 그리고 누가복음에는 32회 나온다.

'하느님 나라'와, 마태 혼자서 쓰고 있는 '하늘나라'의 차이는 무엇인가? 같은 뜻의 말인데, 마태는 '하느님'이란 용어 사용을 주저하는 유대인들의 감각을 고려해서 '하느님의 나라' 대신 '하늘나라'라고 썼을 뿐이다. 하느님 나라 언급이 그렇게나 많은 것을 보면 예수 사업의 핵심이 '하느님의 나라'였다는 점이 확실하다. 예수의 모든 가르침들은 거의 전부가 하느님 나라에 집중되고 있다.

백성들이 하느님을 바로 알게 하는 일과 백성들이 하느님 나라에 대해 바른 인식을 갖도록 하는 것, 이 두 가지가 예수가 이루려는 핵심 사업이다. 그의 제자들이 하는 일도 "다니면서 하늘나라가 가까이 왔다고 선포 하는 것"(마10:7)이었다. 하느님 나라는 하느님의 재창조와 같은 말이다. 하느님의 나라에 대하여 백성들에게 알려주는 의도는, 하느님의 재창조를 알아차리고 받아들이고 따라서 살아가라는 권고 그것이었다.

성서 언어의 핵심 중 하나인 '나라'의 의미를 정확하게 이해하는 일이 성서를 바르게 읽는데 꼭 필요하다. '나라'에 해당하는 히브리어는 머물라카(mamlaka)이다. 또 '나라'에 해당하는 아람어는 말쿠타(malkuta)이다. 그리고 이 말에 해당되는 헬라말은 바실레이아(basileia)다. '나라'에 해당되는 세 나라 말 모두가 '지역'이나 '영토'를 뜻하지 않으며 지리적 혹은 공간적 의미가 포함된 '국가'나 '제국'을 의미하지 않는다.

이 말들은 하나같이 '지배' 혹은 '통치'를 뜻하면서 더 나아가서 그 지배와 통치에 의해서 이루어지는 '상태'나 '상황'을 가리킨다. 그러므로 '하느님의 나라'란 하느님의 지배와 통치를 말하는 것이며 하느님의 지배와 통치에 의하여 이루어진 인격이나 삶의 상태나 상황을 일컫는다. 전혀 공간적 의미는 없는 용어라는 사실을 명백하게 이해해야 한다. 하느님 나라에 대한 이해를 돕는 도마복음서의 기록을 주목해 보자.

예수가 말했다. "만일 너희를 인도하는 자들이 너희에게 '보아라. 하느님의 나라가 공중에 있다' 하고 말한다면 공중의 새들이 너희들보다 먼저 갈 것이다. 만일 그들이 '그 나라는 바다에 있다'고 말한다면 물고기들이 너희들보다 먼저 갈 것이다. 그 나라는 너희 안에 있으며 너희 밖에 있다." 그의 제자들이 그에게 말했다. "죽은 자들의 영면(永眠)이 언제 올 것이며, 새로운 세계는 언제 옵니까?" 그가 그들에게 말했다. "너희가 기대하는 것은 이미 왔지만 너희가 그것을 알아차리지 못한다"(도마복음3:1,51).

Part 4

전도몽상(顚倒夢想)

21 ▪ 철들기

하느님의 나라에 대하여 마태는 이렇게 증언한다. "너희는 하느님의 나라를 구해라"(마6:33), "힘을 쓰는 사람들이 하느님 나라를 차지한다"(마11:12). 마가는 "재산을 가진 사람은 하느님의 나라에 들어가기가 참으로 어렵다"(막10:23)고 전한다. 하느님의 나라는 '가까이' 있기는 하지만, 그것은 '구해야' 하고 '들어가야' 하고 '차지해야' 하는 숙제라는 가르침이다.

하느님의 지배와 통치를 받아들이는 것을 뜻하는 그 하느님의 나라로 들어간다는 말은 사람이 삶의 방식을 근본적으로 바꿔서, 하느님의 통치와 지배를 받아들이면서 살아간다는 뜻이다. 여기서 '들어간다'는 말은 정신 현상을 공간적 표현으로 바꾼 것이다. 낮은 차원에서 살아오던 사람이 깨달음을 통해서 더 높은 차원의 삶을 살기 시작한다는 뜻이다. 물론 공간 이동이 아니라 전혀 새로운 방식으로 살아가는 의식(意識)의 전환을 뜻한다.

다윗은 아들 여럿을 낳아서 길렀다. 그 중에도 아들 압살롬에 대한 다윗의 애정은 각별했다. 그러나 아들은 크기 마련이고 아버지는 늙기 마련이다. 커가는 아들이 차츰 내심으로 아버지에게 맞서기를 시작했고 그 맞서기가 점점 덩어리가 커지면서 급기야 반란을 일으키게 된다. 아들은 아버지를 포함한 현재의 정권을 무너뜨리고 자신의 왕국을 멋지게 꾸며 보겠다는 야심을 불태우면서 이른바 왕자의 난을 일으켰다.

달려드는 아들의 칼날을 피하여 아버지는 피난길에 올라야만 했다. 아들의 칼날을 피해서 도망가야 하는 아버지의 심사가 오죽했을까? 이때의 상황을 성서는 이렇게 소개한다. "다윗은 올리브 산언덕으로 올라갔다. 그는 올라가면서 계속해서 울고, 머리를 가리고 슬퍼하면서 맨발로 걸어서 갔다. 백성들도 모두 머리를 가리고 울면서 언덕으로 올라갔다"(삼하9:30). 자신이 왕이 되겠다고 물불 안 가리고 날뛰고 있는 아들의 마음과 이런 아들을 피해서 눈물을 흘리며 맨발로 피난길을 가야 하는 아버지의 비통한 마음! 두 마음 다 사람 가슴 속에 들어 있는 것이지만 아들의 것과 아버지의 것은 하늘이 땅에서 먼 것처럼 서로 멀기만 했다.

그러다가 반란을 일으킨 아들이 반역 실패로 죽임을 당하고 만다. 아들이 죽었다는 사실을 알게 된 아버지는 당연히 "못된 놈 잘 죽었다!" 할 것이었다. 그리고 피난길을 돌려서 다시 왕의 자리로 돌아가 분심을 달래면서 통치권을 수습하고 부귀와 영화를 누릴 궁리를 할 것이었다. 그러나 그 뒤 상황에 대해 성서는 이렇게 기록한다. "왕은 이 말을 듣고 마음이 찢어질 듯이 아파서 성문 위의 다락방으로 올라가서 울었다. 그는 올라갈 때에 '내 아들 압살롬아, 내 아들아, 내 아들 압살롬아, 너 대신에 차라리 내가 죽을 것을, 압살롬아, 내 아들아' 하고 울부짖었다"(삼하18:33).

다 같은 사람의 마음인데 아버지의 마음과 아들의 마음이 이렇게 다를 수가 있는가? 자신을 해치려는 아들의 죽음에 마음이 찢어질 것 같았고 차라리 아들 대신 자신이 죽었더라면 얼마나 좋았을까 하며 애통한다.

예수는 씨를 뿌리는 비유로 삼아 사람의 마음을 네 종류로 그려서 설명했다. 길가와 같은 마음이 있다. 씨가 심겨지기 어려운 완악한 마음이다. 그 다음은 돌밭 같은 마음이다. 씨가 심겨지기는 해도 농작물이 자라기는 어려운 마음 밭이다. 그 다음은 가시덤불 같은 마음이다. 싹이 나기는 해도 자라서 열매 맺기가 불가능한 마음이다. 그 다음은 좋은 땅이다. 농사가 잘 되는 곳이어서 작물이 잘 자라고 열매가 풍성하게 달리는 밭이다. 길바닥 같고, 돌밭 같고, 가시덤불 같은 자신을 좋은 밭으로 변화시켜서 좋은 열매 거두는 좋은 농사 이뤄내는 일이 모두에게 주어진 숙제이리라.

22 ▪ 재창조의 길 : 은혜

창조의 기본 원리는 무엇인가? P. 투르니에는 이렇게 썼다. "자연은 우리에게 하느님에 대해 말해 준다. 그의 위대성이나 지혜만이 아니라 그의 사랑에 관해서도 말해 준다. 창조는 하느님의 사랑의 표현이다. 세계는 하느님의 계획의 일부이며 그의 사랑의 설계의 일부이다. 하느님의 사랑은 다만 순수한 영적 수준에서만 활동하는 것이 아니고 물질적 수준에서도 나타난다"(성서와 의학.P.54).

몰트만의 설명을 읽어보자. "하느님의 자유는 모든 것이 가능한 전능이 아니라 사랑이다. 즉 선(善)의 자기 전달이다. 하느님이 자유로부터 세계를 창조할 때 그는 사랑으로부터 세계를 창조한다. 창조는 그의 무한한 능력의 표명이 아니라 전제 없는 그의 사랑의 전달 곧 '하느님의 사랑으로부터의 창조(creatio ex amore Dei)' 이다. 하느님은 그의 자유로운 사랑 속에서 그의 선하심을 나누어 준다. 이것이 하느님의 창조 사역이다"(창조 안에 계신 하느님,p.100).

하느님의 처음 창조가 사랑으로부터의 창조이며 '선하심을 나누어 주는' 창조사역이었다면 이후 이루어지는 하느님의 모든 재창조의 원리와 동력이 '선하심을 나누어 주는' 사랑일 수밖에 없다. 재창조를 일으켜서 되어감을 가능케 하는 하느님의 일 전체가 사랑의 동력으로 이뤄진다. 은혜는 '하느님의 사랑으로부터의 창조'의 작업과정을 두고 하는 말이다. 다시 말하면 은혜와 재창조는 '선하심을 나누어 주는' 것을 말하는 동의어다.

성서의 가르침의 핵심인 하느님의 나라는 하느님의 사랑으로 이뤄지는 재창조의 과정을 두고 하는 말이다. 사랑을 동력으로 삼는 하느님의 재창조 사역이 되어 감을 만들어 내어서, 희망 사항이었던 새로운 인간성을 실현시켜서 약속의 땅으로 들어가게 한다.

양 100마리가 목자의 지도를 따라서 우리를 향해 움직였다. 우리에 도착해서 양의 숫자를 세어보니 99마리였다. 다시 확인해 봐도 마찬가지였다. 목자는 길을 잃고 우리에 들어오지 못한 1마리를 찾아야만 했다. 99마리는 우리에 놔두고 빗나간 한 마리를 찾아 나섰다. 몸은 물론 마음으로도 막심한 고생이었다. 그 고생이 잃은 양을 찾을 때까지 이어졌다. 에너지를 다 쏟아 붓고서야 그 한 마리를 찾아냈다.

길을 잃은 그 한 마리에게 쏟아 붓는 목자의 사랑은 하느님이 길

잃은 인생들에게 쏟아 붓는 재창조의 노력을 말한다. 이러한 하느님의 재창조 활동을 말하는 또 하나의 성서 용어가 '은혜'이다. 길 잃은 자에게 맞춤으로 내려지는 하느님의 은혜가 바로 그에게서 이뤄지는 재창조다.

응급 환자에게는 응급조치가 베풀어진다. 길 잃은 양에게는 우리에 있는 양들에게보다 훨씬 중요한 조치가 베풀어진다. 이런 이치를 두고 바울은 이렇게 증언한다. "죄가 많은 곳에 은혜가 넘친다." 상황이 위급하면 위급할수록 수습을 위한 경비가 많이 들어간다는 말이다. 사람이 길을 잃어 위급한 상황에 빠진 상태를 죄라고 한다. 위급할수록 경비(經費) 곧 은혜가 증가한다. 탕자의 비유 가운데서 이와 관련된 내용을 살펴보자.

그는 일어나서 아버지에게로 갔다. 그가 아직도 먼 거리에 있는데 아버지가 그를 보고 측은히 여겨서 달려가 그의 목을 껴안고 입을 맞추었다. 아들이 아버지에게 말하였다. '아버지, 내가 하늘과 아버지 앞에 죄를 지었습니다. 이제부터 나는 아들이라고 불릴 자격이 없습니다.' 그러나 아버지는 종들에게 말하였다. 어서 가장 좋은 옷을 그에게 입히고, 손에 반지를 끼우고, 발에 신을 신겨라. 그리고 살진 송아지를 잡아라. 우리가 먹고 즐기자. 나의 아들은 죽었다가 살아났고, 내가 잃었다가 되찾았다. 그래서 그들은 잔치를 벌였다(눅15:20-24).

아들의 말을 살펴보자. "나는 아들이라고 불릴 자격이 없습니다. 나를 품꾼의 하나로 삼아 주십시오!" 더 망할 것이 없을 정도로 망해버린 인간은 감히 아들이란 말을 입에 올리고 자격을 논할 수가 없다는 말이다. 목숨 붙어 있는 것이 오히려 짐스럽고 죽어지지 않는 것이 괴로울 터인데 빈말로라도 어찌 아들이니 자격이니 논할 수 있겠는가? 자책의 말로 썼다 하더라도 입에 올려서는 안 될 금기어(禁忌語)를 입에 담고 있다는 걸 둘째는 깊이 감각하고 있다. 자신이 봐도 넌 아직도 멀었구나.

그러나 죽어지지 않는 목숨이니 어느 구석에라도 갖다 놔둬야 될 것 아니겠는가? 이미 아들은 아닌 것이, 자격이란 입에 올릴 축에도 낄 수 없는 것이, 그래도 질기게 남아 있는 이 목숨을 '품꾼'이라는 이름으로 어디 구석진 곳에 아무렇게나 팽개쳐 주기를, 이 망가진 아들은 아버지에게 구걸한다. 도무지 자신의 것 같지 않아서 어색하기만 하고 힘겹기만 한 목숨을 품꾼이라는 가명(假名)으로 포장해서 아버지 방문 밖에라도 집어 던지고 싶다!

그러나 아버지는 아들과는 전적으로 달랐다. 아들이 집을 나간 후 어느 한 순간도 아들을 잊은 적이 없었다. 매일 같이 넋을 놓고 아들이 걸어서 나간 방향에다 시선을 묶어두곤 했다. 혹시 모르는 사이에 아들이 돌아와 있는가 싶어서 하루에도 몇 차례씩 아들의 빈 방을 들여다봤다. 아들이 그렇게 떠난 후에는 사람들조차 만나기 힘들어서 마당 밖으로 나간 일이 없었다. 찾아오는 사람도 밝게 만날 기운이 없었고 아들의 안부를 묻는 사람을 만날까봐서 지레 먼 산으로 시선을 돌리곤 했다. 떠나버린 자식을 두고 마음 고생하는 것이 너무 속이 상해서 주먹을 불끈 쥐고 어금니를 깨물고 까진 놈을 마음속에서 파내버리고 죽어버린 셈 치자고 몇 차례씩 다짐을 하기도 했다. 그러나 맘에 없는 말을 뱉은 날이면 머릿속은 물론 몸통 전체에서 덤프트럭 지나가는 소리가 나고, 몸도 마음도 더 정신없이 진동했다.

아들을 두고 이렇게 무너져 내리는 아버지의 시선 끝에 아들 모습이 포착되었다. 옆에 있는 사람의 얼굴도 흐릿할 만큼 시력이 약해졌지만 아들의 등장은 아버지의 시력을 2.0 이상으로 가동시켰다. 허둥지둥 아들에게로 달려간 아버지는 아들의 목을 껴안고 입을 맞추었다. 아들은 여전히 에고에 묶인 채 자격이니 품꾼이니 생각을 내고 말을 썼지만 아버지는 너무 황홀하여 무아지경(無我之境)을 오가면서 무념(無念)의 상태에서 움직였다. 그는 마치 성전 근무를 하다가 벙어리가 된 제사장 사가랴 같이 움직였다.

23 ▪ 용서는 없다

하느님의 은혜 베풀기 곧 재창조의 역사에 대하여 사람들은 어떻게 반응해야 할까? 하느님은 그 본성이 사랑이기 때문에 은혜를 베푸는 재창조의 역사를 중단할 수가 없다. 하느님은 사랑을 중단하거나 은총을 폐기할 수가 없다. 하느님도 자신의 본성에 어긋나게 움직이기는 불가능하다. 준비하고 연습해도 하느님이 진노하기는 어렵다.

하느님의 이런 방식의 움직임에 대한 사람들의 응답은 어떤가? 하느님에게서 은혜를 베푸는 재창조가 이뤄지더라도 당사자가 그 은총을 접수하지 않으면 허사가 된다. 하느님이 보낸 은총이 수취인의 수취거절로 반송되는 일이 얼마나 많은가? 은총을 바르게 접수한 사람은 바르게 살아간다. 수취를 거부한 사람은 자신의 삶을 이지러뜨린다. 아래 바닥까지 떨어졌던 둘째는 은총을 수령한다. 그러나 첫째는 아버지와 대치하며 아우를 거부하면서 자동으로 하느님의 은총을 거절하는 상태가 된다.

아버지는 종들에게 당부해서 돌아온 아들에게 좋은 옷을 입히고 반지를 끼우고 신발을 신기게 했다. 그리고 성대한 잔치를 베풀었다. 아버지에게 아들은 '죽었다가 살아났고 잃었다가 되찾은' 더 없이 소중한 존재였다.

아버지의 눈에는 아들 자신이 부끄러워하고 힘들어 하는 그 아들의 허물이 전혀 보이지 않는다. 아들 스스로는 자신의 무자격을 부끄러워하지만 아버지 보기에는 다 부질 없는 말장난이었고 터무니없고 당치 않는 생각놀음들이었다. 공연한 생각놀음과 말놀음이 얼마나 사람의 정신을 혼란케 만들며 사람 생활을 어지럽게 만들고 있는가? 아들이라 했으면 모든 걸 다 말한 셈인데 거기에 무슨 다른 첨가물이 가당키나 한가? 더할 것도 없고 뺄 것도 있을 수 없다. 아들이란 말 속에 하늘과 땅이 다 담긴다. 구차한 생각놀음과 말놀음을 그만하자. 아버지, 그리고 아들 두 마디면 다 되었다. 제발 덧칠하지 말자.

이제는 삶의 핵심을 살아가자! 부질없는 생각놀음과 말놀음을 이제는 쓸어버리자. 군소리 잡소리 섞지 말자. 이제는 제발 삶의 근본을 입 다물고 살자. 아버지는 아들에게서 어떤 자격을 요구한 일이 없다. 아들에게 무슨 자격을 갖다 붙이는 일은 신성모독이다. 아버지가 아들에게 자격을 요구하는 것은 그 본성으로 볼 때 불가능하다. 아버지의 눈에는 아들이 죽었다가 살아났다는 감동적인 현실만 보인다. 그것 외에는 생각도 말도 필요치 않다.

돌아온 아들을 바라보는 아버지의 마음이야 오죽했을까! 아버지가 아들에게서 어떻게 허물을 찾아낸단 말인가? 무슨 자격을 논할 수 있겠는가? 말로 무슨 표현이 가능하다고 말을 갖다 붙일 궁리를 하는가. 이제는 아들과 함께 '먹고 즐기자!' 이것이 전부다. 아버지가 제정신 가지고서야, 어찌 아들에게 자격을 요구하고 과거를 묻고 점수를 메길 수 있단 말인가? 그 반대도 말문이 막히는 얘기다.

아버지가 아들을 용서한다? 가당치 않다. 아버지 눈에는 아들의 허물이 보이지 않는다. 허물이 없는데 무얼 용서한단 말인가? 용서가 발생되지 않는다. 정죄? 허물이 없는데 무엇에서 정죄가 발생하겠는가? 어떻게 보이지도 존재하지도 않는 죄를 정죄한단 말인가? 아버지에게는 정죄니 용서니 하는 말들은 듣지도 보지도 못한 말이다.

가인은 동생 아벨을 죽인 살인자였다. 이 가인이 떠돌아다니는 처지가 되었을 때 하느님의 조치는 '맞아 죽어도 싸다!'가 아니었다. 그러면? "주님께서 가인에게 표를 찍어 주셔서 어느 누가 그를 만나더라도 죽이지 못하게 하셨다"(창4:15)고 했다. 살인자에게 표를 줘서 살해당하는 것을 막아주시다니! 하느님의 마음이 어떤지 알려 주는 대목이다.

심성이 고약한 인생들이 만들어낸 냄새나는 용어 중 하나가 용서라는 말이다. 작심하고 터무니없는 용서거리를 만들어 가면서 용서했다고 생색내는 얄팍한 꼼수는 이제 그만이다. 속보이는 짓을 지금까지 할 만큼 했다. 용서는 하느님의 언어가 아니라 이속 빠른 인간들의 속 보이는 저속어(低俗語)다. 아버지에게는 정죄거리가 없다. 아버지에게는 용서거리도 없다. 거리가 없으니 아버지는 정죄도 할 수 없고 용서도 할 수 없다. 핵심을 지적한 호킨스의 통찰을 배우자. "속죄를 바라는 일은 사람이 자청한 드라마인데 그 바탕에는 에고에 대한 이해 결핍이 깔려 있다. 하느님은 인간이 괴로워하는 것을 결코 즐거워할 수 없다"(호킨스, P.462).

스스로 마음 쓰레기를 만들고 그 쓰레기에 갇혀서 숨이 막힐 지경인 사람들이 예수에게 물었다. "내 형제가 나에게 자꾸 죄를 지으면, 내가 몇 번이나 용서해 줘야 합니까?" 질문에 대한 대답이다. "일곱 번만이 아니라 일흔 번을 일곱 번이라도 해야 한다"(마18:21-22). 뭘 용서한단 말인가? 그런 마음을 일으키는 것 자체가 터무니없다. 용서라는 터무니없는 생각놀음에다 횟수까지 갖다 붙이니 사람들 하는 일이 정말 어이가 없다. 예수의 대답은 그런 헛소리 같은 말은 입밖에 내지도 말라는 뜻이다. 다시 한 번 또 확인하자. 하느님의 마음속에는 용서라는 이지러진 용어 자체가 없다. 사실 이런 잘못된 관념들은 신인동형론이 만들어낸 거짓 개념들이다.

성서에서 더러 보게 되는 이런 취지의 글들은 어떻게 읽어야 하는가? "주님은 그런 사람을 용서하지 않는다. 주님은 그런 사람에게 분노와 질투의 불을 퍼부을 뿐만 아니라 이 책에 기록되어 있는 모든 저주를 퍼부을 것이다”(신29:20). 하느님에게 분노와 질투가 있고 양 손에는 쏟아 부을 저주가 쥐어져 있다? 누가 이런 식으로 사나운 가시가 돋친 하느님에게 가까이 가려고 할까?

24 ▪ 신인동형론(神人同形論)

하느님을 이렇게 이상하게 그려내는 일은 성서에 많이 들어 있는 신인동형론 서술법 때문이다. 하느님을 사람처럼 그려내는 원시적인 화법(畵法)이 허다한 오류(誤謬)를 지어낸다. 그러다가 하느님에게 사람들의 못된 성품들이 덮어씌워져서 전혀 하느님답지 않은 신(神)이 나타나기도 한다. 사람들은 언제나 자기 형상대로 하느님을 꾸민다. 백인의 신과 흑인의 신은 다르다. 성질이 못된 사람일수록 신을 사납게 그려낸다. 사람들이 자기 투사물(透寫物)을 신으로 착각하는 착오의 역사는 길고도 오래다. 호킨스의 설명을 들어보자.

보편적 진실과 동떨어진 하느님 묘사는 낮은 의식의 수준인 낮은 이해에서 비롯된다. 가장 흔한 것이 인간 에고의 측면들을 하느님에게 투사시키는 신인동형론의 오류다. 이러한 왜곡된 관찰들은 쉽게 측정할 수 있고 그 역사적 기원을 추적할 수 있다. (...) 인류 의식의 진화가 점진적으로 이루어져 왔다는 사실을 기억해야 한다. 초기의 많은 종교교리에는 정확성이 부족했다. 그것은 나침반이 출현하기 전의 항해술과 같았다. 진짜 오류는 에고의 한계를 깨닫지 못한 것이었다. 교회 교리의 대부분이 위치성의 결과였기 때문에, 내재적 권위는 결여되었고 그 대신에 권위주의가 자리 잡았다.

논쟁의 여지가 있는 것은 허구다(호모 스피리투스. PP.413-414).

결국 사람들의 제품(製品)이 하느님으로 둔갑하여 하느님 행세를 한다. 말하자면 사람들이 자신의 형상대로 하느님을 만들어내는 격이다. 원래의 하느님은 실종되고 만들어진 신이 온 누리를 손 안에 넣고 "여봐라. 게 아무도 없느냐!" 하는 세상이 된 것이다. 이 만들어진 신 생산자인 사람들의 품성이나 의식 수준은 어떤가? 생산자의 의식 수준이 제품의 품질을 결정한다. 사람들 내면을 잠깐 들여다보자. 호킨스의 관찰이다.

성전이라는 에고 위치는 그러한 것의 중단 없는 보급과 지속을 보증하기 위해 제도화 되었다. 대중의 강요된 무지와 영합하는 것은 위신과 권력을 가져다주고 무기 상인들의 계좌를 불려 준다. 슬프고도 희극적인 사실은 이른 바 '성지'라는 곳들이 지금은 지구상에서 가장 성스럽지 못한 곳들이 되었다는 사실이다. 역설적으로, 오랫동안 수많은 사람의 생명을 앗아간 그 전설적 땅들은 (...) 성인들의 발자취는 수세기에 걸친 유혈과 증오, 잔인함, 괴로움으로 지워져 버렸다. 성지를 찾기보다는 센트럴파크나 엠파이어스테이트 빌딩의 전망대에서 기도하는 편이 훨씬 낫다. (...) 모든 증거들은 구조물에 지나지 않는다. (...) 객관성이란 믿을 수 있는 진짜 '실상'을 창조하려는 시도에서 나온 정신적 구조물이다. (...) 어떠한 개념에도 그것에 딸린 주관적 가치 외에는 '진실'의 고유한 권위가 없다. (...) 한 사람에게 설득력을 갖는 것이 다른 사람에게는 넌센스로 취급될 수도 있다(호킨스 pp.449,452).

하느님을, 사나운 신으로, 질투와 복수의 화신으로 그려내는 일은 매우 서투른 신인동형론이다.

많이 알려진 동태복수법(同態復讐法)은 어떻게 읽어야 하는가? "가해자에게는 목숨은 목숨으로, 눈은 눈으로, 이는 이로, 손은 손으로, 발은 발로, 화상은 화상으로, 상처는 상처로, 멍은 멍으로 갚아야 한다"(출21:23-25). 얼핏 보기에는 복수를 정당화하고 권장하는 것 같은 분위기다. 내가 당한 만큼 앙갚음을 하라는 말 같다. 아니다. 이것은 개인들에게 전달된 기준이 아니고 법정에서 필요한 양형기준(量刑基準)을 일러주는 공적(公的)인 지침이다.

이것은 형벌 기준을 명확하게 알려서 범죄행위를 사전에 예방하고 기왕에 일어난 사건들에 대한 사후처리 방향을 제시하여 사회를 안정시킨다는 취지다. 만약 개인들이 동태복수를 문자 그대로 이해해서 개인별로 앙갚음을 하려고 나선다면 세상은 전쟁판이 되어 모두가 피해자가 되고 말 것이다. 하느님에게는 용서도 없고 정죄도 앙갚음도 없다. 앙갚음이라는 못된 물건이 용서라는 퇴물의 발생 근거다. 앙갚음과 용서 이 둘은 서로를 부축하면서 공생하는 오물(汚物)이다. 탕자의 비유만큼 진한 감동을 주는 실화가 요한복음에 들어 있다.

율법학자들과 바리새파 사람들이 간음하다가 잡힌 여자를 끌고 와서 가운데 세워 놓고 예수께 말하였다. "선생님, 이 여자가 간음을 행하다가 현장에서 잡혔습니다. 모세는 율법에 이런 여자들을 돌로 쳐 죽이라고 명령하였습니다. 그런데 선생님은 뭐라고 하시겠습니까?" (...) 예수께서 그들에게 말씀하셨다. "너희 가운데서 죄가 없는 사람이 먼저 이 여자에게 던져라." (...) 예수께서 말씀하셨다. "나도 너를 정죄하지 않는다. 가서, 이제부터 다시는 죄를 짓지 말아라"(요8:3-11).

사람들의 심사는 얼마나 혼잡한가. 예수의 마음은 얼마나 고결한가. 간음하다 끌려온 여인에게 예수가 말한다. "나도 너를 정죄하지 않는다!" 이 웅대한 울림을 귀담아 들어야 한다. 예수는 정죄한다는 가학성(加虐性) 생각놀음을 할 수가 없다. 정죄? 그게 무슨 소리냐? 그게 무슨 생각놀음이며 그게 무슨 말놀음이냐? 예수의 눈에는 사람의 소중함만 보인다. 얼마나 심하게 고장이 났으면 사람은 안 보고 무슨 죄를 본단 말인가? 얼마나 삐뚤어졌으면 사람은 안 보고 죄라는 헛된 조작물만 보고 있는가? 그 내부가 맑으신 예수는 온 인류에게 무죄선언의 깊고 위대한 가르침을 전해준다.

25 ▪ 율법 : 거울

돌아온 둘째 아들은 생명의 순리(順理)를 따라 움직여서 더 높은 차원으로 올라갔다. 그러나 첫째는 바울이 말하는바 죽음의 법이라 하는 역리(逆理)에 묶여서 점점 더 거친 길로 가면서 자신을 괴롭히고 주변을 힘들게 만들었다.

큰 아들이 밭에 있다가 돌아오는데, 집에 가까이 이르렀을 때에 음악소리와 춤추면서 노는 소리를 듣고 종 하나를 불러서 무슨 일인지를 물어보았다. 종이 그에게 말하였다. '아우님이 집에 돌아왔습니다. 건강한 몸으로 돌아온 것을 반겨서 주인께서 살찐 송아지를 잡았습니다.' 큰 아들은 화가 나서 집으로 들어가려고 하지 않았다(눅15:25-28).

큰 아들은 평소에도 늘 찌푸리고 살아가는 사람이었다. 옆으로만 지나가도 늘 냉기를 느끼게 하는 사람이었다. 자신이 먼저 인사하는 법이 없고 건네는 인사도 별로 달가워하지 않는 것이 역력한 그런 사람이었다. 동생이 집을 나가도록 힘든 분위기를 만들어 낸 그런 사람이었다. 몸 안에 무슨 병세가 있는지 내색은 안 하지만 뭔가 분명하게 편안치 않은 구석이 있는 그런 분위기다. 집을 나갔던 동생도 많이 힘들어하는 그런 사람이었고 아버지도 무척 신경이 많이 쓰여서 늘 껄끄러워하면서 아들의 눈치를 살펴야만 하는 분위기였다. 아버지는 자신이 늙어간다는 것을 몸으로 느끼면서 자식과의 사이가 껄끄러움을 민감하게 느끼면서 힘들어 하는 터였다.

평소에도 음악 소리나 노는 소리를 달갑게 생각하지 않는 사람이었다. 더구나 춤을 추면서 즐겁게 돌아가는 분위기는 그의 취향이 아니었다. 바로 그 반갑지 않은 분위기가 집안에서 무르익고 있었다. 상황을 알아보니 동생 녀석이 돌아온 일로 집안이 온통 잔치판이라는 것이다. 간신히 목소리를 달래서 "나는 안 들어간다!"고 단호하게 말을 끊었다. 상황을 어떻게 처리해야 할지 감이 잡히지 않는 종들이 제 자리에서 맴을 돌았다. 한 사람은 들어갔고, 한 사람은 바깥을 고집했고, 주변 사람들은 어안이 벙벙했다.

한 사람은 들어가서 잔치를 누리고 한 사람은 밖에서 속을 끓이고 있다. 한 사람은 에고에 갇혀서 역리(逆理)를 고집하고 있지만 다른 한 사람은 자신을 부인하고 순리(順理)의 길을 간다. 세상에는 두 종류의 사람이 있는 셈이다. 안으로 들어가는 사람은 들어가서 삶을 즐긴다. 하나는 들어가기를 거부하고 밖에서 속을 끓인다. 이 두 사람은 어쩌다가 서로 다른 자리를 택하면서 서로 다른 삶을 살아가는 것일까?

한 사람은 은총을 수령한다. 그러나 한 사람은 은총을 거부한다. 수령을 거부하는 사람에게서 반송된 은총은 반품처리가 되고 만다. 얼마나 많은 사람들이 하느님의 은총을 거절하는가? 얼마나 많은 사람들이 잔치자리를 거절하고 울타리 밖에서 서성거리는가? “종은 언제까지나 집에 머물러 있지 못하지만 아들은 언제까지나 집 안에 머물러 있다”(요8:35).

맏아들이 아버지의 권고를 거부하면서까지 들어가지 않고 바깥을 고집하는 이유 중 하나는 율법을 어기고 빗나간 동생을 아버지가 받아들였다는 사실 때문이다. 주리를 틀어서 다시 내쫓아도 과분할 그 녀석을 받아들이고 잔치까지 벌인다는 일은 있을 수 없는 일이라는 울분이다.

맏아들은 계명의 본뜻을 잘못 알고 있었다. 계명은 하느님에게서 내려오는 은총을 어떻게 받을 수 있는지 가르쳐 주는 지침이었다. 사람은 하느님에게서 내려오는 은혜를 받아들여야 사람답게 살아갈 수 있다. 은총을 거부하면 바른 삶 이뤄가기가 어렵다.

율법의 의미를 정리해보자. 첫째는 죄가 무엇인지 일러주는 기능이다. “율법에 비추어보지 않았다면 나는 죄가 무엇인지 알지 못하였을 것이다"(롬5:7). 또 보충설명이 따른다. 결국은 "죄를 죄로 드러나게 하려고, 죄가 율법을 방편으로 하여 (...) 죄를 극도로 죄답게 되게 하였다"(롬7:3-14).

율법의 두 번째 용도는 세상을 알게 하는 일이다. 사람이 자신의 힘으로는 율법을 지키면서 살아갈 수 없다는 사실을 깨닫게 하는 일이다. "율법은 범죄를 증가시키려고 끼여 들어온 것이다"(롬5:20). "우리는 율법이 신령한 것인 줄 안다. 그러나 나는 육정에 매인 존재로 죄 아래 팔린 몸이다. 내가 해야겠다고 생각하는 일은 하지 않고 도리어 해서는 안 된다고 생각하는 일을 한다(롬7:14-16). 율법을 실행하려고 하면 할수록 실패의 경험만 많아지면서 죄의식만 더 깊어진다. 결과적으로 율법은 실패를 경험하게 하여 자신의 힘으로는 사람답게 살아갈 수 없는 현실을 알게 만든다.

세 번째 의미는 율법을 통해서 사람이 자기 자신을 알아보게 되는 일이다. 율법은 거울과 같다. 거울 앞에 자신을 비추는 사람이 자신의 실상을 알게 된다. 자신을 아는 것이 삶의 기본이다. 자신을 알지 못하는 사람은 사실상 아무 것도 모르는 사람이다. 율법이라는 거울을 들여다보면서 비로소 단추를 잘못 꿰었다는 걸 알게 된다. 율법 앞에 자신을 비춰보기 전에는 자신만만했다. 그러나 자신의 눈으로 자신을 보니 할 말을 잃게 된다. 자신이 죄의 법의 포로가 되어서 해서는 안 될 일을 하고 있다는 뜻밖의 실상을 알게 된다.

"나는 육정에 매인 존재로서 죄 아래 팔린 몸이다. 나는 내가 하는 일을 도무지 알 수가 없다. 나는 선을 행하려는 의지는 있지만 그것을 실행하지는 않는다. 나는 내가 원하는 선은 행하지 않고 도리어 원하지 않는 악을 행한다. 내가 해서는 안 될 일을 하면, 그것을 하는 것은 내가 아니라 내 속에 자리를 잡고 있는 죄다. 내가 속사람으로는 하느님의 법을 즐거워하나 내 지체에는 다른 법이 있어서 내 마음의 법과 맞서서 싸우며, 내 지체에 있는 죄의 법에 나를 포로로 만드는 것을 본다"(롬7:14-23).

넷째 의미는 이것이다. 율법을 실행하려는 노력이 완전하게 실패하면서 죄의 세력이 얼마나 강력한지 그것을 상대하기에는 자신이 얼마나 나약한지를 비참하게 경험한다. 그러면서 더 이상은 버티기 어려운 그 실패의 자리에서 살아가는 방법을 바꾸지 않을 수 없다. 지금까지 살아오던 방식을 더 이상 고집할 수가 없다. 지금까지 살아오는 능동태 방식에서 수동태로 180도 전환하게 된다. 율법을 방편으로 해서 사람들은 실패를 경험하게 되고 그 실패를 통하여 죄를 알게 되고 세상을 알게 되고 자신을 알게 되어서 자신이 자신을 구원하고 완성하려는 야심을 포기하게 된다. 비로소 기도의 필요성을 인정하게 된다.

"아, 나는 비참한 사람이다. 누가 이 죽음의 몸에서 나를 건져 주겠나?"(롬7:24). 율법은 사람이 자신을 경험하게 해서 자신을 알게 하는 중요한 구실을 한다. 자신이 자기를 의롭게 만들기는 불가능하다는 것을 율법에서 배운다. 자신이 자기 자신을 들어 올리지 못한다. 자신이 물속에서 자신을 건져내지 못한다. 자신을 구원하려고 노력하는 일은 자신이 자기를 낳으려고 하는 일과 마찬가지다. 하느님에게서 내려온 의(義)만이 사람을 움직여 주는 시동(始動)이 될 수 있다.

율법이 사람은 하느님이 주는 의를 바탕으로 삼고 살아갈 수밖에 없다는 사실을 일러준다. 율법을 행하여 자신이 자기 의(義)를 성취하려고 했던 시도는 실로 허망한 시도였다. 율법을 실행하여 자신을 완성하려던 사업이 완전한 실패로 부도(不渡)처리 되면서 사람은 자신의 한계를 터득하게 되었다. 인간이 노력하면 노력할수록 실패는 더 커지므로 자신에게 절망할 수밖에 없다는 것을 철저하게 배운다. 율법의 의미를 루터에게서 배우자.

율법은 우리에게 여러 가지 선행을 가르치고 규정하지만 그렇다고 해서 그대로 되는 것은 아니다. 율법은 지시는 하지만 조력은 하지 않는다. 무엇을 해야 하는지 가르치지만 실행할 힘을 주지 않는다. 율법은 단지 인간이 이것을 통하여 선에 대하여 무능하다는 것을 깨닫고 자기 자신을 믿을 수 없다는 것을 알게 하는 데에만 소용이 있을 뿐이다. 인간은 자기의 무능력을 계명으로부터 배운다(그리스도인의 자유, 추인해 옮김,p.19).

하느님의 마음은 안식일이 사람의 후생과 복지를 위해서 도움이 되기를 바랄뿐이다. 하느님의 마음에는 모든 계명들이 사람들이 바르게 살아가는 일에 보탬이 되기를 바랄뿐이다. 계명을 통해서 자신을 알고 은총을 누리는 삶의 방식을 터득하기를 바랄 뿐이다. 그것이 율법의 의미 전부다. 덧붙이지 말자.

그것을 지켰느냐 아니냐를 따라서 미운 자식이 생기고 고운 자식이 생기는 게 결코 아니다. 누구를 채찍질하고 누구를 감싸 안는 게 아니다. 계명이 하느님을 위해서 있는 게 아니고 본시 사람을 위한 생활지침일 뿐이라는 사실을 맏아들은 까맣게 모르고 있었다.

26 ■ 종살이의 영 : 아들의 영

맏아들은 극상품 포도였다. 둘째나 셋째에 비해서 그에게 주어지는 정신적 물질적 특혜는 뚜렷하게 차이가 난다. 그런데 이상하게도 그 결실은 시원치 않다. 가인도 장자였고 에서도 장자였다. 비유 속에 나오는 장자도 제대로 살지 못하고 있다. 왜 극상품 포도가 들포도 짓을 하고 있을까? 심는 대로 거둔다고 하는 원리가 장자들의 경우에는 맞지 않는 건가?

에서는 장남이다. 그런데 내부적으로 늘 흔들리고 쫓긴다. 안이 흔들리니 따라서 바깥이 흔들리고 어긋나는 일들이 꼬리를 문다. 에서는 자신에 대한 아버지의 믿음을 실감하지 못했다. 동생이 자신을 존경하고 사랑한다는 걸 한 번도 실감해 본 일이 없다. 무엇보다도 자신이 자기를 신뢰해지지 않아서 언제나 주저하며 뒷걸음을 쳐야만 한다. 그러니까 상황마다 처리를 잘못 한다. 일마다 사고를 친다. 호적상으로는 장남이지만 동생에게 늘 밀리고 쫓긴다는 느낌에 빠져 있다.

야곱은 호적상으로는 둘째다. 그렇지만 몸과 마음은 언제나 자신감으로 넘쳤다. 자신에 대한 아버지의 사랑이 항상 실감이 났고, 마주하는 상황마다 밀리지 않는다는 자신감이 넘쳤고 무엇보다도 자기가 보기에 자신이란 녀석이 꽤 괜찮아 보였다. 실수를 많이 하지만 그것을 통해서 많은 공부를 한다는 사실을 알기 때문에 실수를 놓고 마음을 오래 끓이지도 않았다. 그러다 보니 모든 문제들이 순조롭게 정리가 되었다. 물론 힘들고 어려운 일들도 많았지만 결과를 놓고 보면 다 유익한 일들이었다. 그는 어떤 상황에 놓이던지 수처작주(隨處作主, 어떤 상황에서도 주인 마음으로 살아간다)하면서 아들 정신으로 살았다. 맏이는 맏이이면서도 밀리고 처져서 사는 일을 강 건너 불구경하듯 했다. 자신의 일도 남의 일로만 느껴졌다.

성서의 증언을 살펴보자. "종은 언제든지 집에 머물러 있지 못하지만 아들은 언제까지 머물러 있다"(요8:35). 호적상으로는 장남인 사람이 밖에서 속을 끓인다. 왜 이런 일이 벌어지는가? 이 사람은 엄연한 장남이지만 자신을 종이라고 느끼면서 살아간다. 자신은 어디를 봐도 종이다. 어디서나 언제나 무슨 일에나 종 신세다. 항상 종 짓을 한다. 종 짓하는 것이 속 편하다. 아들로 처신하기는 체질에 맞지 않는 음식을 먹은 것처럼 불편하고 힘들다. 그래서 늘 밖에서 서성거린다. 안으로 들어가기가 꼭 남의 집에 들어가는 것처럼 주저된다. 그러면서 늘 배가 고프다. 집안을 훔쳐보려니 언제부터인지 벌써 등이 굽었다.

두 사람에게서 나타나는 이 역전 현상을 어떻게 봐야 하는가? 한 사람은 집안에 머무르면서 편안을 느끼고 다른 한 사람은 밖에서 서성거리는 게 마음 편하다. 왜 이런 차이가 생길까? 바울의 설명을 들어보자. "그대들은 두려움에 빠뜨리는 종살이의 영을 받은 것이 아니라 아들로 삼으시는 영을 받았다"(롬8:15). 안에서 편하게 지내는 사람은 자신이 아들인 줄 알기 때문에 두려움이 없다. 밖으로만 나도는 사람은 자신을 종으로 알기 때문에 두려워서 들어가지 못한다.

스스로 종살이를 하는 셈이다.

둘째는, 많은 시행착오를 겪었지만 지금은 집 안에 있는 것이 편하고 좋다. 아들은 아버지를 존경하고 형을 사랑하며 자신을 신뢰한다. 자신에 대한 아버지의 믿음을, 자신에 대한 형의 숨겨진 사랑을, 자신에 대한 자신의 신뢰를 언제나 경험한다.

27 ▪ 탐심(貪心)

하느님의 재창조는 끊임없이 이어지지만 사람들이 빗나가는 인간 현상도 못지않게 끈질기다. 사람 주변에는 항상 헛것들이 설친다. 실체도 아니고 필요한 것도 아닌데 항상 떠나지 않고 사람 주변을 맴돈다. 먹어도 배가 고프다. 입을 만큼 입었는데도 춥다. 쫓아오는 이가 없는데도 쫓긴다. 왜 이러고 있을까? 왜 헛것에 이리들 쫓기는가?

아버지는 작은 아들 환영 잔치가 진행되고 있는 자리에 있었지만 거기에 있는 것은 다만 몸뿐이었고 마음은 큰 아들이 버티고 있는 마당에 가 있었다. 큰 아들이 문을 열고 들어오는지에 신경이 묶여서 걸음걸이가 얽혀서 몇 번을 동그라질 뻔했다. 큰 아들이 잔치자리로 들어오기를 마음 졸여 기대하던 아버지는 종들에게 같은 질문을 몇 번이나 되풀이했고, 종들로부터 같은 대답을 몇 번이나 들었다.

"안 들어오시겠답니다." 아버지는 세상 살아오며 이렇게 힘들고 곤혹스러운 상황은 처음인 것만 같았다. 산전수전에 아니 겪어 본 일이 없지만 세상에 이렇게 모질고 불편한 경우가 다 있단 말인가? 숨을 쉬고 싶지 않을 만큼 마음이 안 좋다. 살아 있기가 죽음보다 더 힘겨웠다. 아버지이기가 이렇게 가혹하다는 걸 미리 안다면야 어느 정신없는 인간이 자식을 낳아 기르려 하겠는가? 아들놈이 제법 나이를 먹었건만 하는 짓을 보면 억장이 무너진다. 아버지 보기에 아들 녀석이 외모는 자기를 닮은 데가 있는 것 같으나 그 마음으로는 멀고 다르기가 마치 외계인을 만나는 것처럼 낯설고 아득했다. 그렇게 남남이었다. 자식하고 이심전심하면서 체온을 서로 느낄 수 있다면 얼마나 마음이 따뜻해질까 하는 생각을 여러 번 해왔다. 자식이 아비의 마음을 십분의 일이라도 알아준다면 얼마나 속이 후련할까 생각하니 매캐하고 마른 눈물이 쏟아졌다.

아버지는 심통을 부리는 큰 아들에게로 나아갔다. 마치 경기장으로 올라가는 격투기 선수처럼 몸에 힘을 끌어 모으며 나아갔다. 그러나 힘이 모아지는 것이 아니라 있던 힘도 사방으로 빠져나가면서 주저앉을 것만 같았다. 뛴다고는 했으나 한 걸음도 제대로 걸어지지 않는 불안한 움직임이었다. 눈꺼풀이 무겁게 내리덮이고 동자는 건조해서 주변이 제대로 파악되는 것이 없다. 종의 부축을 받고서야 아들에게 겨우 다가갔다. 내심으로는 아들이 아버지가 얼마나 힘겨운지 약간이라도 느끼면서 얼마간의 동정이라도 베풀어 주기를 구걸하고 있었다. 아버지가 제 동생 때문에 얼마나 힘겹고 서러운 날들을 보냈는지 눈곱만큼이라도 알아차리면서 동정을 베풀어 주기를, 측은하게 동냥질을 하고 있었다.

그것도 자식에게서 어설픈 동정을 받고자 해서가 아니고, 이런 상황을 보면서 아들 내부에 어떤 마음의 움직임이라도 일어나서 아들녀석이 조금이라도 철이 들었으면 얼마나 좋을까 하는 부질없는 희망 때문이었다. 아니라면 그까짓 어설픈 동정이 무슨 소용이 있을리 없다. 서푼짜리 동정이 자신을 위한 거라면 그 따위 동정은 속만 뒤집어 놓을 일이다. 자식을 껴안고 살아보려 하니 기막힌 생각을 다 해보고 있다. 아버지는 자신의 이런 내부 움직임을 남의 일 건너다보듯 하다가 너무 서럽고 자존심이 상해서 그리고 자신이 너무 측은하다는 생각이 들어서 세상 그만 살았으면 좋겠다는 생각이 전신을 옥죄었다.

집을 떠났던 둘째 놈 때문에 아버지는 얼마나 힘들게 속을 끓였던가? 그 난리 속에서 머리털이 양털 색깔이 되었고 눈은 침침해져서 뜬 건지 감은 건지 별로 차이가 없게 되었다. 그것으로 끝이 아니었다. 아버지는 전혀 예상 못했던 또 하나의 암초에 걸려 배가 갈아 앉고 있는 상황이다. 떠난 아들놈 때문에 애간장이 녹아내리는 날들을 살고 이제 겨우 숨을 돌렸는데 이게 웬 일인가? 단 한 번도 집을 떠나본 일이 없는 모범생 아들놈이 눈을 똑바로 뜨고 대드는 것이다. 저놈 같으면 속 썩을 일이 하나도 없겠다 싶던 그 놈이 지금 기를 쓰고 대들고 있다. 이런 일이 벌어지리라고는 상상도 못했다.

큰 아들은 화가 나서 집으로 들어가려고 하지 않았다. 아버지가 나와서 그를 달랬다. 그러나 그는 아버지에게 말했다. '나는 이렇게 여러 해를 두고 아버지를 섬기고 있고, 아버지의 명령을 한 번도 어긴 일이 없는데, 나에게는 친구들과 함께 즐기라고 염소 새끼 한 마리도 주신 일이 없습니다. 그런데 창녀들과 어울려서 아버지의 재산을 다 삼켜버린 이 아들이 오니까 그를 위해서는 살찐 송아지를 잡으셨습니다(눅15:28-30).

아버지는 아들의 말을 들으면서 놀라서 주저앉을 뻔했다. 이 녀석이 내 아들이 맞는지 의심이 들었다. 전혀 남남이었다. 아들인 줄 알고 아버지인 줄 알고 지낸 일들이 허망하기만 했다. 차라리 아무런 인연이 닿지 않는 외계인이었더라면 인생 상황이 얼마나 간단할까 싶고, 인생이 어쩌다 이렇게 꼬였을까 생각하니 드나드는 공기 덩어리가 신음되어 들락거렸다. '나는 누구인가? 그리고 너는 누구냐? 그리고 너와 나와는 무슨 관계냐?' 제 정신을 놓친 것 같은 몽롱함을 느끼면서 아버지는 흙바닥에 주저앉다시피 했다. 정신이 들어왔다 나갔다 한다. 목숨도 왔다 갔다 하는 모양이다. 아무러면 어떠한가.

이 녀석이 제 동생 돌아온 것을 마음으로 기뻐하고 축하연을 함께 즐기면서 아들 노릇과 형 노릇을 원만하게 하면 얼마나 좋을까? 녀석이 너무도 생뚱맞게 놀부 짓을 한다는 것이 기막힌 현실이다. 제가 언제 놀부 구경을 했다고 놀부 짓을 한단 말인가? 그 미련한 놀부 녀석은 심술부리느라 한국 땅을 벗어난 일이 없다. 놀부하면 한국이라는 나라가 종주국이다. 그런데 네가 어디서 로열티 한 푼 안 내고 멋대로 놀부 짓을 한단 말이냐? 알고 보니 그 땅에서 장자로 태어난 녀석들이 한국산(産) 놀부 뺨을 때린다. 이들 장자로 태어난 녀석들이 모두 비슷하게 놀부 짓들을 하는 거다. 아버지에게는 인생길이 갈수록 태산이다. 인생 길 외롭기가 이렇게까지 독하게 외로울 줄은 짐작도 못했다.

아! 아들은 아버지를 상대로 해서 냉혹한 장사를 하고 있었다. 아버지가 아들을 생각하는 바와는 정면으로 어긋나는 계산을 하고 있었다. 아들을 향한 아버지의 마음과 아버지를 대하는 아들의 마음이 이 정도로 다를 수가 있는가? 계산! '아버지를 섬겼다!' 그러나 '내게는 아무 것도 주지 않았다!' 아버지는 아들하고 계산을 할 수 없다. 그러나 아들은 아버지를 상대로 계산을 하고 있었다. 그런 아들을 보면서 아버지는 숨이 막힐 뻔했다. 너무 서럽다. 얘가 내 아들 맞나? 내가 얘 애비인 게 맞나? 어안이 벙벙하다. 눈이 흐릿하고 귀가 멍멍하다. 안팎이 다 엉키면서 어디까지가 나이고 어디까지가 아들 녀석인지조차도 모를 일이다. 계산이란 얼마나 비인간적인 작업인가?

그 본성상 아들과 계산을 할 수 없는 아버지가 아들에게 말한다. "얘야, 너는 늘 나와 함께 있으니, 내가 가진 모든 것은 다 네 것이다"(눅15:31). 계산이란 얄팍한 꼼수밖에는 아는 것이 없는 아들에게 정말 필요한 이치를 일러 들려준다. 나이만 먹었지 아들 녀석의 사람됨이 점점 더 빗나가는 것 같아 가슴 속이 답답하기만 하다.

맏아들 녀석이 제 동생에 대해 그토록 형답지 못한 감정을 가지고 있는 것이 답답하기만 하다. 형 녀석의 마음속에는 아우에 대한 불편한 심기가 늘 끓고 있다. 아우는 '창녀와 함께 아버지의 재산을 말아먹은' 없어져야만 할 녀석이다. 아우 녀석은 태어나지 말았어야 할 망나니였다. 아우가 형을 힘들어 하는 그 이상으로 형이 아우를 불편하게 생각하면서 지금까지 간신히 지내온 터였다. 그것이 형제간이었다. 그러던 녀석이 제 발로 집을 나갔으니 얼마나 잘 된 노릇인가! 그런 녀석이 다시 돌아와? 말도 안 되는 소리다. 게다가 그 녀석이 돌아왔다고 잔치를 벌여? 말도 안 되는 소리다.

형들은 왜 이러는가? 에서는 여기 나오는 장자와 마찬가지로 동생 때문에 힘들어 하는 세월을 보냈다. 동생 녀석들이 원인을 제공해서 구석에 몰린 형들이 힘들어 하게 되었다고 볼 수도 있겠지만 사실 장자들은 아우들에게 그런 적대감을 가지지 말았어야 한다. 그 적대감 속에서 스스로 무너지고 마는 것이다. 에서는 끝내 밀려나고 말았다. 비유 중에 나오는 장자는 달래는 아버지의 권유를 받고 어떻게 반응했을까? 잔치자리로 들어갔을까? 그렇기만 하다면 늦기는 했지만 자기를 다듬으며 사람답게 살아가게 되었을 것이다. 아니면 계속해서 자신을 허물어가는 길을 갔을까?

장자가 '안 들어간다'를 고집하면서 울타리 밖에 있기를 고수했다면 에서를 비롯한 다른 장자들처럼 그 역시 뒤지고 밀리는 역전 상황의 주인공이 되고 말았을 터이다. 다윗의 아들 압쌀롬이 그토록 섣부르게 권력쟁탈전에 뛰어들어서 비참한 종말을 맞이한 이유들 중 하나는 동생들에게 밀리지 않을까 하는 조바심 때문이었을 가능성이 많다. 쫓아가는 사람들도 문제를 많이 일으키지만 쫓기는 사람들이 더 많은 문제를 일으키기 마련이다.

아우를 죽인 가인은 아주 극단적인 예다. 그는 아우에게 매우 심한 적개심을 품고 있었다. 극심한 증오심을 가지고 일을 저질렀으면서도 자신의 행동을 후회하는 가책이 깊어서 안에서 늘 "네 아우 아벨이 어디 있느냐?"는 소리가 울렸다. 그래서 하늘에 대고 소리를 지르기도 여러 번이었다. "내가 아우를 지키는 자냐?" 제 아무리 자기 합리화의 소리를 울부짖어도 "네 아우 아벨이 어디 있느냐?"는 내면의 소리는 결코 침묵하지 않았다.

28 ▪ 걸신(乞神)

맏이들이 이렇게 난조를 보이는 까닭은 무엇일까? 가지고 있는 것을 빼앗기지 않으려는 헛발질이 중요한 이유 중 하나다. 또 다른 하나는 이미 가지고 있는 것 외에 더 가지려는 불필요한 헛발질이다. 뻐꾸기는 순진한 멧새가 알을 낳고 새끼가 알을 깨고 나오기를 기다리는 그 보금자리에 자신의 알을 낳는다. 엉큼한 뻐꾸기는 자신의 새끼가 멧새 새끼보다 먼저 알깨기를 하도록 제 알 속에다 프로그램을 깔아 놨다.

먼저 깨어난 뻐꾸기 새끼는 나중에 태어난 멧새 새끼들을 전부 둥지 밖으로 밀어내 없애고 둥지와 먹이를 독차지 한다. 착하기만 한 멧새 어미는 뻐꾸기 새끼가 제 새끼인 줄 알고 지극정성으로 길러서 우량아로 키워낸다. 어미 멧새는 제 새끼가 다 밀려나서 나무 밑에 떨어져 개미 밥이 된 사실을 짐작도 못한다.

맏이는 뻐꾸기 새끼인가? 아우와 공존하는 것이 그렇게 힘이 드는가? 거짓 배고픔에 묶여서 놀부 짓을 계속하는 일에만 익숙한가? 이미 충분히 먹었는데도 허기를 느낀다. 이 거짓 허기가 탐심을 작동시켜서 맏이를 다무니없는 이상행동으로 몰아넣는다. 그래서 과식과 과음이 일상화되고 그 부작용들 때문에 힘들어하는 신세가 되고 만다.

이사야는 묻는다. "내가 나의 포도원을 가꾸면서 빠뜨린 것이 무엇이냐? 내가 하지 않은 일이라도 있느냐? 나는 좋은 포도가 맺기를 기다렸는데 어찌하여 들포도가 열렸느냐?"(사5:4).

언제 어디서 극상품 포도가 들포도로 변종되는 이변이 일어났을까? 성서는 존재(存在)의 문제를 삶의 중심과제로 삼아야 한다고 가르친다. 이스라엘 예언자들은 이 노선을 지키기 위해서 치열하게 싸웠다. 엘리야가 소유(所有)를 중심문제로 삼는 바알의 선지자들과 싸운 것이 그 대표적인 예다. 예언자들은 존재 문제를 비켜놓고 소유를 우선시하는 바알 숭배자들과 언제나 맞섰다. 극상품 포도는 존재의 문제를 중심원리로 살아가는 사람을 그린 그림인데 이것이 어쩌다 변종이 되어 소유 위주로 살아가는 들포도가 되었는가?

이 문제는 실질적 논의가 필요한 주요 문제다. 존재(存在)를 삶의 원리로 삼을 것인가? 아니면 소유(所有)를 삶의 중심 원리로 삼을 것인가? 소유 원리로 살아간다면 끝없는 허기와 과식의 부작용 때문에 생기는 갈등과 분쟁을 피할 길이 영원히 없을 것이다. 오늘 인류가 당면하고 있는 그 모든 문제점들의 근본은 소유원리로 살아가면서 발생되는 문제점들이다. 존재 원리로 살아가는 길을 택할 때 인류가 당면하고 있는 모든 문제점들을 정리할 수 있을 것이다.

배부른 맏아들들이 좋은 조건을 누리면서도 그렇게 무너지는 이유는 무엇일까? 왜 그들은 그토록 초조해 하다가 그토록 쫓기다가 그토록 무리수를 두다가 결국은 쫓기고 밀려서 아우에게 뒤지고 마는 것일까? 성서는 앞서 가던 사람이 뒤처지고 뒤에 가던 사람이 앞

서게 되는 경우를 여러 번 일러준다. 그 배경을 살펴보자. 노자(老子)의 가르침에서 실마리를 찾아보자,

물건을 간직하여 가득 채우는 것은 차라리 갖지 않음만 못하고, 칼을 쥐고 갈아서 날을 예리하게 하는 것은 도리어 칼날을 오래 지탱할 수 없게 한다. 금과 옥이 집에 가득하면 그것들을 지켜낼 수 없고, 부귀하다고 교만하면 허물을 남기게 된다. 업적이 이루어져 명성이 뒤따라도 마다하고 물러나는 것이 하늘의 도리이다(도덕경 9).

굶는 일은 견디기 어려운 일이다. 그러나 굶기보다 더 어려운 일은 과식이다. 과식 증세는 몸으로도 고통이지만 정신적으로 나타날 때에는 정말 고통이다. 비어있음의 여유 공간이 없이 가득 차 있다는 것은 재앙이나 다름없다. 역대 최대 최강을 자랑하던 로마제국은 왜 멸망했을까?

로마 제국을 무너뜨린 근본 원인은 바로 과식과 관계가 있다. 로마 시민들, 그 가운데서도 상류층 사람들의 사치가 한계선을 멀찍이 넘어섰다. 모두들 배부르고 사치스럽게 살았다. 그런데 이상한 증후가 여기저기서 나타났다. 상류층이 건강 이상에 시달렸고 사치스러움의 정점에 있는 황제들 중 70%가 신체적으로 그리고 정신적으로 탈이 나서 고생을 했고 그러다가 죽었다.

로마 사람들은 자신들의 상수도 시설에 큰 자부심을 가지고 살았다. 그들은 납을 재료로 해서 수도관을 만들었다. 비용도 적게 들고 공정이 편리해서였다. 그들은 이 상수도 시설을 가능한 데까지 확장시켜 나가면서 자신들의 기술을 뽐냈다. 그러면서 납으로 만든 배수

관에서 나오는 그 물을 마시고 그 물로 목욕을 하며 그 물로 음식을 만들었다.

그들은 납으로 만들어진 각종 생활기구로 멋과 편의와 여유를 즐겼다. 각종 조리기구가 모두 납으로 만들어졌다. 입을 즐겁게 하자니 조리과정과 절차는 더 복잡해졌고 조리 시간은 갈수록 늘어났다. 그러는 동안에 우러난 납 성분은 음식물 속으로 숨어들었다. 그 결과가 얼마나 비참할 것인지 깜깜 모른 채, 여인들은 긴 시간을 들여서 납 성분이 가득한 화장품으로 얼굴은 물론 전신을 치장했다.

그러는 동안에 사치의 정점에 있는 황제가 몸과 정신에 이상이 왔고 그러면서 죽어갔다. 상류층들이 다음으로 그렇게 고통을 당하다가 죽어갔다. 위로 올라갈수록 과식과납 중독 정도가 심했다. 그들이 누릴 수 있는 특권으로 그들은 독을 먹고 마시고 바르고 그랬던 것이다. 그것이 특권이고 자랑인 줄만 알았지 그것이 스스로 선택해서 마시는 독배(毒杯)인 줄은 몰랐다.

그렇게 해서 로마인들은 죽어갔고 그들의 제국은 무너져 내렸다. 이런 불행에 대하여 성서는 이렇게 경고한다. “너희가 더 찾을 것이 없을 때까지 집에 집을 더하고 밭에 밭을 늘려 나가 땅 한가운데서 홀로 살려고 하였으니 너희에게 재앙이 닥친다”(사5:8). 다시 노자의 가르침을 살펴보자. 성현들의 가르침은 모두 한결같다.

수레바퀴에 달린 30개의 살이 모두 바퀴의 안쪽 테인 곡(轂)으로 모이고, 그 곡의 한 가운데 뚫려 있는 빈 구멍에 축(軸)을 넣어야 수레가 제 구실을 할 수가 있다. 진흙을 이겨 그릇을 만들어도 그 속이 마땅히 비어야 그릇이 쓰임새를 얻고, 벽을 뚫어 문과 창을 내고 방을 만들어도 텅 빈 안이 있어야 방이 쓰임새를 얻는다. 그래서 있는 것을 이로움으로 삼고 없는 것을 쓰임새로 삼는다(도덕경11).

있는 것 가진 것만 제일인 줄 아는 무지와 혼란과 착각 속에서 헤매지 말고 바른 삶의 원리를 주목하자. 무지이위용(無之以爲用)이다. 없는 것으로 쓰임새를 삼는다. '없음'에서 모든 것이 쓸모를 얻는다. 그래서 유생어무(有生於無)다. 있음은 없음에서 나온다. 이것이 세상 돌아가는 기본 원리다. "욕심이 잉태하여 죄를 낳고 죄가 자라서 사망을 낳는다"고 성서는 가르친다. 욕심은 빈틈없이 채우려 한다. 그렇게 빈 틈 없이 채우고 나면 생명이 돌아가지 않으니 죽음에 이르는 수밖에 없다.

'있음'만이 살 길인 줄 알면서 길을 잘못 들더니 상황은 급속도로 나빠져 갔다. 사람이 이 문제로 자신을 얼마나 흉하게 망치는지 성서에서 그 예를 찾아보자.

나봇이 포도원을 하나 가지고 있었다. 그 포도원은 아합의 궁전 옆에 있었다. 아합이 나봇에게 그 포도원을 넘기라고 요구했다. 정원을 만들려고 하며, 대신에 더 좋은 포도원을 주겠다고 했다. 원하면 돈으로 계산을 해 줄 수도 있다고 했다. 나봇은 포도원이 조상의 유산이라는 점을 말하고 제안을 받아들이지 않았다. 아합은 궁으로 돌아와 침대에 누워 얼굴을 돌리고 음식도 먹지 않았다.

그의 아내 이세벨이 아합을 안심시킨 뒤에, 아합의 이름으로 편지들 써서 나봇이 살고 있는 성읍의 장로들과 귀족들에게 보냈다. 거짓 증인을 동원하는 등 음모를 꾸며서 나봇을 죽이라는 내용이었다. 그들은 성 바깥으로 끌고 나가서, 나봇을 돌로 쳐 죽였다. (...) 하느님이 엘리야를 움직여서 아합에게 이렇게 말하도록 했다. '네가 살인을 하고, 또 재산을 빼앗기까지 하였느냐? 개들이 나봇의 피를 핥은 바로 그 곳에서 그 개들이 네 피도 핥을 것이다'(왕상21:1-20).

정신적인 면에서 나타내는 과식은 몸으로 나타내는 탐식(貪食) 증세보다 더 심각하다. 이른바 소유욕이다. 손으로 움키지 않으면 가만있지 못하는 병이다. 명예욕이 얼마나 사람을 괴롭게 하는가? 권력욕이 얼마나 사람을 괴롭게 하는가? 죽어야 비로소 치료되는 병이 탐심이 낳아놓은 명예욕이요, 권력욕이라는 불치병이다.

자본주의는 결국 물신(物神)숭배다. 거기서는 물신숭배를 피할 길이 없다. 그런 세상에 사는 사람은 대부분의 사람들이 걸신(乞神)에 씌어서 제정신을 잃고 살아간다. 아무리 먹어도 배고프고 아무리 입어도 춥기만 하다. 그러면서 사람은 점점 추악해진다. 탐심을 벗어나기 어려워 과식을 일삼는 허약한 인간들은 늘 허기(虛飢)에 시달린다. 먹어도 먹어도 배가 고프다. 마셔도 마셔도 목이 마르다. 먹어도 배고픈 허기, 마셔도 목마른 갈증은 무엇의 작용인가? 이 허기를 조장하는 세력은 이른바 걸신(乞神)이라는 귀신이다. 사람이 어쩌다 이 귀신에게 씌웠나?

사람은 원래 두 가지 음식을 먹어야 사람답게 기운을 차릴 수 있다. 하나는 밥이고 다른 하나는 말씀이다. 사람에게는 밥 배가 따로 있고 말씀 배가 별도로 있다. 밥 배는 밥으로 채워지기 마련이고 말씀 배는 말씀을 먹어야 채워진다. 문제는 밥으로 채워지는 밥 배는 채워졌는데도 계속해서 배가 고픈 거다. 새참까지 곁들여서 삼시 세끼를 다 먹었는데도 여전히 배는 고픈 거다. 물을 마시고 차를 마시고 술까지 마셨지만 여전히 목이 마르다.

밥 배는 찼는데도 여전히 배가 고프고, 배가 고프니까 또 먹는다. 그러니 과식의 고통이 따른다. 물 배는 찼는데도 계속 목이 마른다. 또 마신다. 과음의 고통으로 이어진다. 밥 배가 찼고 물 배가 찼는데도, 허기와 갈증이 계속되는 이유는 무엇인가? 그것은 밥 배와 물 배는 찼지만 말씀 배가 비어 있기 때문이다. 말씀 배에서 생기는 허기이니 말씀으로 채워야 하는데 밥과 물로 채우려 하니까 갈증과 허기는 더욱 심해지면서 병세가 악화된다.

성서에서는 허기를 증폭시키는 이 걸신을 바알이라 부른다. 이 바알 신은 사람들이 자신의 존재를 바로잡는 일에서 시선을 돌려서 소유의 문제에 집착하도록 작용한다. 소유에 대한 허기 때문에 소유하려 달려든다. 최 아무개라는 여인이 무슨 신들린 사람처럼 움직인다. 이런 사람들은 무엇이든지 자기 손으로 움켜쥐지 않으면 발광한다. 박 아무개라는 여인은 채워지지 않는 권력 소유욕에 제 정신을 잃고 나라를 통째로 사유화(私有化)하려다가 나라를 망쳐 놨다. 두 여인은 이세벨이 나라가 제 것이라는 착각 속에서 큰 일을 저지르는 것과 꼴이 똑같다.

이런 귀신들림으로 사람들을 몰아가는 것이 기름진 제물로 배를 불린 바알神이 하는 일이었다. 바알은 사람들이 존재의 문제는 까맣게 잊고 소유의 문제에 휘말려서 계속 밥만 먹게 만든다. 그러나 사람은 밥과 말씀 두 가지를 균형 있게 먹어야 한다. 밥을 알맞게 먹어 밥 배를 채우고, 말씀 배에 말씀을 채우는 균형 잡힌 식사를 해야 한다.

다윗 왕은 그래도 인간적인 면모가 있는 사람이었다. 그러나 권력에 취하면서 사람이 돌변했다. 권력의 비늘이 눈을 가리면서 바보짓을 하는 그저 그런 사람이 되었다. 여인의 모습이 그의 눈에 들어왔다. 순간 그는 그 여인이 자신의 것이라고 생각했다. 권력 맛을 보니 자신이 원하는 대로 모든 것을 가질 수 있다는 것이 몸에 배어 있는 착각이었다. 그녀의 남편이 누구인지, 뭘 하는 사람인지 다 알아보고 그 남편을 없애라고 명령했다. 살인 음모가 진행 된 뒤에 살인자는 여인을 자신의 침실로 데리고 왔다. 권력자는 원하는 대로 무엇이나 할 수 있는 자신의 권력을 스스로 감탄하면서 꿈같은 나날을 보내고 있었다. 사람들이 이렇게 어리석다. 그러나 느닷없이 시대의 양심인 예언자 나단이 나타나서 말을 건넸다.

어떤 성읍에 두 사람이 살았다. 한 사람은 부유하였고 한 사람은 가난하였다. 부자에게는 양과 소가 아주 많았다. 그러나 가난한 사람에게는 어린 양 한 마리밖에는 아무것도 없었다. (...) 그 부자에게 나그네 한 사람이 찾아왔다. 부자는 찾아온 손님을 대접하는 데, 자기의 양 떼나 소 떼에서는 한 마리도 잡기가 아까웠다. 그래서 그는 가난한 사람의 어린 양을 빼앗아다가 자기를 찾아온 사람에게 대접하였다(삼하12:4).

다윗은 나단이 하는 얘기를 듣고 몹시 분개하면서 그 정도로 나쁜 사람은 천벌을 받아야 할 것이라고 큰 소리로 떠들어댔다. 다윗이 같잖게 행동하는 것을 조용히 지켜보던 나단이 다시 입을 열었다. "당신이 바로 그 사람이다. 당신은 그녀의 남편을 전쟁터에서 암몬 사람의 칼에 맞아 죽게 하고 그의 아내를 빼앗아 아내를 삼았다"(삼하12:7-10). 걸신은 거짓 허기를 이용해서 사람을 죽인다.

29 ▪ 아귀(餓鬼)

'없음'을 업신여기지 말아야 한다. 없음이 받쳐주지 않는 '있음'은 재앙이다. 맛있게 먹은 음식물이 없음으로 바뀌지 않으면 생명이 유지되지 못한다. 삶이란 곧 유무상통(有無相通)이다. 유와 무의 순환작용이 없으면 곧 경색(梗塞)이다. 음식도 더 먹고 싶다 할 때 수저를 놔야지, 있음에 얽매여서 싫도록 먹으면 사방에서 경색이 일어나 생명을 해치게 된다. 없음은 생명이 돌아가고 유지되는 필수 조건이다.

없음의 아름다움을 침착하게 이해하는 사람은 영문도 모르게 잘못 돌아가는 세상에 빠져죽지 않고 여유롭게 살아갈 수 있다. 많은 특혜 속에서 살아가면서도 중간에 잘못 되는 맏아들들을 보면서 교훈을 얻어야 한다. 세상에는 굶어서 죽는 사람도 많지만 과식으로 죽는 사람이 더 많다고 한다. 과식을 힘겨워하고 괴로워하는 사람들이 얼마나 많은가?

맏아들들의 실패 배경에 이 있음의 문제나 과식의 습성과 관계된 증세가 있을 것이다. 정량 이상을 먹는 일은 독을 먹는 일이다. 욕심은 항상 새로운 욕심을 생산한다. 욕심은 스스로 멈추는 법이 없다. 욕심은 너무 많이 채워서 없음의 공간이 없어져서 생명이 질식하게 하는 것은 아닐까? 내부에서 순환이 이뤄지지 않으면 그 생명체는 온갖 질병들의 훈련소가 되고 만다.

큰 아들이 금 수저로 밥을 먹는데 아우보다 더 배가 고프고 마음도 고프다. 있음과 없음의 환상이 조작해내는 허무맹랑한 미신 때문이다. 그 미신에 쫓긴 사람들은 주어진 우대 속에서 살면서도 품위를 지키지 못하고 엉뚱한 난조를 일으키면서 자신을 낭떠러지 아래로 밀어버린다.

99마리의 양을 가진 사람이 100을 채우려고 이웃이 가지고 있는 한 마리의 양을 빼앗았다는 서글픈 얘기를 성서에서 읽는다. 비유이기는 해도 그것은 엄연한 현실이다. 굶어서가 아니라 과식을 하려고 두리번거리는 것이다. 필수품을 구하는 것이 아니라 사치품을 사재기 하려고 사방으로 뛰어다닌다. 땅을 차지하기 위해서 생체 능력의 한계 밖으로 나가서 땅 찜을 하다가 출발점에 도착하지도 못하고 중간에 쓰러져 숨을 거두는 어리석은 사람 얘기도 있다. 제 정신으로 움직이는 사람은 드물다. 어리석은 농부만 헛것에 씌운 게 아니다. 없음의 유익함은 모르고 있음에 대한 강박장애에 쫓겨서 헛소리까지 한다.

어쩌다가 이상행동을 하는 사람들이 이렇게 흔하게 나타나는 걸까? 풀이나 나무는 자신에게 해당되는 열매를 맺는다. 자신의 본성에 따라 그것에 해당되는 열매를 스스로 맺는다. 사람들이 나타내는 사람의 것 같지 않은 이상한 열매들은 어쩌면 사람들 내부에 보이지 않는 변화가 일어났다는 얘기가 아닐까 싶다. 열매를 보면 그 나무를 안다. 사람들에게서 일어나는 증상들을 열매로 이해한다면 그 사람 내부에 큰 문제가 발생했다고 추정할 수 있다. 우물가로 나온 한 여인의 얘기를 읽어보자. 이 여인이 안고 있는 하느님 갈증의 문제를 살펴보자.

예수가 여인에게 말했다. "이 물을 마시는 사람은 다시 목마를 것이다. 그러나 내가 주는 물을 마시는 사람은 영원히 목마르지 않을 것이다." 여인이 그에게 말하였다. "선생님, 그 물을 나에게 주셔서 내가 목마르지도 않고 물을 길으러 여기까지 나오지도 않게 해주십시오." 예수가 여인에게 말했다. "가서 그대의 남편을 불러 오시오." 그 여인이 대답하였다. "나에게는 남편이 없습니다." "남편이 없다고 하는 그대의 말이 옳다. 그대에게는 남편이 다섯이나 있었고, 지금 같이 살고 있는 남자도 그대 남편이 아니니, 바로 말 하였소."(요4:13-18)

이 여인은 남자를 다섯씩이나 겪어야 했다. 얼마나 고달픈 여인인가? 지금도 남편이랄 수 없는 남자와 함께 살아야 하는 기막힌 상황이다. 같이 살고는 있지만 남편도 아닌 그 남성에게는 얼마나 기막힌 사연들이 많이 걸려 있을까? 숱한 남성들과 엮이면서 기막히게 험한 날들을 보냈는데 지금도 "내게는 남편이 없다" 해야 하며 "같이 살고 있는 남자도 남편은 아니다"라며 끝 모르게 얽혀 있는 신세를 한딘히는 여인의 목마름을 예수가 주목한다.

요한복음 8장에서 또 한 사람의 기구한 여인을 만난다. 이 여인은 간음하다가 붙들려서 군중들 앞에 끌려왔다. 여인이 몸으로 마음으로 겪는 고통은 이루 말할 수 없었다. 사람들이 그에게 퍼붓는 모멸감은 견뎌내기가 너무 가혹했다. 차라리 자신의 생명을 저만치 집어던져 버리면 좋으리라 생각했다. 이 지경이 되고서도 살아 있어야 한다는 것은 죽기보다 가혹했다. 그런 지경에 미친 듯이 달려들어 자신을 겁탈하던 짐승이 불현듯 떠올랐다. 그 짐승은 태연하게 이 상황에서 빠져나간 사실을 알고, 세상이 어찌 이렇게 돌아가나 원망스럽기만 했다. 그리고 사실상의 주범인 그 사나이에 대한 분노가 끓어올랐다. 살아 있기가 너무 복잡하고 힘들고 싫었다.

요한복음 4장에서 만나는 여인과 8장에서 만나는 여인을 같은 사람으로 읽으면 어떨까? 두 사람으로 두 갈래로 나뉜 얘기들을 더 이상 버티기 어려운 삶의 무게에 눌려 있는 한 여인에 관한 얘기로 읽고 싶다. 예수는 다 무너져서 스스로 일어날 힘도 의지도 없는 여인을 부축해서 일으켜 줬다. 매우 긴박하게 이뤄진 하느님의 재창조 작업의 현장이다. 사랑으로부터의 창조다.

여인이 호소했다. "다시는 목마르지 않을 그 물을 내게 주셔서 여기까지 물 길러 나오지 않게 해주십시오!" 여인은 마음의 갈증이 심해 목이 타는 나날을 지내고 있었다. 이 근본적인 목마름이 이어지고 있는데, 생활용수나 뜨자고 우물가를 찾아오는 일이 너무나 부자연스럽고 내키지 않는 일이었다. 여인은 장식품일 뿐인 물동이를 머리에 이고 다른 여인들이 모이지 않는 시간을 골라서 우물가를 찾았다. 동네 사람들은 남의 집 은밀한 사생활을 어떻게 그리 자세하게 잘 아는지 속이 상했다. 여인은 남들의 시선도 거북했고 그들이 자신에게 관심을 갖는 것도 싫었고 자신을 화제에 올리는 것도 싫었다. 까마득한 절벽 아래서 혼자 있고만 싶은 심정이었다.

원인치료는 아니지만 타들어가는 마음의 갈증을 물로라도 적시고 싶어 우물가를 찾았다. 또 정말 지워버리면 좋을 자신의 과거를 물로라도 씻어버리고 싶은 심정이 간절했다. 그리고 같이 살고 있는 그 남자조차 떳떳한 남편이 아니라는 이 기괴한 이 현실을 물청소로 씻어 내버리고 싶었다. 손이 닿지 않는 저 깊은 곳에 숨어 있는 목마름의 원인들을 눈 씻고 찾아보고 싶어서 그리고 자신의 것이지만 남의 것으로만 느껴지는 시든 생명에 물이라도 주면서 살아가는 흉내라도 내고 싶어서 우물가로 나왔다.

그러다가 예수를 만났다. 어쩌면 구면일 수도 있다. “나도 너를 정죄하지 않는다” 했던 그 여인일 수도 있다. 자세한 기록은 없지만 여인은 이 만남에서 많은 도움을 얻고 돌아갔으리라. 예수와의 만남은 여인이 힘들어하던 하느님 갈증을 푸는데 상당한 도움이 되었을 것이다. 아마도 여인은 다음 날부터 다른 여인들이 모이는 그 시간대에 자연스러운 마음으로 물을 뜨러 나왔을 것이다. 다른 여인들과 인사도 주고받으면서 훨씬 가벼운 발걸음으로 우물을 오가면서, 상쾌하게 들숨날숨을 하면서, 전혀 다른 사람인 듯 자신의 삶을 살아갔으리라. 관련된 붙박이 감각은 다 내려놓고 자신의 되어감을 단정하게 지키고 가꾸면서 맑게 살아갔으리라. 여인은 “나는 너를 정죄하지 않는다”는 음성과 “죄가 많은 곳에 은혜가 더욱 넘친다”는 가르침을 마음에 고이 간직하고 살았으리라.

Part 5

구원 : 창조의 완성

30 ▪ 도과(盜誇)

사람들이 갈증에 시달리게 되는 중요한 원인들 가운데 하나는 온 세상이 걸신(乞神)과 아귀(餓鬼)의 기운에 눌려서 더 갖기의 미신에 매몰되어 있기 때문이다. 에고 놀음이 물질 놀음과 맞물려 돌아가면서 세상이 온통 괴상한 몰골이 되었다. 모두가 난장판 되어 제 자리에 놓여 있는 것이 없다. 이 아무개와 김 아무개가 그런 식으로 살아가다가 그런 식으로 생을 마감하고 그런 모양의 정신과 인습을 뒤에 남긴다. 누구든지 이 더 가지기의 틀에서 벗어날 방법이 없다.

개인 개인이 모두 그 틀 속에 갇혔고, 사람들이 벗어날 수 없는 정치와 경제와 문화와 종교까지 모두 이 바알 정신의 수렁 속에 빠졌다. 어느 지방 자치단체가 납득이 안 가게 청사 건물을 크게 지어 놓고 광고까지 곁들이기를 "세계 최고"라고 했다. 또 어느 시(市)에서는 청사 건물을 너무 크게 지어서 관리비 감당이 어렵고, 여유 공간이 너무 많아 민간에게 건물 일부를 임대해야만 할 지경이라는 소식도 들었다. 이 청사 건물들을 모두 묶어서 오늘의 바벨탑이라고 부르면 어떨까? 울기도 그렇고 웃기 또한 쑥스러운 현실이다. 새끼에게 자기가 크다는 것을 보여주려다가 새끼 눈앞에서 배가 터져서 죽었다는 어미 개구리가 떠오른다. 노자(老子)의 가르침을 보자.

조정은 지나치게 위엄을 부리려 하고, 논밭은 심하게 잡초만 우거지며, 곡식창고는 텅텅 비어 있고, 조정에 붙어 있는 사람들의 복식은 화려해져 가며, 허리에다 예리한 칼을 차고, 먹고 마시는 일에 염증을 내며, 돈이 많아 아무리 써도 남는다. 이런 것들을 도과(盜誇)라 하는데, 백성들의 것을 훔쳐 허세를 부리는 짓들이 결코 도가 될 리 없다(도덕경 53).

백성들의 것을 훔쳐서 허세를 부리는 도과(盜誇)를 일삼으며 도과를 숨기려고 사치스런 복장으로 위장하며, 예리한 칼로 위협하며 평범한 음식물은 쳐어보기도 싫어 별난 음식이라야만 속이 풀리고 얼마나 많이 훔쳤는지 흥청망청해도 돈이 남아돌아간다. 그러면서 점점 더 위엄과 허세로 자신들의 부패를 가리려 하지만 가리는 것도 한계가 있다. 여기저기서 둑이 터지기 시작한다. 논밭은 잡초만 우거지며 곡식 창고는 텅텅 비게 된다. 이런 살림살이가 오래 갈 이는 만무하다. 꼬리가 길면 잡히기 마련이다. 이런 것이 맏아들의 정치이며 맏아들의 경제요, 이것이 맏아들의 문화요, 그러다가 무너지는 맏아들 현상이다.

개인 건강도 그렇고, 개인 살림살이도 그렇고, 여럿이 함께 끌고 나가는 사회의 건전성도 그렇고, 한 국가의 흥망성쇠도 그렇다. 갑(甲)질 의식이 그 속에 들어 있는 맏아들 병 증세는 그 종말이 멀지 않다는 신호다. 권력 주변에 있는 사람들이 예외 없이 이상행동을 하는 걸 보라. 거의 모든 사람이 권력에 취하여 스스로 권력의 노예가 되어 바보짓을 한다. 그렇게 하면 안 된다 하는 것을 세상이 다 알고 있는데도 정작 그걸 알아야 할 당사자는 모른다. 권력이란 비늘이 눈을 가리니 보일 까닭이 없다. 그러면서 상식에 반하는 어긋남을 계속 고집한다. 권력에 취하면 사람이 순식간 돌변하여 바보증세를 보이기 시작한다. 짐승들도 권력이 있고 서열이 있지만 저 죽을 짓은 안 한다.

사람을 심하게 비난하는 말로 짐승만도 못하다는 표현이 있다. 알고 보면 이 말은 특별한 경우에만 해당되는 것이 아니라 일반화시켜서도 사용할 수 있는 말이다. 사람이 짐승만도 못한 경우가 한두 가지가 아니기 때문이다. 짐승은 과식하지 않는 것으로 보인다. 누군가 동물 가운데 사람만이 쓰레기를 버린다고 했다. 과식과 쓰레기는 동전의 양면이다. 과식으로 고생을 한 뒤에야 제 정신이 들어 불필요한 것을 쓰레기로 버린다.

사치품은 필수품이 아니라는 걸 뒤늦게 터득하고 내다 버린다. 음식은 왜 그렇게 많이 만들고, 왜 그토록 정신 사납게 차리는가? 밥 한 공기에 반찬 두 세 가지면 생명 유지하는데 충분한 것 아닌가? 맏아들은 과식 위험에 근접해 있고 사치품의 유혹에 노출되어 있다. 전방 지역에 가보면 지뢰 표지판이 설치된 곳이 많다. 세상에는 지뢰보다 더 무서운 폭발물이 도처에 묻혀 있다. 음식이나 의복은 지뢰보다 더 위험한 물건일 수도 있다.

31 ▪ 가시나무

세상 모든 사람을 비참하게 만드는 갑질 문제를 더 생각해 보자. 권력에 취하여 바보짓 하던 사람들 치고 제대로 된 인생을 산 사람이 없으며 무사히 생명을 건진 이가 없다. 권력이란 실로 무서운 파괴력을 가지고 있는데, 이 권력은 끝까지 권력 남용자를 찾아내고 응징하는 성격을 가지고 있다.

이스라엘 백성이 이집트에서 나와 팔레스타인에 도착하여 미처 자리를 잡지 못한 혼란기에 일어난 일이다. 아비멜렉이란 사람이 불량배들을 끌어 모아서 지지 세력을 만든 뒤에 자기 형제 70명을 살해하고 왕이 되었다. 이런 비극적 상황에 대한 설명이 이렇게 되어 있다.

하루는 나무들이 기름을 부어 자기들의 왕을 세우려고 길을 나섰다. 그들은 올리브 나무에게 가서 말했다. '네가 우리의 왕이 되어라.' 그러나 올리브 나무는 그들에게 대답하였다. '내가 어찌 하느님과 사람을 영화롭게 하는 이 풍성한 기름을 내는 일을 그만두고 가서 다른 나무들 위에서 날뛰겠느냐?' 그래서 나무들은 무화과나무에게 말했다. '네가 와서 우리의 왕이 되어라.' 무화과나무도 그들에게 말했다. '내가 어찌 달고 맛있는 과일 맺기를 그만두고 가서 다른 나무들 위에서 날뛰겠느냐?' 그래서 나무들은 포도나무에게 말했다. '네가 와서 우리의 왕이 되어라.' 그러나 포도나무도 그들에게 말했다. '내가 어찌 하느님과 사람을 즐겁게 하는 포도주 내는 일을 그만두고 가서 다른 나무들 위에서 날뛰겠느냐?' 그래서 모든 나무들은 가시나무에게 가서 말했다. '네가 와서 우리의 왕이 되어라.' 그러자 가시나무가 나무들에게 말했다. '너희가 정말로 나에게 기름을 부어 너희의 왕으로 삼으려느냐? 그렇다면 와서 나의 그늘 아래로 피하여 숨어라. 그렇게 하지 않으면 이 가시덤불에서 불이 뿜어 나와서 레바논의 백향목을 살라 버릴 것이다'(삿9:4-15).

다른 나무들은 모두 왕이 되는 일을 사양했지만 가시나무는 선뜻 나섰다. 그는 불량배들을 뭉쳐서 세력을 만들어 자기 형제들을 죽인 바로 그 사람이다. 자신이 왕이 되기 위해서 살상을 주저하지 않았다. 권력을 손에 쥘 상황이 되자 지체 없이 달려들었으며 권력을 쥐

자마자 무서운 독재정치에 나섰다. '다 내 그늘 밑으로 들어와라. 말 안 들으면 가시나무에서 불이 나와 다 태워버릴 것이다.' 세상에는 올리브 나무나 무화과나무나 포도나무나 백향목만 있는 것이 아니라 찔러대며 날뛰면서 불을 뿜는 가시나무가 있기 마련이다.

권력이 얼마나 무서운 물건인지 살펴봤다. 왜 그럴까? 워낙 그 자체로 고약한 성질을 가지고 있는 에고와 권력은 아주 찰떡궁합이어서 양쪽의 나쁜 것만을 뭉쳐 가지고 나쁜 짓만 골라서 한다. 가시나무가 바로 그 경우다. 워낙 가시나무인 터에 에고 놀음의 최고 명당인 권좌에까지 올랐으니 이것은 '에고 플러스 권력'이라는 최악의 조합(組合)인 셈이다.

권력에 취해 백성 돌보는 일보다는 머리 손질과 얼굴 손질에 정신을 쏟다가 나라를 망가뜨린 지도자가 있었다. 그런 지도자를 둔 백성들은 얼마나 불쌍한가. 이 얼빠진 사람을 두고 백성 중 한 사람이 나라 걱정하며 하는 말이, 그 사람은 자기 아버지와 어머니의 나쁜 기질만을 합쳐 가지고 태어나서 바른 사람이 되어 정신 차리기는 어렵다며 무거운 한숨을 쉬었다. 나라가 사방에서 무너지고 있는 마당에 머리 손질한다고 만사를 팽개치는 그 도도함 덕분에 나라는 엉망진창이 되고 백성들은 할 말을 잃었다.

가시나무 지도자와는 다르게 바로 된 지도자는 그가 있는 줄조차 백성들은 모른다. 백성들이 왕을 의식하고 신경을 쓰게 되면 벌써 잘못된 것이다. 물론 백성들이 두려워할 뿐 아니라 업신여기기까지 하는 미련한 지도자도 있다. 슬기로운 지도자는 어떻게 처신하는가? 노자의 진술이 핵심을 지적해 준다.

가장 훌륭한 임금은 백성들만 생각한다. 다음으로 훌륭한 임금은 백성들이 가까이 하면서 모시고자 하고, 못난 임금은 백성이 두려워하면서 업신여긴다(도덕경 17).

세상 돌아가는 이치를 다시 생각해 보자. 세 종류의 지도자가 있다. 첫째 슬기로운 왕은 하루 종일 백성들만 생각하면서 자신을 잊는다. 그리고 백성들도 자신에게 신경을 쓰지 않고 잊어버리기를 바란다. 그러다 보니 백성들은 임금이 있는지조차도 의식하지 못한다. 지도자는 그 정도로 백성을 편안하게 해 준다. 그 다음 왕은 백성들이 왕의 존재를 의식하지만 그래도 친밀감을 느끼면서 가까이 가면서 모시고자 한다. 세 번째, 진정으로 어리석은 왕인데, 백성들이 그를 두려워하면서도 업신여긴다.

지도자가 바른 정신을 가지고 있으며 그가 왕이 가야 할 왕도를 걷는다면 특별히 손을 쓰는 일이 없어도 나라가 평안해지고 백성들이 평안을 누린다. 노자의 가르침을 보자.

내가 무위(無爲)하면 백성이 저절로 감화되고, 내가 무사(無事)하면 백성이 저절로 부유해지며, 내가 호정(好靜)하면 백성이 저절로 바르게 되고, 내가 무욕(無欲)하게 되면 백성이 저절로 순수해지며, 내가 무정(無情)하면 백성이 저절로 깨끗해진다(도덕경57).

백성을 평안하게만 하면 백성은 스스로 갈 길을 가며 스스로 해야 할 일을 한다. 스스로 바르게 되기도 하고 깨끗해지기도 한다. 지도자가 왜 자꾸 일을 꾸미고 저지르는가. 정략적으로 이러저런 일들을 벌이는 걸 백성들은 한눈에 알아차린다. 백성을 속이고 일을 꾸미려 하다가 도(道)에 맞지 않으면 일찍 망가지는(不道早已) 꼴을 만난다. 좁은 땅덩어리에 무슨 운하를 파며, 하고 많은 일 중에 하필이면 무슨 승마지원책 마련인가? 세상은 다 아는데 자기 혼자만 모르는 그 한 수를 모르다니 권력이란 참으로 추악한 놈인 것이 틀림없다.

대자의위하(大者宜爲下)다. 큰 사람은 당연히 아랫사람을 위해야 한다. 성인불상민(聖人不傷民)이다. 백성을 상하게 하는 것은 성인의 도리가 아니다. 진정한 왕도(王道)가 무엇인지 이해시켜 준다. 분수를 알고 정량에 만족하면서 살아가노라면 모든 과정이 순리롭게 진행될 것이다. 진정한 지도자의 길에 대하여 예수도 정확하게 가르쳤다.

너희는 지도자라는 호칭을 듣지 말아라. 너희 가운데서 으뜸가는 사람은 너희를 섬기는 사람이 되어야 한다. 자기를 높이는 사람은 낮아지고, 자기를 낮추는 사람은 높아질 것이다(마23:10-12). 이방 민족의 통치자들이 백성을 마구 내리누르고, 고관들은 백성에게 세도를 부린다. 그러나 너희는 그래서는 안 된다. 너희 가운데 위대하게 되고자 하는 사람은 누구든지 너희를 섬기는 사람이 되어야 하고, 너희 가운데서 으뜸이 되고자 하는 사람은 너희의 종이 되어야 한다. 인자는 섬김을 받으러 온 것이 아니라 섬기러 왔으며, 많은 사람을 위하여 자기 목숨을 몸값으로 치러 주려고 왔다(마20:25-28).

예수가 초청을 받은 사람들이 윗자리를 골라잡는 것을 보고 비유로 가르치셨다. 네가 혼인잔치에 초대를 받거든 높은 자리에 앉지 마라. 혹시 손님 가운데 너보다 더 귀한 사람이 초대받았을 경우에 너와 그를 초대한 사람이 와서 너더러 '이 분에게 자리를 내주시오' 하고 말할는지 모른다. 그러면 너는 부끄러워하면서 가장 낮은 자리로 내려앉게 될 것이다. 네가 초대를 받거든 맨 끝자리에 가서 앉아라. 그러면 너를 초청한 사람이 와서 '친구여 윗자리로 올라앉으시오'라고 말할 것이다. 그 때에 너는 함께 앉은 모든 사람 앞에서 영광을 받을 것이다. 누구든지 자기를 높이면 낮아질 것이요, 자기를 낮추면 높아질 것이다(눅14:7-11).

32 ▪ 정량(定量)만 먹기

어렸을 때는 놀이방식도 정말 여러 가지였다. 그 가운데 하나가 땅뺏기였다. 가위바위로 순서를 정한 뒤에 순서를 따라서 참가자는 엄지손가락을 축으로 세운 뒤에 손바닥을 거의 찢어지기 직전까지 벌여서 땅 바닥에 대고 돌린다. 그런 뒤에 손 자욱이 둥글게 나타난 부분이 손이 찢어질 뻔한 선수의 땅이 되는 놀이다.

아이들은 고통을 참아가면서 손을 크게 늘여서 손가락의 반지름이 길어지도록 애를 써서 더 넓게 땅을 차지하려고 진지하게 노력했다. 그렇게 진지하게 놀다가도 때가 되면 아이들은 손을 털면서 고생하며 확보한 자기 땅에는 한 점 미련 없이 집으로 돌아갔다. 돌아가는 아이들이 잊지 않고 하는 마지막 작업이 있었다. 아이들은 흙

먼지를 일으키면서 두 발로 손 자욱이 난 놀이 흔적을 지워버렸다. '다 소용 없는 짓이다!' 하는 듯이 말이다. 땅이 결코 누구의 소유가 될 수 없다는 것을 아는 듯이! 소유되지 않는 것을 소유할 수 있는 것처럼 착각하고 사는 것이 얼마나 허망한 일인 줄 아는 듯이!

토지 문제를 공(公) 개념으로 풀어가야 한다는 얘기가 더러 있었다. 사실 토지문제는 이미 그렇게 다루어지고 있다. 어려서 '여기가 우리 논이다' 하던 그 자리가 이미 우리 논이 아닌 것은 물론이고 원래의 소유자가 누구였는지 아는 사람도 없고 지금의 소유자가 누군지 알지 못한다. '우리 밭이다' 하던 곳도 마찬가지, '우리 산이다' 하던 곳도 마찬가지다. 산도 밭도 논도 있던 그 자리에 말없이 자리잡고 있지만 소유자도 변하고 관리인도 변한다. 그 논과 밭과 산의 실질적인 소유자는 하느님이라는 걸 실감하게 된다. 땅만 그런 것이 아니라 정치와 경제 영역에서 이와 관련된 모든 항목들이 표면적으로는 사람의 수중에 있는 것 같아도 깊이 보면 다 하느님의 수중에 있다는 걸 알게 된다.

굴러온 돌이 박힌 돌을 빼낸다는 말이 있다. 미국인들이 보여주는 행태가 그렇다. 박힌 돌로 자자손손 편안하게 살고 있는 토박이들에게 굴러온 돌이 달려들었다. 굴러온 돌이 박힌 돌을 빼내서 추방하면서 '여기는 내 땅이야' 하는 거다. 땅뺏기가 본격적으로 진행되어서 박힌 돌들은 모두 뽑혀서 노숙자가 되어버렸다. 염치없는 침입자들은 주변으로 다니면서 땅뺏기를 계속했다.

그런 염치없고 야만적인 짓을 일본 사람들이 따라 했다. 이웃 나라로 달려 들어가서 '이것은 내 땅이야' 하면서 도적짓을 했다. 영국인들이, 프랑스인들이, 나폴레옹이, 히틀러가 그런 짓을 했다.

역사 책 내용이 전부 그런 것들이다. 지도책은 늘 다시 그려야 한다. 한반도 삼국 사이에서 물고 물리는 영토분쟁, 중국 도처에서 일어났던 땅뺏기와 힘겨루기, 이스라엘 이웃 민족들 간에 끊이지 않던 영토 분쟁들은 모두 과식하겠다는 어리석음이 빚어내는 다툼들이다. 지금도 그 어리석은 다툼들이 계속되고 있다. 중국과 일본 사이에서, 일본과 러시아 사이에서, 중동지역에서, 중앙아시아에서, 남미와 북미에서 하루도 쉬지 않고 다툼이 이어진다. 정량주의가 정착되는 날 비로소 평화가 실현될 것이다.

과식은 배고픔보다 더 어렵다. 배고픔은 조금 참으면서 문제를 해결하면 되지만(오, 해결이 안 되는 경우는 없기를!) 자멸의 길인 과식은 자기가 먹으려고 남의 정량을 빼앗는 나쁜 짓에다 과식이 일으키는 부작용이 합쳐져서 배고픔보다 훨씬 더 큰 고통을 가져온다.

자연계에는 사치품이 없다. 식물도 동물도 그저 필수품만으로 살아간다. 식물이나 동물들은 순수하게 지금을 살고 여기에 만족하며 기초생활에 만족을 느낀다. 사람들은 필수품 외에 사치품에 마음이 쏠린다. 늘 더 가지기에 묶여 있기 때문에 만족한다는 일은 불가능한 신체와 심리의 구조를 가지고 있다. 계속해서 욕심은 또 다른 욕심을 발생시키기 때문에 죽음에 이르기까지는 이 악순환이 끝나지 않는다. 사람들은 바벨탑을 건축할 뿐만 아니라 그들의 행위를 자신들의 이름과 관련짓는 미묘한 에고의 세계를 가지고 살아가기 때문에 속 편할 날이 없다.

그들의 바벨탑 건축은 한 번으로 끝난 것이 아니다. 오늘 어디를 둘러봐도 변형된 바벨탑들이 하늘을 가린다. 더 갖기의 확대형인 패권주의가 세상을 불안하게 만든다. 더 갖기 위해서 사람들이 얼마나 포악해질 수 있는지 알려주는 참사가 일어났다. 종교와 정치가 하나로 엮이고 사람의 탐욕과 미련이 뒤섞이면서 만들어진 사건이다.

1532년 11월 16일 잉카의 황제 아타우알파와 스페인의 정복자 프란시스코 피사로가 페루의 고지대 도시인 카하마르카에서 마주쳤다. 아타우알파는 그 지역에서 가장 크게 융성한 잉카제국의 군주였고, 피사로는 유럽에서 가장 강력한 국가였던 로마제국의 황제의 대리인이었다. 168명의 오합지졸을 거느린 피사로를 대하는 아타우알파는 수백만의 자기 백성을 거느리고 있으며 8만 명의 정예군을 휘하에 거느리고 있었다. (...) 아타우파가 생포된 사건은 근대사에서 가장 큰 충돌이었다.

피사로는 비센테 데 발베르데 수사(修士)를 아타우알파에게 보내어 스페인 국왕의 이름으로 주 예수 그리스도의 율법에 복종하고 스페인 국왕을 섬길 것을 요구하도록 했다. 수사는 피사로에게로 돌아오면서 '나오시오, 기독교인들이여. 하느님의 일들을 거부하는 저 개 같은 적들을 물리치시오. 저 폭군이 내 성스러운 율법의 책을 땅에 던졌소. 어서 나와서 저 자를 치시오.'

그러자 대장은 칸디아에게 신호를 보냈고 칸디아는 당장 총을 쏘기 시작했다. (...) 168명의 스페인인은 5백배에 달하는 원주민 대군을 격파하면서도 단 한명도 전사하지 않았다. 잉카 군대는 겨우 돌, 청동기, 나무 곤봉, 갈고리 막대, 손도끼 그리고 물매와 헝겊 갑옷 등으로 맞설 수밖에 없었다. 아타우알파는 순진한 믿음에서 피사로가 판 함정에 빠졌다. (...) 피자로가 성공을 거두게 된 직접적 원인에는 총기, 쇠 무기, 말 등을 중심한 군사 기술, 유라시아 고유의 전염병, 해상기술, 유럽 국가들의 중앙집권적 정치 조직, 그리고 문자 등이었다(총,균,쇠, pp.94-114).

이후 잉카인들은 문명의 자취만 남기고 흔적 없이 사라지는 비운을 맞았다. 이런 비극은 피사로와 아타우알파에게서만 일어나는 일이 아니다. 수없이 많은 가해자 피사로들이 종횡무진 돌아다니면서 가해행위를 계속한다. 또 얼마나 많은 피해자 아타우알파들이 순진한 믿음과 허약한 자기방어 능력 때문에 허무하게 무너지고 함정에 빠지고 종래 흔적 없이 사라지는가!

사람들이 자신에게 주어진 정량(定量)만 먹고 수저를 내려놓는다면 평화롭게 살아갈 수 있을 것이다. 정량 이상을 먹으려 하니까 과식의 고통을 겪어야 하고 전쟁을 불러오기도 한다. 구약에 나오는 만나와 관련된 가르침은 그 감동이 은은하고 깊다.

(만나를 두고 모세가 말한다) '이것은 주께서 당신들에게 먹으라고 주신 양식이다. 주께서 당신들은 먹을 만큼씩만 거두라고 하셨다. 당신들 각 사람은 자기 장막 안에 있는 식구 수대로 식구 한 명에 한 오멜 씩 거두라고 하셨다.' 이스라엘 자손이 그대로 하니 많이 거두는 사람도 있고 적게 거두는 사람도 있었으나 오멜로 되어 보면 많이 거둔 사람도 남지 않고 적게 거둔 사람도 모자라지 않았다. 그들은 제각기 먹을 만큼씩 거둬들인 것이다. 모세가 그들에게 아무도 아침까지 그것을 남겨두지 말라고 했다. 그런데 어떤 사람들은 아침까지 그것을 남겨 두었다. 그랬더니 남겨둔 것에는 벌레가 생기고 악취가 풍겼다(출16:16-21).

정량을 넘는 것은 거둬들이기 고생만 했지 아무 소용도 없는 것들이다. 정량을 넘는 모든 것에는 벌레가 생기고 악취가 나기 마련이다. 정량만이 자신의 몫이라는 명확한 인식이 자리 잡는 세상이어야 한다.

소유에 관한 건전한 이해가 정착되지 않으면 이 세상이 편안한 세상이 되기는 어려울 것이다. 사람이 소유를 위하여 사는 것처럼 착각하는 병적인 소유 집착 증세가 치료되어야 한다. 예수의 가르침을 또 주목해 보자.

너희는 조심하여 온갖 탐욕을 멀리해라. 재산이 차고 넘치더라도 사람의 생명은 거기에 달려 있지 않다. 어떤 부자가 밭에서 많은 소출을 거두었다. 그는 많은 소출을 쌓아두기 위하여 곳간을 헐고 더 크게 지어서 곡식과 물건들을 거기에 다 쌓아 두기로 했다. 그리고 자신의 영혼에게 여러 해 동안 쓸 많은 물건을 쌓아두었으니 먹고 마시고 즐기자 하였다. 그에게 하느님이 말씀하셨다. '어리석은 사람아, 오늘 밤에 네 영혼을 네게서 도로 찾을 것이다. 그러면 네가 장만 한 것들이 뉘 것이 되겠느냐?'(눅12:15-20).

33 ■ 어린 아이의 일을 버리다

앞에서 살핀 대로 옛 사람들은 자신이 주변에서 경험한 것들을 하느님 밑그림으로 삼았다. 그 시대의 아들인 그들은 그 시대의 눈으로 하느님을 이해했다. 결국 하느님 이해는 그 시대의 산물일 수밖에 없는 셈이다. 한발 더 나가 생각할 일은 일반적으로 어떤 밑그림이나 매개 없이 직접 하느님을 그리기는 불가능했다는 점이다. 결국, 경험하지 못한 사실을 설명하자면 이미 경험한 것을 매개로 삼아야만 한다. 하늘의 상황을 말하기 위해서는 땅에 있는 무엇을 매개로 삼아야 한다.

그러니까 하느님을 신인동형론으로 설명하는 것은 일정 부분 불가피한 선택이기도 했다. 그러나 필요한대로 그것을 활용하는 과정에서 많은 문제점들이 들어나게 되었다. 하느님이 꼭 하느님을 말하는 사람을 닮는다는 사실이다. 하느님은 그를 말하는 사람의 투사물(投射物)이었다.

시대가 변하고 사람이 성숙해감에 따라서 하느님 그림도 달라지기 마련이다. 집필 시간차가 거의 없는 복음서들이 그려내는 예수의 모습도 각각이다. 마태가 그리는 예수와 마가가 그리는 예수, 누가가 그리는 예수와 요한이 그리는 예수의 모습은 다르다. 다르다고 해서 문제가 되는 것은 없다. 오히려 예수를 이해하는 폭이 넓어져서 한 쪽에서만 바라본 예수보다 더 깊게 그리고 입체적으로 이해하게 된다.

바울은 자신의 경험을 소개하면서 "장성한 사람이 되어서는 어린아이의 일을 버렸다"(고전13:11)고 말했다. 바울이 말하는 어린 아이의 일은 아마 신인동형론 방식을 빌려서 하느님을 이해하는 것을 두고 하는 말일 것이다. 이 신인동형론은 '하느님이 저 같은 줄 아나?' 하고 던지는 한 마디 반론에 꼼짝없이 입을 다물어야 할 만큼 허점이 많았다. 필요하기는 해도 장성한 사람들에게는 적절치 않은 방식이었다.

다행스럽게도 성서 자체 안에서도 시대를 지나면서 차츰 하느님 그림이 변하고 있다. 신약 시대로 넘어오고 사람들의 인지능력과 감성이 한참 성숙해지면서 하느님 그림은 이렇게 변했다.

"사랑은 하느님에게서 난 것이다. 사랑하는 사람은 다 하느님에게서 났고, 하느님을 안다. 사랑하지 않는 사람은 하느님을 알지 못한다. 하느님은 사랑이기 때문이다"(요일4:7-8).

하느님이 사랑이라는 설명은 예사롭지 않다. 신인동형론으로 그려지던 하느님은 사랑의 분위기와는 전혀 다른 그림이었다. 사람의 모습과 성품과 행동이 그대로 하느님에게 덮어씌우기가 되었다. 그러다가 '하느님은 사랑이다' 하는 새로운 그림이 나오면서 신인동형론적 이해는 전면적으로 재검토해야 하는 상황이 되었다.

더 나가서 '사랑하는 사람은 하느님에게서 낳았다'는 증언까지 나왔다. 하느님이 사랑이라면 하느님의 자녀들 또한 사랑하는 사람이 아닐 수 없다. 친자 검사를 해보니 유전자가 사랑이 아닌 다른 어떤 성분이라면 그를 어떻게 하느님 자식이라고 할 수 있겠느냐는 주장이다.

주장은 더 단호하게 나간다. '사랑하지 않는 사람은 하느님을 알 수가 없다'고 못 박는다. 사랑하지 않는 사람은 하느님의 자식이 아닌데 자식도 아닌 것이 어떻게 제 아버지를 알 수 있겠느냐는 말이다. 낳아놓지도 않았는데, 피 한 방울 섞인 일이 없는데 무슨 교감이 있어서 알아볼 수 있겠느냔 말이다. 성서에서 '안다'는 말은 단순한 지각활동이 아니다. '아직 남자를 알지 못하는 처녀'라고 말할 때 쓰이는 '알다'라는 말 속에 담겨 있는 그런 의미다. '너희가 게 맛을 알아?' 하는 우리말과도 같은 어감이다.

자세히 살피면 사랑이 구약성서에서도 가르침의 중심 주제였다. 말하자면 신구약을 일관하는 가르침은 하느님이 사랑의 속성을 가지고 있다는 것이다. 낯설고 생소하며 거리감이 있는 하느님으로 이해하는 경향은 원시 종교에서 흔히 볼 수 있는 타부(taboo) 현상과 맥을 같이 한다. 이런 스산한 분위기 안에서는 하느님은 겨우 敬而遠之(존경하지만 멀리한다)하는 객체일 수밖에 없다. 그런 객체로서의 존재는 순례자와의 사이에서 이뤄지는 사귐 안으로 들어올 수 없다. 그냥 강 건너의 구경거리나 말거리에 불과할 뿐이다. 그런 하느님은 힘겨운 일상을 살아가는 순례자들의 종교성을 보듬어주기에는 너무 멀리 있다.

34 ▪ 사랑으로부터의 창조

남남같이 무뚝뚝한 하느님은 신인동형론으로 그려낸 하느님이다. 그것은 일종의 덮어씌우기인데, 이 과정에서 동작 빠른 기회주의자 에고가 끼어들면서 자기 형상을 사방으로 투사한다. 이 투사작용에 의하여 에고가 의도하는 하느님이 만들어진다. 호킨스는 이런 문제를 명료하게 정리했다.

'나는 쓸모없는 버러지일 뿐이다'라는 위치는 정상적인 복장이 아닌 누더기를 걸친 허영심일 뿐이다. 속죄를 바라는 일은 죄책감을 해소하고 하느님에게 자비와 용서를 비는 유서 깊은 기제이다. 그것은 자청한 드라마인데, 그 바탕에는 에고에 대한 이해결핍이 깔려 있다. (...) 사람은 오직 참 나에게 회개와 고백을 '빚지고' 있다. 사람은 참 나에게 '죄와 죄책감'의 해소를 빚지고 있다. 인간이 괴로워하는 것을 결코 즐거워할 수 없는 하느님에게 괴로움이 무슨 의미가 있겠는가? 모든 괴로움은 성격의 여러 측면이 각기 검사, 변호사, 판사, 배심원 역할을 맡아서 연기하는 허영이다(호킨스. p.462).

자기 식으로 하느님을 그려내는 어리석음에 대한 성서의 경고를 살펴보자. "나의 생각은 너희의 생각과 다르며, 너희의 길은 나의 길과 다르다. 하늘이 땅보다 높듯이, 나의 길은 너희의 길보다 높으며, 나의 생각은 너희의 생각보다 높다"(사55:8-9). 이 가르침은 신인동형론적 하느님 이해를 철저하게 배격한다.

"나의 생각은 너희의 생각과 다르다. 너희의 길은 나의 길과 다르다." 사람들의 길과 생각을 하느님에게 덮어씌우기 하는 것을 금지해야 한다는 가르침이다. 호킨스도 이 사실을 우려하면서 경계한다. 하느님을 자기 식으로 그려낸다는 것은 사람들이 '자청한 드라마'이며, 사람들이 임의로 '역할을 맡아서 연기하는 허영'일 뿐이다. 사람들이 하느님의 뜻이라 말하면서 나타내는 신앙의 행태들조차도 하느님에게서 내려온 것이 아니라 사람들이 임의로 그려낸 자신들의 작품일 수 있다는 말이다. 신앙의 움직임처럼 보이는 일들도 일종의 에고 놀음일 수 있다. 이런 현상들은 어른이 되면서 당연히 내버려야 할 '어린 아이의 일들'이다.

하느님의 본성은 사랑이다. 본성이 사랑이기 때문에 재창조를 계속할 수 있다. 재창조를 성사시키는 끊임없는 동력이 사랑이다. 사랑은 곧 재창조다. 사랑과 재창조는 하나로 이어지는 연속동작이다. 그러나 사랑이라는 하느님의 본성을 헤아리거나 경험하기가 쉽지 않다. 자식들이 부모의 심정을 헤아리는 일도 쉽지 않다. 바울은 장성한 사람이 된 뒤에야 어린 아이의 일을 버릴 수 있고, 철이 들어야 사랑의 의미를 알 수 있다고 말한다. '사랑 장'이라 불리는 고린도전서 13장의 내용이 그렇다.

장성한 사람은 어린 아이의 일을 내버리고, 그 본성이 사랑이신 하느님과 공감(共感)하며 사랑의 삶으로 들어간다. 하느님이 사랑이라는 증언은 하느님이 재창조를 계속한다는 말과 같은 뜻이다. 사랑은 재창조가 진행되고 있음을 알려주는 신호이다. 더 나가서 장성한 사람이 사랑의 의미를 알고 사랑의 원리를 받아들이는 것은 그가 하느님과 일심동체가 되어 하느님의 재창조 사역을 돕는다는 뜻이다.

사랑이 곧 재창조다. 사랑은 물론 기쁜 소식이며 재창조 또한 기쁜 소식이다. 모든 이들에게 사랑이 공급되고 있으며 그 동력으로 재창조가 모든 사람들에게서 진행되고 있다. 이 혜택에서 제외되는 사람은 없다. 특히 죄 많은 사람에게서는 사랑의 공급과 재창조의 사역이 더 신속하게 진행된다. 성서의 주제는 사랑으로 진행되는 재창조다. 어디서나 사람 있는 곳은 하느님의 재창조 현장이다. 재창조에서 소외되는 사람은 없다. 생명이 있고 생활이 있는 곳은 모두 재창조의 공사 현장이다. 구석구석이 모두 사랑으로 진행되는 재창조 작업 현장이다. 확인해 보자.

"소가 어떤 남자나 여자를 받아서 죽이면, 그 소는 반드시 돌로 쳐서 죽여야 한다"(출21:28). "당신들은 집을 새로 지을 때에 지붕에 난간을 만들어야 한다. 그렇게 하면 사람이 떨어져도 그 살인죄를 당신들 집에 지우지 않게 될 것이다"(신22:8). 위험한 소가 있는 곳과 난간을 만들어야 하는 위험한 자리에 재창조 공사가 준비되었다.

"너희는 너희에게 몸 붙여 사는 나그네를 학대하거나 억압해서는 안 된다. 너희가 그들을 괴롭혀서 그들이 나에게 부르짖으면 나는 그들의 부르짖음을 들어 주겠다"(출22:21,23). 나그네를 위해서도 재창조 작업이 진행되고 있다. 나그네를 학대하거나 억압하여 괴롭히는 것은 하느님의 재창조 작업을 방해하는 일이다.

"밭에서 난 곡식을 거둬들일 때에는 밭 구석구석까지 다 거둬들이면 안 된다. 거둬들인 다음에 떨어진 이삭을 주워서도 안 된다. 포도를 딸 때에도 모조리 따서는 안 된다. 포도밭에 떨어진 포도를 주워서도 안 된다. 가난한 사람들과 나그네 신세인 외국인들이 줍게 그것들을 남겨 두어야 한다. (...) 너는 너의 이웃을 네 몸처럼 사랑해라"(레 19:9-18). 가난한 사람들과 나그네 신세인 외국인들을 위해서도 재창조 작업이 진행되고 있다.

안식일을 지키는 근본 취지는 '쉬는 것'이다. 안식일의 의미를 종교적 관점으로만 이해하는 일은 전혀 빗나가는 일이다. "너희는 엿새 동안 모든 일을 힘써 하여라. 그러나 이렛날에는 어떤 일도 해서는 안 된다. 너의 아들이나 딸이나 남종이나 여종뿐만 아니라 모든 집짐승이나, 너희의 집안에 머무르는 식객이라도 일을 해서는 안 된다. 너희의 남종이나 여종도 똑같이 쉬게 하여야 한다"(신5:13-14). 장성한 사람은 자기 주변에 있는 모든 사람에게서 재창조 작업이 진행되고 있다는 사실을 깨닫는다. 그리고 그들 모두가 쉬어야 한다는 현실적 필요성도 이해한다. 그러면서 자신들이 하느님의 동역자가 된다.

"당신들은 매 삼년 끝에 그해 소출의 십일조를 모아서 성 안에 저장하였다가 성 안에 유산도 없고 차지할 몫도 없는 레위 사람이나 떠돌이나 고아나 과부들이 와서 배불리 먹게 해라"(신14:28-29). "매 칠년 끝에는 빚을 면제하여 주어라. 주님께서 면제를 선포하셨으니 이웃이나 동족에게 빚을 갚으라고 다그쳐서는 안 된다"(신15:1-2). "맷돌은 그 전부나 그 위짝 하나라도 저당을 잡을 수 없다. 이것은 사람의 생명을 저당 잡는 것과 마찬가지기 때문이다"(신24:6). 떠돌이나 고아나 과부들을 위한 재창조 작업이 진행되고 있다. 장성한 사람들은 나서서 하느님을 거든다.

"동족 히브리 사람이 남자든지 여자든지 팔려 와서 여섯 해 동안 그대들을 섬겼으면 일곱째 해에는 그에게 자유를 주어서 내어보내리. 내어 보낼 때 빈손으로 내어보내서는 안 된다. 그대들의 양떼와 타작마당에서 거둔 것과 포도주 틀에서 짜낸 것을 넉넉하게 주어서 내보내야 한다"(신15:12-14). 계약 기간을 마친 종이라 하더라도 그 신변을 살펴줘야 한다. “어떤 종이 그의 주인을 피하여 도망쳐 오거든 그를 주인에게 돌려보내면 안 된다. 성 안에서 그가 좋아하는 곳을 택하게 하여 그대들 가운데서 살게 하여 주고 그를 압제하지 말아야 한다”(신23:15-16). 심지어 팔린 종이나 도망친 노예들을 위해서도 재창조 작업이 진행 중이다. 장성한 사람들은 하느님을 거들어야 한다.

35 ■ 인간현상(人間現狀)

하느님의 재창조도 계속되지만 스스로를 바로잡지 못하고 어긋난 방향으로 가는 인간의 고집도 어지간하다.

사람들은 하느님을 알면서도 하느님을 하느님으로 영화롭게 해드리거나 감사를 드리기는커녕 오히려 생각이 허망해져서 그들의 지각없는 마음이 어두워졌다. 사람들은 스스로 지혜 있다고 주장하지만 실상은 어리석은 사람이 되었다. 그들은 썩지 않는 하느님의 영광을 썩어 없어질 사람이나 동물의 영광으로 바꾸어 놓았다. 그러므로 하느님은 사람들이 마음의 욕정대로 하도록 더러움에 그대로 내버려 두니 서로의 몸을 욕되게 하였다. 사람들은 하느님의 진리를 거짓으로 바꾸고 창조주 대신에 피조물을 숭배하고 섬겼다. 이런 까닭에 하느님은 사람들을 부끄러운 정욕에 내버려 두셨다. (...) 그래서 그들은 그 잘못에 마땅한 대가를 스스로 받았다. 사람들이 하느님을 인정하기를 싫어하므로 하느님은 사람들을 타락한 마음자리에 내버려 두고 해서는 안 될 일을 하도록 놓아 두셨다. 사람들은 온갖 불의와 악행과 탐욕과 악의로 가득 차 있으며 시기와 살의와 분쟁과 사기와 적

의로 가득 차 있으며 수군거리는 자요, 중상하는 자요, 하느님을 미워하는 자요, 불손한 자요, 오만한 자요, 자랑하는 자요, 악을 꾸미는 모략꾼이요, 부모를 거역하는 자요, 우매한 자요, 신의가 없는 자요, 무정한 자요, 무자비한 자다(롬1:21-31).

이것이 어찌 사람 사는 방식인가? 해서는 안 될 일이 목에까지 차올랐다. 어디 발 디딜 곳이 없다. 욕심이 자라고 퍼져서 만들어 놓은 세상이 참으로 가관이다. 너무나 어수선하고 혼란스러워 갈피를 잡기조차 어렵다. 해서는 안 될 일들의 홍수다. 영영 길을 찾을 수 없는 가시덤불 속이다. 길은커녕 방향을 어림잡기조차 어렵다. 있음의 어리석음에 걸려들어 욕심 하나에 목숨을 걸더니 결국 세상이 이 지경이 된 것이다. 지옥이 어딘가 궁금해 할 필요가 없다. 지옥이 어디 있는지 찾아갈 필요도 없다. 사람들이 모여서 해서는 안 될 일을 하는 곳이 바로 생지옥이다.

사람들은 생각이 허망해져서 지각없는 마음이 어두워졌다. 하느님을 버린 사람들이 타락한 마음자리에서 해서는 안 될 일만 하고 있다. 왜 이렇게 되었는지 영문을 모를 일이다. 길을 잘못 들었다는 것이 확실한 결론이다. 길을 잘못 들었다면 더 이상 논의가 필요 없는 상황이다. 필자의 경험담이다.

가누기도 힘든 마음의 무게를 느끼면서 광교산을 향해서 길을 나섰다. 혼자 움직이고 싶어서이기도 하고 아내는 일도 있고 해서 평소와는 달리 혼자였다. 마음 무게도 대단하지만 몸의 무게도 평소 몇 갑절이나 되는 듯했다. 일상 경험하는 것이지만 몸무게와 마음 무게는 내외간처럼 늘 같이 가는 것이다. 하기야 마음이라는 것이 몸에서 나오는 몸 국물 외에 다른 것이 아니다.

간신히 형제봉까지 오르고 나서는 그냥 마음이 하자는 대로 시루봉 방향으로 움직이기 시작했다. 남들 다니는 길로만 다니는 것이 무료해서 시루봉 방향으로 방향만 잡고 길 없는 숲으로 걷기 시작했다. 얼마간을 걸었다. 햇빛이 유별나게 힘들어지기 시작했다. 나이를 느끼기 시작하면서 햇볕 쏘이는 일이 힘들어진 것도 벌써 몇 해가 된 셈이었다. 형제봉에서 멋대로 시루봉을 향한 것이 몇 시간은 족히 된 것 같은데 시루봉은 이사를 간 양 시야에 들어오지도 않고, 형제봉도 사라졌고 햇볕은 쏟아지고 기운은 소진되어 빙빙 도는 어지러움을 느꼈고, 자신이 어디 있는지 위치를 가늠조차 할 수 없는 상태가 되었다. 물통은 벌써 비었고 햇볕은 무섭게 쏟아져 내렸다. 위(胃)와 장의 기능이 약해서 시도 때도 없이 조금씩 먹어야 하는 궁상인데 계속 뭘 넣어주질 못하니 빈속에서는 고약스런 헛김만 올라왔다.

위기감이 온몸을 휘감았다. 정신을 바짝 긴장시키면서 방향을 찾으려 조심스럽게 몸을 움직였다. 점점 상황이 혼돈스러워지는데 몇 가지는 명백했다. 하나는 산을 너무 가볍게 보고 준비 없이 산 속으로 들어왔다는 사실이다. 그동안 산을 꽤 다녔다는 섣부른 자만심이 화근이었다. 다른 하나는 자신이 서 있는 곳이 어딘지 도대체 알 수 없다는 사실이다. 시루봉은커녕 형제봉조차도 아예 시야에서 사라졌다. 그리고 진짜 마음을 조급하게 만든 것은 정신을 차려서 움직인다고 했지만 뭣에 홀린 사람처럼 계속 그 자리를 몇 바퀴째 맴을 돌고 있었다는 놀라운 사실이었다. 또 하나의 사실은 평소에는 그렇게나 많던 등산객이 단 한 사람도 보이지 않는다는 점이다. 정신을 가다듬어 보니 자신이 정말 잘못되고 있음을 깨닫게 되는 것이다.

접시 물에 빠져 죽는다는 것이 빈 말이 아닌 것 같았다. 정말 어쩔 도리를 찾을 기운이 없는 것이다. 햇볕을 피해 나무 밑에 쓰러져 정신을 가다듬은 후에 방침을 정리했다. 지금 자신의 상황이 도대체 설명이 안 되는 것이다. 자기 스스로 살아 돌아가려고 발버둥치는 일이 참으로 위험하다는 것이 느껴졌다. 벌써 바닥이 난 에너지를 최대한 아끼면서 도움이 되어 줄 사람을 찾기로 했다. 스스로 할 수 있는 일은 모두 바닥나고 '누군가'가 필요했다. 자력으로 살아나려는 노력은 오히려 일을 저지르는 것이었다.

열량을 최대한 아끼고 감각기능을 가다듬어서 사람을 찾아냈다. 희미하게 눈에 띈 사람이 밭도 아니고 숲도 아닌 곳에서 서성대고 있었다. 그 사람은 나를 보고 놀라는 듯싶더니 곧 상황을 알아차렸다. 물을 건네주면서 얼른 그늘에 몸을 숨기라고 명령을 내렸다. 일사병이 얼마나 위험한데 이러고 있느냐고 소리를 질렀다. 경상도 식 악센트로 사납게 윽박지르는 핀잔을 들으면서도 서운하지도 않았다. 한참을 쉰 뒤에 그이가 물었다. "차를 어디에다 세웠습니까?" 오, 마이 갓! 자신이 차를 세워놓은 동리 이름도 모르는 얼간이라는 놀라운 사실 앞에 스스로 얼마나 놀랐는지 할 말이 없었다. 그 사람은 이상한 눈초리로 나를 한참이나 훑었다. 내 발로 찾아갈 수는 있지만 묻는 사람에게 위치를 정확히 말 할 수가 없었다. 차를 찾아간다고 제대로 제구실을 하며 걸어갈 발도 다리도 없는 상황인데 차가 어느 쪽에 있는지 짐작도 서지 않는 초현실 같은 현실에 두 사람은 할 말을 찾지 못 했다.

묻는 사람을 바라보기만 할 수도 없었다. 정신 이상자는 아닌가? 도대체 감이 잡히지 않아서 어찌해야 좋은지 황망하여 쩔쩔매는 것 외엔 할 일이 없었다. 간첩이라고 한다면 이렇게 얼빠진 늙은이는 없을 터인데 하며 그 사람은 계속 내 아래위를 훑었다. 그러다가 불쑥 말했다. "따라오세요." 한 참을 데리고 가더니 "타세요" 했다. 나를 자기 차에 태운 앰한 그이가 운전을 하면서 무뚝뚝하게 명령을 내렸다. "내가 천천히 운전을 하면서 갈 터이니 밖을 내다보면서 익숙한 풍경이 보이면 얘기를 하세요. 익숙한 풍경이 보이는 곳이 있으면 거기 어디에다 차를 대놨을 겁니다." 제법 길게 느껴지는 드라이브 중인데 눈에 익숙한 풍경이 보였다. "아! 저기 건물이 본 것 같은데요?" 했더니, "알았습니다" 하면서 얼마간 더 가더니 "차 어디 있습니까?" 했다. 하더니 내 차 곁에까지 와서 차까지 확인했다. 끝까지 못 믿겠다는 그런 분위기를 느꼈다. "내리세요. 산 조심하세요. 광교산도 작은 산이 아닙니다!" 하면서 장작 같이 딱딱한 생명의 은인은 돌아갔다.

세상에 이런 바보가 아직 죽지 않고 살아 있다는 것이 놀라운 신비였다. 세상 사람들이 다 제 잘난 맛에 산다고 했던가? 천만의 말씀이다. 다 제 못난 맛에 세상 살아가는 거다. 제 힘으로 사는 게 아니고 하나부터 열까지 덕분에 살아가고 있다는 사실을 얼른 깨달아야 한다. 염치는 없지만 털어놓고 말하지 않아서 그렇지 사람마다 다 모두 이만큼은 모자라는 게 아닐까 생각하고 싶다. 혼자만 그 정도로 못 났다고 인정하기는 너무 힘들다.

상태가 이런데 그를 판단하고 몰아붙이며 심판하고 정죄한다면 그것이 무슨 의미가 있을까? 자신도 어쩔 수 없는 바보여서 그런 걸, 바보를 나무란다고 무슨 소용이 있겠는가? 그가 할 수 있는 것이라곤 바보짓밖에 없다. 야단치고 매질한다고 그가 다른 사람이 될 수 있는가? 그의 바보짓이 그에게는 최선의 짓이다. 의미 있는 유일한 방법은 '사랑으로부터의 재창조'뿐이다.

상태가 이런 주제에 뭔가 한다고 나선다거나, 그에게 한계 밖에 있는 일을 기대하거나 책임을 묻는 것은 얼마나 황당한 일인가. 하느님이 사람을 정죄하고 심판한다는 그 신인동형론 사고방식이 얼마나 맹랑한 소리인가? "해서는 안 될 일을 하는" 사람이 뭔가에 손을 댄다면 사고를 치는 것밖에 뭘 한단 말인가? 하느님을 이제는 바로 알아야 한다. 바보는 자신의 최선을 다 하고 있다. 겁주지 말자. 바보를 인정하고 존중하는 세월은 언제 오려나? 자기 못난 맛에 사는 세상은 어디서 찾을 수 있을까?

36 ▪ 하느님의 눈으로 보기

하느님의 본성은 사랑이라는 점을 혼동 없이 인식하고 살아가는 일이 필요하다. 시편에서 소중한 경험담을 읽는다. "복되어라. 거역한 죄 용서받고 허물을 벗은 그 사람! 주께서 죄 없는 자로 여겨 주시는 그 사람!"(시32:1-2). 시인은 매우 특별한 각도에서 복 있는 사람을 관찰한다. 어떤 사람이 복 있는 사람인가? 죄를 용서받고 허물을 벗은 그 사람이다. 죄 없는 자로 여겨 주시는 그 사람이다.

시인의 가르침을 이어서 바울은 같은 경험을 이렇게 일러준다. "경건하지 못한 사람을 의롭다고 인정해 주시는 분을 믿는 사람, 행한 것이 없어도 의롭다고 여겨주시는 사람은 복이 있다"(롬4:5–6). 시편 기자의 증언을 바로 이해해야 한다. 바울의 증언도 눈여겨봐야 한다. 여기서 중요한 용어는 '인정한다'와 '여긴다'이다. 두 동사가 말하려고 하는 것은 자신이 죄인이라고 자신을 윽박지르고 있는 사람은 자신을 잘못 알고 있다는 깨우침이다.

자신의 생각이나 평가와는 달리 하느님이 자신을 죄 없는 자로 여기고 인정한다는 놀라운 사실의 '발견'이다. 자신은 여전히 같은 사람이고 변한 것이 없다. 바뀐 것은 하느님이 자기를 죄 없는 자로 인정한다는 걸 깨달은 것 그 깨달음뿐이다. 하느님이 자신을 의로운 자로 평가한다는 사실을 깨달은 것뿐인데, 그 깨달음은 세상이 새로워진 것 같은 새로운 경험을 가져다 준다. 사람은 여전히 그 사람이지만 그 사람에 대해서 하느님은 전혀 달리 평가한다는 사실을 깨닫는다. 일종의 발견이다. 발견은 두 가지다. 하나는 자신을 죄인인줄만 알고 있는 그 사람을 의롭다고 '인정하는 하느님을 발견'하는 일이고, 또 하나는 자신이 의롭다고 '인정을 받고 있는 그 사람이라는 자기발견'이다.

죄를 용서 받고 허물을 벗은 사람은 누구인가? 이 말을 바르게 읽어야 한다. 대부분의 사람들이 죄를 용서받지 못하고 허물을 벗지 못하는데 어느 특정한 사람이 죄를 용서받고 허물을 벗는다는 말이 아니다. 이 말은 하느님의 마음을 깊게 살피니까 하느님이 자신의 죄를 벌써 용서했고 자신을 허물없는 사람으로 인정하고 있다는 사실을 발견하는 것을 말한다. 자신이 의로운 사람으로 변했다는 얘기가 아니다. 사람은 내내 똑같은 사람인데도 하느님이 의롭다고 여기고 인정하더란 말이다. 하느님이 자기 죄를 보면서 잔뜩 화가 나 있는 줄 알았는데 전혀 그렇지 않더라는 말이다. 하느님이 따뜻한 시선으로 자기를 바라보더란 말이다. 하느님이 자비의 눈으로 자기를 바라본다는 이 사실을 깨달은 사람은 얼마나 마음이 행복하겠느냔 말이다.

어떤 사람은 죄 없는 자로 여기고 다른 사람들은 죄 있는 자로 여긴다는 말이 아니다. 하느님이 자신을 죄 없는 자로 여긴다는 사실을 '깨달은 사람'이 있는 반면에 아직 그 '사실을 모르는 사람'이 있다는 그런 말이다. 깨달은 사람은 자신이 죄 없는 자로 인정되고 있다는 사실을 알고 있으니 자신을 죄 없는 사람으로 취급하면서 살아가게 된다. 깨달은 사람은 사실상 죄 없는 사람이 되는 셈이다. 같은 사람이면서도 자신이 죄 없는 자로 인정받는다는 '사실을 모르는 사람'은 자신을 죄인 취급을 할 수밖에 없다.

이런 일이 어떻게 가능한가? 나의 눈에는 뚜렷하게 보이는 나의 죄나 허물이 하느님의 눈에는 죄로도 허물로도 보이지 않는다. 내가 보고 힘들어하는 그 죄와 허물을 하느님도 보기는 보지만 죄와 허물로 여기지 않는다는 말이다. 같은 것을 보면서 사람의 해석과 하느님의 '해석이 다르다'는 말이다. 사람이 죄라고 보는 것을 하느님은 다르게 해석하면서 나를 '죄 없는 자로 여겨 준다'는 말이다. 이런 사실을 알고 나면 얼마나 감사하고 홀가분한가! 바울의 가르침은 이것이다. '하느님의 눈으로 자기를 보는 사람은 복이 있다!'

철없는 자녀가 부모가 자신을 미워한다고 생각하며 혼란을 느끼고 주눅이 든다. 그러나 철이 들어서 부모의 심정을 헤아리게 되면 부모가 자식을 미워하는 일이 불가능하다는 것을 알게 된다. 비로소 부모의 눈으로 자신을 보게 된다. 그러면서 자식은 자기를 다시 평가하면서 어깨를 펴고 살아간다.

허물을 허물로 못 박고 구박하고 괴로워하는 것은 자신이 하는 일이고, 하느님은 그러는 일도 없고, 사람이 그러기를 바라지도 않는다. 죄를 죄로 못 박고 자신을 구박하는 것도 자기 괴롭힘이다. 죄의식에 계속 풀무질을 하는 것은 성서의 가르침을 거스르는 신성모독이다. 하느님에게는 누구나 죄도 허물도 없으며, 그 누구도 '죄 없는 자'일 뿐이다. "나도 너를 정죄하지 않는다!"는 예수의 선언이 천지를 울린다. 무정죄(無定罪)다!

사람들은 죄를 논하고 정죄하기를 즐기지만 그 본성이 사랑인 하느님은 죄를 죄라고 볼 수가 없다. 허물을 허물로 볼 수가 없다. 정죄할 수가 없다. 하느님이 자신의 본성에 어긋나게 정죄하고 심판을 한다는 일은 물보고 불이 되라고 강요하는 것과 같다.

사람은 스스로 느끼는 죄의식과 가책을, 그리고 다른 사람들의 따가운 시선을 너무 힘들어 하면서 살아간다. 그래서 스스로 죄수복을 입고 자기 손목을 포승줄로 묶었다. 스스로 죄수가 되어 하느님에게 다가갔다. 하느님이 묻는다. '어쩐 일로 죄수복을 입고, 포승줄은 웬 일이냐? 어서 포승줄을 풀고 죄수복을 벗어버려라!'

아버지는 돌아온 둘째를 아무 일 없었던 아들로 인정하고 환영

하며 맞아준다. 아버지 눈에는 아들에게 아무런 허물도 아무런 죄도 없다. 아들은 죄 없는 자다. 하느님이 나를 보는 관점은 내가 나를 보는 관점이나 사람들이 나를 보는 관점과는 근본적으로 다르다. 하느님은 나를 죄 없는 자로 여긴다. 물론 실정법을 어겨서 실형을 선고 받은 범죄자도 하느님의 눈에는 죄 없는 자다. 물론 실정법을 어긴 범죄(crime)에 대한 사무적인 처벌은 받아야 한다. 하느님의 아들은 양심으로 자책하는 죄(sin)를 하느님이 죄로 여기지 않는다는 사실을 되새기며 하느님의 눈으로 자기를 보면서 살아간다. 사무적으로 유죄를 선고받은 사람도 하느님의 따뜻한 시선을 느끼면서 살아간다.

이제는 스스로 만들어서 입은 수의도 스스로 꼬아서 만든 포승줄도 소용없다. 보이지 않는 수의와 포승줄인 죄의식도 이제는 버려라. 쿠시너가 말한 대로다. 'I am not perfect but I am enough(나는 불완전하다. 그러나 충분하다(!)' 이제 마음이 펴진다. 몸도 펴진다. 생활도 펴진다. 하느님이 나를 죄 없는 자로 인정한다는 사실을 발견하는 이것이 얼마나 위대한 발견인가!

자신을 자신의 눈으로 보는 것이 아니라 하느님의 눈으로 봐야 하듯이 우리는 다른 사람을 보는 눈도 바꿔야 한다. 자신의 눈으로 보는 것이 아니라 이제는 하느님의 눈으로 주변 사람들을 볼 수 있어야 한다. 그들에게서도 하느님은 죄와 허물을 인정하지 않는다. 하느님이 인정하지 않는 죄와 허물을 사람이 되짚어서 비난하고 구박하는 일은 반역이요 신성모독이다.

자신에게서 그리고 주변에 있는 모두에게서 하느님이 죄와 허물을 인정하지 않는다는 사실을, 그래서 자신과 주변 사람들 모두가 '죄 없는 자'가 되었다는 사실을 깨닫는 일이 얼마나 소중한가! 자신과 주변 모두가 새로운 피조물이라는 사실을 깨닫는 순간부터 모두 새로운 피조물로 살기 시작한다. 모두에게서 하느님의 재창조가 진행되고 있다는 사실을 감각하면 하느님의 눈으로 본 그 세상을 사람으로 살아가고 있다는 감동어린 사실을 실감한다.

이것이야 말로 유레카(발견했다!) 그 이상이다. 이 깨달음에서부터 비로소 새 삶은 가동된다. 하느님이 보는 것과 동일한 각도에서 내가 나를 보기 시작하면 자연스럽게 새 삶이 가동된다. 얼마나 긴 세월동안 내가 나를 백안시하면서 주눅 들어 살아왔던고! 얼마나 긴 세월을 내가 나에게 쫓기고 구박당하고 추궁당하며 스스로를 정죄하면서 힘들게 살아왔던가! 무거운 죄의식의 짐을 자신에게 지우고, 자신을 진범 죄수로 만들어 감방에 처넣기를 수없이 반복하지 않았는가? 하느님이 나를 보는 그 동일한 각도로 자신을 보고, 하느님의 눈으로 다른 사람들을 보기 시작하면 자기를 존중하고 사람들을 따뜻하게 맞이하면서 살아가게 된다. 이것은 하느님 재발견이고 자기 재발견이고 이웃 재발견이다. 그리고 삶의 재발견이다.

이 발견은 다른 어떤 발견보다도 더 위대한 발견이다. 실용성에서 본다 해도 그 어떤 발견보다도 더 중요한 이득을 준다. 하느님이 고슴도치 같다는 깨달음이야 말로 실로 대단한 발견이다. 사람의 눈으로 보는 세계만 있는 것이 아니라 하느님의 눈으로 보는 세계도 있다는 것을 깨닫는 것은 신대륙을 발견하는 것보다 더 중대한 발견이다. 고슴도치는 제 새끼를 보면 그 잘 생긴 외모에 황홀감을 느낀다. 하느님은 진짜 고슴도치다. 고슴도치는 그 새끼에게 일흔 번을 일곱 번이라도 무죄를 선언한다. 더 정확하게 말하면 어미 고슴도치의 눈에는 새끼의 못생김이 보이지도 않는다. 어미 고슴도치는 못생김 맹(盲)이다. 하느님도 똑같다.

37 ■ 도덕경 10장과 고린도전서 13장

창조의 세계와 역사의 구석구석에서 진행되고 있는 재창조의 현장을 둘러보았다. 주로 구약성서에서 둘러봤으니 이제 신약성서에서 그 현장을 대강 둘러보자. 뛰어난 통찰로 사랑이 무엇인지 가르쳐준 바울이 그 사랑을 동력으로 진행되는 재창조에 대하여도 일러준다.

"믿음이 강한 우리는 믿음이 약한 그 사람들의 약점을 돌보아 줘야 한다. 우리는 자기에게 좋은 대로만 해서는 안 된다. 우리는 저마다 자기 이웃의 마음에 들게 행동하면서 유익을 주고 덕을 세워야 한다"(롬15:1-2). "그대들은 서로 남의 짐을 져 주십시오. 그렇게 하면 그리스도의 법을 성취하게 될 것입니다"(갈6:2).

장성한 사람은 그리스도의 법을 성취하며 살아가는 사람이다. 그것은 곧 사랑의 동력으로 이뤄지는 하느님의 재창조 작업을 거드는 것을 의미한다. 약자들의 약점을 돌보아 주면서, 그들이 지고 가지 못하는 짐을 자신이 지고 가면서 재창조 작업을 진행시켜야 한다.

강한 사람들이 약한 사람들을 돌보는 일은 사회가 원만하게 돌아가게 하는 기본 원리다. 그걸 마다하면 더 복잡한 문제들이 생기면서 모두가 피해자가 된다.

바울은 이 사랑의 중요성에 대해서 매우 깊이 통찰하고 있다. '사랑하지 않는 사람은 하나님을 알 수 없다'는 주장에 바울은 전적으로 동의한다. '천사의 말을 한다고 해도 사랑이 없으면 헛소리에 불과하다'고 단언한다. 방언이나 예언이나 지식과 같은 것을 자랑거리라 생각하는 잘못된 인식을 단번에 잘라버린다.

그러면서 단호하게 정리해 준다. "남을 사랑하는 사람은 율법을 다 이루었다. 사랑은 율법의 완성이다"(롬13:8-10). 사랑 이외의 다른 모든 것들은 보조적인 의미를 갖고 있는 조동사(助動詞)들이고 오직 사랑만이 주어(主語)요, 주동사(主動詞)가 된다.

그러면 사랑이 뭐냐고 묻게 된다. 그 용어 자체는 추상적이기 때문에 직접 설명하기는 어렵다. 바울도 이런 곤경을 벗어날 수가 없었다. 그래서 사랑 문제를 집중적으로 다루는 자리에서조차 보이지 않는 사랑이 겉으로 드러나는 현상들을 보면서 어떤 것은 사랑이라고 하고 어떤 것은 사랑이 아니라고 구별하는 선에서 멈추고 있다. '오래 참는 것'을 보면 '그 사람 속에는 사랑이 들어 있는 게 분명하다'라는 방식이다. '뽐내는 것'을 보니 '그 사람 속에는 사랑이 들어있지 않다'는 그런 방식이다.

바울의 통찰만큼이나 깊게 사랑을 설명해주는 가르침이 있다. 노자(老子)의 도덕경 10장이다. 이 가르침은 고린도 전서 13장과 가히 쌍벽을 이룬다고 볼만하다.

生之畜之 生而不有 爲而不恃 長而不宰: 무릇 도(道)가 낳아주고 길러 준다. 길러주되 소유하지 않고, 돕고 위해 주되 대가를 바라지 않고, 자라게 해주면서도 간섭하지 않는다.

'도(道)가 낳아 주고 길러준다. 낳아주지만 소유하지 않는다. 위해 주지만 대가를 바라지 않는다. 키워 주지만 간섭하지 않는다.' 얼마나 그 품성이 고운가? 모든 것을 베풀어 주지만 결코 소유하려 들지 않는 그 기품을 조용히 마음에 그려보라. 별 도움이 되지도 않으면서 소유하여 깔고 앉으려 하고 지배하려 달려드는 것이 늘 계속되는 역겨움이 아닌가. 어디서나 언제나 무슨 일에나 에고의 티를 내고 악취를 풍기는 우리네 일상이 얼마나 역겨운가.

돕고 위해 주지만 대가를 바라지 않는다. 위이불시(爲而不恃)다. 손끝에 물 한 방울 묻히지 않은 채 자기광고를 귀 아프게 해댄다. 봐주기가 민망할 지경이다. 별로 도움이 되지도 않았는데 수저를 들고 끼어든다. 안 알아준다고 통명이다. 지분을 내놓으라고 큰 소리다. 기대하면서 끼어드는 일은 하느님의 재창조를 가로막는 얌치행위다.

그 다음은 장이부재(長而不宰)다. 키워주면서도 간섭하지 않는다! 징말 그리기가 가능할까 싶을 만큼 높은 경지다. 장이부재는커녕 손톱만큼 도움도 안 되면서 간섭만 하고 사고만 치는 것이 우리네 일상이 아닌가. 베풀고 도움이 되면서도 간섭은 모르는 경지를 걸을 수 있다면 진정 신선의 경지이리라.

낳아 주고 길러 주는 도(道), 그러면서도 소유하려 들지 않으며, 돕고 베풀면서도 대가를 바라지 않으며, 길러주면서도 간섭하지 않는 이 움직임을 현덕(玄德)이라고 말한다. 현덕이라 일컫는 이 움직임을 낳는 도(道)를 하느님이라 일컬어도 좋으리라. 하느님의 본성은 '낳고 기르면서도 소유하지 않고, 위해주면서도 대가를 바라지 않으며, 길러주지만 간섭하지 않는' 현덕의 성품이다.

아들이 집을 나갈 때 그 마음이 아픈 것 그것이 전부였다. 아들이 나가 돌아오지 않은 때 그를 기다리며 마음 졸이는 것이 전부였다. 아들이 돌아왔을 때는 환영하고 기뻐하는 것이 전부였다. 분노나 분석이나 판단이나 정죄 등 이런 움직임은 아버지의 본성에는 맞지 않는 것이어서 전혀 발생하지도 않았다.

아버지의 마음은 생이불유(生而不有)였다. 아들을 낳아서 길렀지만 결코 소유하려 들지 않았다. 아버지의 마음은 위이불시(爲而不恃)였다. 진자리 마른자리 가리지 않으며 소 갈 데 말 갈 데를 다 좇아다니며 위해 줬지만 결코 대가를 바라면서 섭섭해 하지 않았다. 아버지의 마음에는 간섭하려는 기미도 없었다. 장이부재(長而不宰)였다. 이것이 아버지의 본성이었다. 사랑은 사람을 수단 아닌 목적으로 삼으면서 사람에게 손때를 입히지 않기 위해서 세심하게 배려한다.

사랑이라는 명목으로 사람을 무시하고 간섭하며 소유하며 억압하는 일이 얼마나 흔한가? 사랑이라는 용어를 분별없이 사용하지 말아야 한다. 특별히 자녀를 기르는 부모들이나 백년을 같이 살아야 하는 부부들이 이 가르침의 깊이를 정확하게 알아야 한다. 사랑은 상대방을 인정하고 존중하며, 수용하며 자신은 없음(無爲)의 자리로 내려가는 것이다. 자신을 Some body(나 이런 사람이야! 하는 有爲)로 아는 착각을 떨쳐버리고 자신이 Nobody(비운 사람-無爲)라는 사실을 명확하게 인식해야 한다.

有爲를 존재방식의 기본으로 삼는 맏아들 놀부들의 도과(盜誇) 지향 움직임에는 아주 치명적인 허점이 있다. 없음이 밑에서 받쳐주지 않으면, 있음은 그야말로 오만가지 질병을 만들어 낸다. "주는 것이 받는 것보다 더 복되다"는 예수의 가르침은 핵심을 일러주는 가르침이다. 받는 것만이 살 길인 줄 아는 심각한 착각을 주목해야 한다. 주면서 없음을 만들어야 있음에 갇혀 고통 받던 생명은 비로소 활력을 얻게 된다.

맏아들들이 흔하게 가는 有爲의 길은 망하는 길이다. 정도와는 정히 어긋나서 망하는 길이다. 그 방향으로 계속 걸어가는 사람은 무사히 돌아오지 못한다. 사람들이 그릇된 길 걷기를 대대로 하다 보니, 이제는 some body를 버리고 no body의 길로 오는 일이 불가능한 것처럼 보이기도 한다.

Part 6

새로운 피조물

38 ■ 계시의 최고봉 : 무죄선언

기쁨의 소리가 가장 크게 울려나오는 계시의 정상으로 올라가 보자. 창세기 창조 기사 이후 이렇게 강하게 울리는 기쁨의 소리는 다른 어느 곳에서도 듣기 어려울 것이다. 바울의 안내를 따라서 올라가 보자. 앞에서는 하느님의 본성이 사랑이기 때문에 하느님은 그 본성에 어긋나는 진노나 심판을 일으키기가 어렵다는 사실을 살펴봤다. 이제는 그 하느님의 의가 사람들에게 전수(傳授)되는 과정을 알아보도록 하자. 사람의 정신 현상을 정리해 나가는 데에 중요한 대목이니 차분하게 살펴보자.

이제는 율법과는 상관없이 하느님의 의가 나타났다. 이 하느님의 의는 예수 그리스도를 믿는 믿음을 통하여 오는 것인데, 모든 믿는 사람에게 미친다. 모든 사람이 죄를 지어서 하느님의 영광에 이르지 못하는 처지가 되었지만 예수 안에서 얻는 구원으로 말미암아 값없이 의롭다는 선고를 받는다. (...) 경건하지 못한 사람을 의롭다고 하시는 분을 믿는 사람은 비록 아무 공로가 없어도 그의 믿음이 의롭다고 인정을 받는다. 행한 것이 없어도 하느님이 의롭다고 여겨주시는 사람의 행복에 대해서 다윗도 언급했다. '잘못을 용서해 주시고 죄를 덮어 주신 사람은 복이 있다. 주께서 죄 없다고 인정해 주시는 사람은 복이 있다(롬3:21-4:8).

기쁨의 소리가 울려 퍼진다. 하느님은 "경건하지 못한 사람을 의롭다 하시는 분"(롬5:4)이다. 의롭다고 인정해 주시는 대상은 경건하지 못하다고 자각하며 힘들어 하는 사람이다. 이미 자신은 의로운 사람이라고 생각하는 사람은 하느님 수요자(需要者)가 아니다. 자신이 의롭다고 생각하는 사람의 창고 안에는 스스로 생산한 의(義)가 가득하다. 자기가 생산한 의가 차고 넘치니 하느님이 주는 의는 필요치 않다. 자신은 "경건하지 않은 사람"이라 보면서, 즉 스스로를 살피면서 죄인임을 힘들어 하는 그 사람은 하느님의 의를 목말라 한다.

이 요점이 다시 반복되고 있다. "하느님이 잘못을 용서해 주시고 죄를 덮어 주셔서 죄 없다고 인정해 주실 사람은 복이 있다"(롬4:6-8). 하느님은 잘못이 많은 사람의 그 잘못들을 '덮어주시고' 죄가 많은 사람의 죄를 '덮어주면서' 죄가 많이 있지만 '죄가 없다'고 '인정하신다.' 사람이 스스로 의로워진 것이 아니라 전혀 의롭지 않고 여전히 불의 하지만 "하느님이 의롭다고 여긴다"(롬4:6). 사람 자체가 의로워진 것이 아니라 하느님이 '의롭다고 여긴다'는 것이다. '여긴다'는 이 말의 의미를 이해해야 한다. '그렇게 계산 한다'는 그렇게 간주(看做)한다는 뜻이다. 더 강하게 이 사실이 언급된다. "많은 범죄에서는 은혜가 뒤따라 와서 무죄 선언이 내려졌다"(롬5:16). 죄인에게 무죄선언이 내려졌다! 무죄 선언은 하느님의 본성에서 나온 자연스런 판결이다. 유죄 판결이나 정죄나 심판이란 것들을 하느님에게 강요하는 일은 이제 그만이다.

자신의 허물과 죄를 들여다보면서 힘들어 하는데 허물과 죄의 무게를 한없이 무거워하며, 평생 자신이 지은 죄를 스스로 지고 가면서 스스로 죄 값을 치러야 한다고 생각하고 있는데 뜻밖에 무죄선언이 내려졌다!

어떻게 무죄선언이 가능한 건지 알아본다. 하느님이 의롭다고 여겼다는 것이다! 어떻게 의롭다고 여기는 일이 가능하냐고 알아본다. 하느님의 눈에는 잘못도 허물도 죄도 보이지 않으니까 이것들을 다 덮어준 것과 마찬가지여서 의롭다고 여기는 일이 가능하게 되었다는 것이다. 그것이 어떻게 가능할까? 그 본성이 사랑인 하느님에게서는 본성에 어긋나는 심판과 정죄가 발생될 수가 없다. 나무는 그 본성에 따라서 과일을 생산한다. 사과나무가 본성과는 다르게 배를 결실할 수 없다. 하느님에게서는 심판과 정죄가 나올 수 없다. 그것은 사과나무에게 배를 생산하라고 요구하는 일과 같은 일이다.

탕자는 누더기를 다 벗은 뒤에 몸을 씻고 새 옷을 입고 새 신발을 신었다. 그의 허물과 죄는 가려지고 덮어졌으며 아무런 허물도 없는 아들로 여겨졌다. 그리고 그는 잔치 자리로 들어갔다. 사실이 다른 것이 아니고 사실에 대한 이해가 다른 것이다. 사람의 눈에 죄와 허물로 비치는 그 덩어리가 하느님의 눈에는 죄도 아니고 허물도 아니었다. 사람의 눈이 착오를 만들고 있을 뿐이다.

사람은 죄라고 해석되는 것 그 가운데 여전히 머물러 있는데 어떤 변화도 없는 바로 그 사람을 죄도 허물도 없는 무죄한 사람이라고 하느님이 선언한다는 이 가르침이 진정 계시의 최고봉이다. 이해가 쉽지 않은 이 내용을 조금 더 살펴보자. 이 가르침의 실제적인 내용은 이렇다. 사람이 바뀌어서 의로워지는 것이 아니다. 사람은 여전히 그 사람인데 하느님이 그에게서 죄나 허물을 찾지 못하고 무죄를 선언한다는 말이다. 사람 눈에는 분명하게 죄와 허물로 보이는 그것이 하느님의 눈에는 죄와 허물로 보이지 않는다. 차이는 거기서 생긴다. 하나를 두고 하느님과 사람이 다르게 본다는 말이다. 사람은 유죄(有罪)라고 보지만 하느님이 보기에는 무죄다. 사람들이 유죄라고 보는 똑같은 상황을 하느님이 '다르게 본다는 사실'을 발견하는 것이다. '다르게 보는 사실'은 늘 있었지만 사람은 그 '사실'을 뒤늦게 '발견'하는 것이다. 인간 현상은 늘 그렇다.

바울의 가르침을 더 살펴보자. "이제는 율법과는 상관없이 하느님의 의가 나타났다." 이 하느님의 의는 "모든 사람에게 미쳐서" 바울 자신도 그 하느님의 의를 "가지고 있다"(빌3:9). 바르트는 정상에서 울리는 이 기쁨의 소식을 요령 있게 소개한다.

하느님의 의는 '그럼에도 불구하고'이다. 모든 '그러므로'와는 무관하다. 이유는 하느님의 의지는 '왜?'를 알지 못하기 때문이다. 하느님의 의는 하느님의 용서요, 하느님과 인간 사이의 관계의 철저한 변화요, 인간적인 불경과 불의, 그리고 이것들에 의하여 생겨난 정황들이 곧 하느님 앞에서 그 정황이 매우 하찮은 것이지만 하느님이 우리를 자기의 것이라고 불러주시며 우리들은 그의 것이라고 불리어지는데 어떤 방해도 되지 않는다는 선포다. 하느님의 의는 우리들에 의하여 가두어진 진리, 바로 그것의 자기 해방이다.

하느님과 인간의 이러한 긍정적 관계는 절대적으로 역설적인 관계다. 하느님의 의는 예수 안에 있는 그의 신실을 통하여 계시된다. 하느님의 신실은 바로 신적인 끈기다. 하느님은 그의 의를 인간의 모든 불의 뒤에 그리고 위에 있는 진리로 선포한다. 그가 우리에게 고백하고 또 우리는 그에게 속하여 있다는 것을 하느님은 선포한다. 그의 적인 우리가 그의 사랑받는 자녀라는 것을 그가 선포한다. 이 선포는 하나의 법정적 의미에서의 판결, 원인과 조건이 개입될 수 없는 판결, 하느님 자신 안에서만 근거를 갖게 되는 판결이니 곧 무(無)로부터의 창조이다(K. 바르트, 로마서 강해, PP.107-120).

39 ■ 내가 가진 의(義)

하느님의 재창조 공정(工程)을 자세하게 들여다보자. 죄를 경험하고 자신을 알게 되어 무겁게 자신을 자책하는 인간에게 하느님의 의(義)가 주어진다. '주어진다'기보다는 이미 주어진 의를 뒤늦게 '발견한다' 하는 말이 맞는다. 그 발견과 함께 당사자는 자신이 의로운 사람으로 인정되고 허물없는 사람으로 간주(看做)된다는 사실을 확인한다.

이토록 소중한 하느님의 의가 어떻게 사람에게 전달되는가? 바울의 경험을 주의 깊게 살펴야 한다. "이제는 하느님의 의가 나타났다" - "하느님의 의는 믿음을 통하여 오는 것인데, 모든 믿는 사람에게 미친다" - "무슨 법으로 의롭게 되는가?" - "믿음의 법으로 된다" - "하느님은 할례를 받은 사람도 믿음을 보시고 의롭다 하시고, 할례를 받지 않은 사람도 믿음을 보시고 의롭다고 하신다."

"많은 범죄에서는 은혜가 뒤따라 와서 무죄선언이 내려졌다"(롬 5:16)고 한다. 하느님이 무죄선언을 하는데, 문제는 이 무죄판결이 난 사실을 자신이 깨닫느냐 여부가 핵심사항이 된다. 당사자가 그 내용을 알지도 이해하지도 못하고 여전히 스스로 자신을 죄인 취급한다면 무죄 선언조차도 무의미해진다는 점이다.

모세는 떨기에서 타고 있는 불꽃을 발견했다. 평생 처음으로 보는 광경이었다. 신기한 광경을 보면서 놀라워하고 있는 그에게 타오르고 있는 불꽃 가운데서 "나는 너희의 조상의 하느님이다"고 하는 음성이 들려왔다. 불꽃을 발견하고 들려오는 하느님의 소리를 경험했다. 이런 세계도 있고나 하면서 새삼 눈을 뜬 것 같은 감동을 경험했다. 지금까지 눈을 감고 살아온 것도 아닌데 이런 세계를 어찌 지금에야 경험하게 되는지 의아하기도 했다. '사실'은 늘 거기 있지만 '경험'과 '깨달음'은 언제나 뒤늦게 찾아온다. 깨달음은 항상 사실과 시차(時差)를 둔다는 게 인생을 서럽게 만드는 요인 중 하나다.

모세는 이 신비한 경험을 마음속에 간직했다. 물론 이 경험은 감각작용이 아니라 의식작용에 의해 나타나는 정신 현상이다. 불꽃은 마음의 숲에서 타오른 것이고 소리는 심금(心琴)에서 울려나는 소리였다. 그런 그림과 소리는 자연스럽게 마음속에 저장되어서 계속해서 그 경험이 반복되었다. 호렙산 기슭에서 보고 듣던 불꽃이 이제는 그의 가슴속에서 계속 타올랐고 산기슭에서 울리던 소리가 이제 그의 가슴 속에서 계속 울렸다.

그러면서 모세는 또 새로운 경험을 하게 된다. 하느님은 모세가 이집트에서 노예생활을 하고 있는 이스라엘 백성들의 고통에 대해서 마음을 쓰도록 이끌었다. 그러면서 "내가 너와 함께 있겠다"는 약속까지 했다. 상황을 파악한 모세는 역사의 현장으로 가서 하느님의 동역자로 헌신하리라 마음을 정리했다.

이미 일상용어가 되어 있는 '믿음'에 대해서 알아보도록 하자. 이 용어의 의미를 바르게 이해하는 것이 중요하다. "하느님의 의가 믿음을 통하여 온다"는 사실이다. "경건치 못한 자를 의롭다 하시는 일"이 바로 "그 경건치 못한 사람"에게 적용되도록 연결 작업을 하는 것이 '믿음'이다. 믿음이 없다면 하느님은 하느님대로 죄인은 죄인대로 따로 놀면서 세월이 간다는 말이다. 믿음이라는 연결 장치가 없다면 의롭다 하심은 여기 있고 죄인은 죄인대로 저만치 떨어져 있어서 하느님이 결정내린 무죄선언이 그에게 연결되지 않는다. 무죄선언은 밖에서 맴돌고 죄인은 여전히 죄수복을 입은 채 감방에 갇혀 있는 셈이다.

40 ▪ 믿음의 발생

사람이 하느님이 하는 일의 내용을 알고 그 내용을 시인하고 받아들이며 그 내용을 자신에게 적용하는 것을 믿음이라고 한다. "믿음은 들음에서 생긴다" 하는 말이 그 말이다. 무엇을 듣는가? 하느님의 음성을 듣고 그가 하는 일을 보고 듣고 본 바를 자신의 내부에다 백업한다. 그래서 사람의 내부에 하느님이 내장된다. 호렙산에서 하느님을 경험한 모세는 자신이 경험한 내용을 자신의 내부에 전부 옮겨 담았다.

사람이 살아가기 위해서 세 가지 요소가 필요하다. 믿음과 소망과 사랑 이 삼발이가 삶의 필수품이다. 삼발이가 없으면 주저앉아서 아무것도 할 수 없다. 이 세 발이 생명과 생활의 기본 요건이다. 그 중에서도 믿음은 삶을 가동시키면서 나머지 둘을 동원해 내는 시동(始動) 열쇠와 같은 핵심기능을 가지고 있다.

서 있기 위한 첫째 요건이 믿음이다. 이 믿음은 어떻게 해서 생겨나는가? 모세는 불꽃을 보고 하느님의 소리를 들으면서 그 내부에서 믿음이 발생하게 되었다. 보기와 듣기 이것이 믿음의 시작이다. 1차 경험자의 경험을 듣고서 깨달음에 이르게 하는 2차 경험이 들음이다. "믿음은 들음에서 생긴다"(롬10:17). '보고' '듣는' 1차 경험자의 경험을 전달받으면서, 2차 경험자는 새로운 세계를 발견하게 된다. 믿음은 이 발견에서부터 시작된다. 이 발견은 깨달음과 동의어이며 이것이 믿음의 씨앗이다.

불꽃을 보고 거기서 나오는 음성을 듣고 이렇게 시청각으로 교육을 받고 모세는 새로운 세계가 있다는 것을 깨달았다. 지금까지 그는 세상을 한쪽만 보고 살아왔다는 사실도 자각한다. 그 반쪽 삶이라는 것도 에고에 묶여서 정신없이 끌려 다녔지 제정신 가지고 살아온 것도 아니었다. 살아왔다 하는 것이 사실상은 에고놀음이었을 뿐이었다. 이제 비로소 에고 건너편에 있는 새로운 세계를 바라보는 눈이 열린 것이다. 지금까지 살아온 것이 고작 에고놀음을 위해 멍석 깔아주는 머슴 짓에 불과했다.

이러한 깨달음은 스스로 모세의 가슴 속으로 들어와서 자리를 잡았다. 호렙산 불꽃이 모세 안으로 들어와 안에서 타올랐고 거기서 들리던 음성이 이제는 안에서 들리기 시작했다. 호렙산이 모세의 내부로 들어온 것이다. 내부에서 불꽃이 타오르고 있고 하늘의 음성이 계속 울리고 있다. 모세를 지배하던 그 에고는 이제 숨을 죽였다. 호렙의 불꽃과 음성이 모세를 움직이기 시작했다. 이제는 에고의 시대가 막을 내리고 믿음의 법이 작동하기 시작했다. 그렇게 해서 내부가 새롭게 정리된 것이다. 이렇게 새로워진 사람을 새로운 피조물이라 말한다.

말하자면 새 정부가 들어선 셈이다. 존재의 구조가 확 달라진 것이다. 모세는 더 이상 옛 사람이 아니었다. 그 내부에 하느님 프로그램이 설치되고 그 내용을 따라서 움직이는 하느님의 사람이 되었다. 내부 질서가 새로운 체계로 정리된 뒤에 그의 삶도 새롭게 정돈되어 있었다. 그는 이집트로 발걸음을 옮기고 있었다. 곧 목적지인 그 역사의 현장에 도착할 것이다.

모세는 이제 하느님의 사람으로, 하느님의 동역자로 살아가고 있다. 하느님의 재창조 작업을 위해서 발을 벗고 들어설 참이다. 그의 중심에서 불이 계속 타오르고 있으며 하느님의 소리가 계속 울리고 있다.

내부에서 일어나는 이런 움직임을 믿음발생이라고 말하면 좋으리라. 불꽃을 보는 모세처럼 믿음의 사람은 자신에게 주어진 하느님의 의(義)를 보고 있다. 불꽃과 함께 울리던 그 음성이 모세의 가슴 속에서 울리던 것처럼 믿는 사람의 중심에서 하느님의 무죄선언이 울려 퍼진다.

믿음의 사람은 하나님의 눈으로 자신을 바라본다. 자신의 눈으로 자신을 보는 일은 깨끗이 끝내고 이제는 하나님의 마음으로 자신을 대한다. 이 사람은 자신에게 이미 주어져 있는 하나님의 의를 보고 있다. 바울이 말하는 "내가 가진 의"는 "내게 주어진 의"라는 의미다. 내가 취득한 것이 아니라, 내가 달성하는 것이 아니라, 자신에게 이미 주어져 있는 하나님의 의를 이제 발견하는 것일 뿐이다. 불꽃을 피워 올리는 것이 아니라 이미 자신의 내부에서 타오르고 있는 불꽃을 알아차리고 내부에서 울리고 있는 소리를 듣는 것이다. 벌써 보고 들었어야 할 일인데 늦었지만 지금은 또렷하게 보고 듣는다.

실제적인 각도에서 본다면 믿음은 사람이 자신의 내부에 하나님의 재창조의 동력을 도입하는 일이다. 새로운 동력을 내장한 믿음의 사람들은 새롭게 도입된 새 동력으로 살아간다. 이런 경험을 두고 바울은 이렇게 진술한다. "내게 능력 주시는 자 안에서 나는 모든 것을 할 수 있다." 하나님은 "능력 주시는 분"이고 믿음의 사람은 "모든 것을 할 수 있는 사람"이다.

모든 것을 할 수 있는 사람이 하나님의 재창조 공사 현장으로 달려간다. 그 공사장에서 진행되는 모든 일은 사랑에서 이뤄지는 사랑의 재창조 공사다. 하나님이 할 수 있는 일은 사랑의 재창조 밖에 없다. 이 재창조 공사가 어떻게 진행될까 살펴보자. 현장으로 가보자.

어떤 사람이 어떤 죄에 빠진 일이 드러나면 온유한 마음으로 그런 사람을 바로잡아 주고, 자기 스스로를 살펴서 유혹에 빠지지 않도록 조심하라.

서로 남의 짐을 져주어라. 그렇게 하면 그리스도의 법을 성취할 것이다. 어떤 사람이 아무것도 아니면서 무엇이 된 줄 생각하면 그는 자기를 속이는 것이다. 사람은 각각 자기 몫의 짐을 져야 한다(갈6:1–5).

모든 것을 할 수 있는 사람이 나타나자 삶의 현장에는 금방 활기가 넘친다. 이 사람은 양 손에 짐을 들었다. 그렇지만 짐의 무게를 느끼지 않는다. 하느님의 동력이 그 안에서 작동하고 있기 때문이다. 하나는 남의 짐이고 다른 하나는 자신의 짐이다. 이 사람은 구경꾼이라는 말을 싫어한다. 그가 살아가는 세상에는 남의 일이 있을 수 없다. 남의 일이 없으니 모든 일이 다 자신의 일이어서 구경만 할 수 있는 일은 없다. 그래서 그는 언제나 어디서나 주인의 마음으로 나서서 일한다. 그는 남의 짐을 져주는 사람이다. 그러면서 "죄에 빠져" 잘못된 사람을 "온유한 마음으로 바로잡아 준다." 죄는 사람에게 손상을 입힌다. 죄를 지은 사람은 죄의 파괴력 때문에 심한 손상을 입는다.

하느님의 사람은 손상 받은 이 사람에게 다가가서 바로잡아 준다. 의사가 잘못된 사람의 몸을 바로잡는 것처럼 그 사람을 바로잡아 준다. 강도 만난 사람에게 달려간 사마리아 사람이 사람을 구하기 위해서 노력했던 것처럼 해야 한다. 사마리아 사람의 움직임은 사람이 어떻게 살아야 하는지 알려주는 모범답안이다. 어부가 손상된 그물을 손질하는 것처럼 못쓰게 된 사람을 바로잡아줘서 건전한 사람으로 살아가도록 손을 써야 한다.

이것이 양 손에 짐을 든 장성한 사람이 하느님의 재창조 작업을 거드는 방식이다. 누가 넘어진 여인에게 돌을 던지는가? 가장 괴롭고 슬픈 사람은 당사자다. 누가 비판하고 누가 판단하며 누가 정죄하는가? 누가 쓰리고 아픈 상처에 초를 치는가? 간신히 버티면서 힘겨운 재앙을 견디는 사람에게 달려들어 구박을 하는 사람은 누구들인가? 1차 피해도 서럽고 고통스러운데, 2차로 3차로 달려들어 넘어진 이를 발로 차는 그대들은 누구신가?

그리스도의 법은 얼마나 아름답고 과학적인가? 먼저 자신의 짐은 자신이 들고 가도록 해야 한다. 자신의 짐을 지고 가지 않는다면 세상은 버려진 짐들 때문에 어려운 일들이 많이 일어나게 될 것이다. 식구들이 각각 자기 짐을 다 들고 가면서 제 앞가림을 한다면 세상이 훨씬 안정감 있게 될 것이다.

그러나 현실 속에는 자신의 짐을 지고 갈 수 없는 사람들이 있기 마련이다. 자신의 짐을 자신이 지고 가지 못하는 것을 서러워하고 미안해하는 약자들이 예상 밖으로 많다. 이들이 지고 가지 못하는 짐은 어찌해야 될까? 스스로 지고 가지 못하는 그 짐은 그리스도의 법을 따르는 사람들 몫이다. 그리스도의 법을 따르는 사람은 어디서나 언제나 양손으로 두 개의 짐을 들고 간다. 무겁지 않느냐고 물으면 환한 웃음으로 대답을 대신한다. 입을 다문 채로!

그리스도는 하느님의 재창조 작업을 선두에서 이끌고 가면서 재창조의 완성을 목표로 일한다. 하느님이 작업하는 재창조의 완성을 일컬어서 구원이라 말한다. 그리스도는 이 구원을 일궈내기 위해서 일하다가 작업장에서 희생되었다. 믿음의 사람들은 그에게서 정신과 실천을 배워서 "그리스도께서 사신 것처럼 그렇게" 살아가는 사람들이다.

41 ▪ 쌍둥이 : 의(義)와 은혜(恩惠)

바울의 가르침을 보자. "그리스도 안에 있으면, 그는 새로운 피조물이다. 옛 사람은 지나가고 새것이 되었다"(고후5:17). 하느님의 재창조의 역사에 의하여 새롭게 손질된 사람을 두고 하는 말이다.

이 사람은 어떻게 해서 새롭게 손질이 될 수 있을까? 그 핵심원리가 밝혀진다. "은혜가 의를 통하여 사람을 지배한다"(롬5:21). 은혜가 가동되게 하려면 하느님의 의라는 이름의 단추를 눌러야만 한다. 하느님의 은혜는 하느님의 의(義)를 찾아간다. 하느님의 의와 은혜는 일란성 쌍둥이다. 이름만 다른 둘이지 사실상 하나다.

실제적인 관점에서 말한다면, 하느님의 의가 자신에게 주어진 사실을 아는 사람, 자신이 하느님의 의를 가지고 있다는 것을 깨달은 사람에게만 하느님의 은혜가 주어진다는 말이다. 자기가 "의롭다는 선고를 받았으며" 하느님이 "죄 없다고 인정해 주시며" "의롭다고 여겨 주시는" 바로 그 사람이라는 사실을 깨닫고 살아가는 사람에게 은혜가 작동된다. 의(義)가 은혜(恩惠)의 버튼이다.

은혜를 내려달라고 요청하는 일은 의미가 없다. 죄수복을 입은 채로는 아무리 은혜를 간청하더라도 소용없다. 이미 자신에게 내려와 있는 하느님의 의를 알아차리는 사람에게는 하느님의 은혜가 자동적으로 공급된다. 하느님의 의를 주목하는 일과 은혜의 흐름을 경험하는 일은 동시에 일어난다. 하느님의 의는 하느님의 은혜를 작동시키는 단추다. 둘은 별개의 장치가 아니라 하나로 움직이는 하나의 구동장치다.

하느님의 의에 대하여 눈은 멀어 있고 몸에는 무거운 죄수복을 걸친 사람의 내부 사정은 하느님의 은혜를 받아들이기가 불가능하다. 은혜는 하느님의 원리와 동력이 사람 내부에서 실행되는 상황을 그리는 그림이다. 그러기 위해서는 하느님과 사람을 별개로 갈라놓는 죄의 작동이 멈춰야만 한다. 죄의 작동을 단숨에 멈추게 하는 일은 자신에게 들어와 있는 하느님의 의를 발견하는 일이다. 하느님의 의를 발견하는 동시에 죄의식은 소멸된다.

안에서 밖을 만든다는 것이 삶의 바른 순서다. 하느님의 방식도 그렇다. 믿음은 자신의 내부에서 타오르는 불꽃을 응시하며 거룩한 음성에 귀를 기울일 때 작동되는 동력이다. 이러한 동력으로 살아가는 사람을 바울은 새로운 피조물이라 일컬었다. 그리고 그는 자신에게 이미 주어진 하느님의 의를 주목하면서 자신의 내부에서 진행 중인 하느님의 재창조 작업을 감각한다. 자신이 하느님의 재창조작업의 현장이 되었다는 사실을 알아차린다. 지금껏 자기인 줄만 알아오던 그 죄수가 자신이 아니라는 사실을 확인하면서 내부에서 가동되는 재창조에 마음 문을 활짝 연다.

특별하게 혼란스럽고 힘들고 고통스런 경험들은 "죄가 많은 곳에 은혜가 넘치는" 재창조의 특별 공정(工程)에서 생긴 통증이었다. 고통을 수반하는 재창조는 안에서 밖을 만들어내는 내부수리 작업이었다.

사람의 의식(意識)내용은 두 가지로 볼 수 있다. 어떤 의식을 가지고 있는가에 따라서 은혜의 활용 여부가 결정된다. 하나는 집 안에 머무는 일이 평안치 않아서 스스로 밖으로 자신을 데리고 나가는 종의 의식이다. 다른 하나는 집안에 있는 생활이 체질에 맞아서 필요할 때는 언제든지 안으로 들어가서 내부의 혜택을 누리며 평안을 누리는 아들 의식이다. 자기 집을 남의 집처럼 느끼면서 밖으로만 도는 종의 마음을 가지고 있는 사람에게서는 하느님의 은혜가 가동되지 않는다. 반면에 하느님의 의를 경험하면서 자신이 아들임을 경험으로 알고 있는 아들에게서는 하느님의 은혜가 자동적으로 가동된다.

바울이 말하는 '옛 사람'은 자신이 종이라고 생각하며 살아가는 사람이다. 그리고 '새 사람' 혹은 '새로운 피조물'은 자신이 아들이라는 감각으로 살아가는 사람이다. 아들의식을 가진 사람의 내부에만 하느님의 원리가 들어와서 자리 잡고 운동력을 나타낼 수 있다. 그러면서 나무줄기와 가지가 하나로 돌아가는 것과 같이 하느님과 사람은 하나가 된다. "하느님과 나는 하나다"라고 증언한 예수의 가르침이 그것이다.

하느님의 무죄선언은 곧 재창조 역사의 시작을 의미한다. "하느님이 주는 의"가 "내가 가진 의"로 전환되는 즉시 하느님의 은혜가 가동되기 시작한다. 그 모든 것이 표현은 각각이지만 내용적으로는 동시적이다. 하느님의 은혜가 가동되는 이 기본 원리를 터득하는 것이 얽혀버린 삶을 정돈해 나가는 비결이다.

42 ■ 선택의 플러스 & 마이너스

사람의 일생은 살아오면서 자신이 취해 온 모든 선택의 총 합계다. 바른 것은 바른 대로, 잘못된 것은 잘못된 대로 선택의 총계(總計)가 자신의 삶이 된다. 인생 길을 걸으면서 선택만큼 그 중요성이 실감나는 일도 없을 듯하다. 모든 선택이 하나도 빠져나가지 않고 고스란히 모여서 선택자의 몫으로 남는다.

지금까지 하느님의 은총에 대하여 그리고 그 은총에 대한 사람들의 반응에 대하여 살펴 왔다. 반응 중에 가장 핵심 되는 것이 바로 선택이다. 하느님이 건네주는 "하느님의 의"를 "내가 가진 의"로 전환시키는 그 순간에 하느님의 은혜가 작동되는 사실도 살폈다. 이 경우에 사람들의 선택은 주어진 하느님의 의를 인식하고 접수하는 수동적 반응이다.

모세의 가르침을 보자. "나는 오늘 하늘과 땅을 증인으로 세우고, 생명과 사망, 복과 저주를 그대들 앞에 내놓았다. 그대들과 그대들의 자손들이 살려거든 생명을 선택하라"(신30"19). 생명으로 가는 길과 죽음으로 가는 길 두 갈래 길이 사람들 앞에 드러났다. 어느 길을 선택해서 가야 하는지를 결정하는 것은 사람의 몫이다. 이 선택의 과정이 얼마나 중요한지 그리고 그 선택의 과정이 얼마나 어려운

지에 대해 일러주는 가르침이 있다. 엘리야가 가르치는 말을 들어보자. "그대들은 언제까지 다리를 양쪽에 걸치고서 머뭇거리고 있을 것인가?"(왕상18:21).

믿음의 역사(役事)는 명확한 선택을 추진한다. 죽은 자는 선택을 모른다. 그러나 살아 있는 사람은 선택한다. 모르는 사람은 머뭇거린다. 그러나 아는 사람은 선택이 빠르고 분명하다. 약한 사람은 상황의 지배를 받으면서 끌려가지만 강한 사람은 믿음의 동력으로 상황을 만들며 살아간다. 칼을 뽑는 것은 단호한 결정과 선택을 의미한다. 몸에 이미 배어 있는 사회적 인식과 인습과 문화에 대하여 냉철한 검토와 비판을 가하면서 필요하면 '아니오'를 외쳐야 한다. 뽑아든 칼로 아닌 것은 잘라내야 한다.

태국 어느 지역 사람들은 지금까지도 이상한 풍습을 지니고 살아간다고 한다. 여인들이 비만일수록 미인으로 평가받는다. 기혼 여성들 대부분이 초고도 비만이고 미혼 여성들도 비만이어야 인기가 높다는 것이 사회적 인식이다. 결혼한 여성들은 남편들에게 살림을 맡기고 살찌우는 데 필요한 대량의 식사를 한 뒤에 바로 드러누워 빈둥거린다. 사실 고도 비만 때문에 앉아 있기조차 힘드니까 어쩔 수 없는 선택이기도 하다.

이러한 초고도 비만이 매력적이고 자랑스러운 가치라는 잘못된 인식은 잘라내야 할 미신이다. 배 둘레가 키보다 훨씬 더 긴 그 체중을 이기지 못해 눕지도 못하고 차라리 쓰러져야 하는 것을 매력으로 친다니! 분명 바뀌어야 할 폐습(弊習)이지 미덕은 아니다. 폐습에 대한

한 가지 대응은 "아니오"다.

그 사회가 만들어 내는 인습은 얼마나 무서운 힘으로 그 구성원들을 지배하는가? 구성원들은 그 인습을 따라야만 하는 것으로 알고 거기에 얽매여 산다. 전통이니 상식이니 하는 것들이 구성원들을 얽어맨다. 어느 밀림지역 원시 부족은 앞니를 뾰족하게 만드는 것이 좋은 일이라는 인습 때문에 정말 원시적이고 고통스러우며 위험한 방식으로 앞니를 쪼개내서 고양잇과 동물 이빨처럼 뾰족하게 만든다. 이때 사용되는 도구는 둔탁한 칼과 망치가 전부다. 고통과 부작용과 위험성은 말로하기 어렵다. 또 벌거벗은 여인의 몸에 무자비하게 채찍질을 하면서 쾌감을 느끼는 처참한 놀이가 전통으로 자리 잡은 경우도 있다. 몸에 남는 흉터가 자랑거리로 인식되기까지 한다. 채찍 흉터를 만드는 그 행사 현장은 집단 히스테리가 심해져서 정상이라고 볼 수 없는 이상 행동들이 정례 공연처럼 이어지기도 한다.

인류사회 공통으로 거기에 빠져 있는 병적증세 중 하나는 거의 모든 사람이 앓고 있는 소유 중독증이다. 사람들에게는 누구에게나 일용할 양식이 필요하다. 일용할 양식을 준비하는 일은 신성한 노동이요 의무다. 문제는 일용할 양식 외에 과식(過食)을 위해서 탐심을 내는 일이다. 그러면서 성서가 가르치는 이른바 "어리석은 부자" 병에 걸리는 거다. 사회는 이런 병적 현상을 정상이라고 부추기면서 누구도 거역하기 힘든 인습과 문화로 고착시킨다. 정상인이라면 건전한 경제활동은 필수 의무다. 그러나 막 나가는 자본주의가 가져올 피하기 어려운 위험성에 대한 감각은 꼭 살려둬야 한다.

어리석은 부자 질환을 자랑하는 사람이 활개를 치는 반면 일용할 양식거리도 없는 약자들은 배를 줄이면서 주눅이 드는 현실은 반갑지 않다. 소유 문제가 사회의 지배원리로 자리 잡고 사회구성원들을 빈틈없이 짓누른다. 물질을 사실상 하느님으로 인정하는 유물론적 일방주의가 정말 걱정스럽다.

그 막심한 피해사실을 외면하고 모두가 중증 고도비만 환자가 된다. 병적으로 살이 찌는 것을 좋은 것이라고 생각하는 그 인습을 받아들여야만 하는가? 맹목적으로 따르면서 자신을 고도 비만환자로 만들고 또 자식도 그 인습의 노예로 길러내야 하는가? 미신을 과학이라고 잘못 알고 있는 현실을 어떻게 교정해야 할 것인가? 분명히 지구가 움직인다는 것을 알면서도 지동설(地動說)을 미뤄놓고 천동설(天動說)을 안고 살아야만 하는가?

43 ▪ 칼의 용도

세상을 장악하고 있는 물신(物神)의 위력에 눌려서 사람마다 그 물신 숭배의 광신도가 되었고, 세상은 물신의 지배 아래 놓여 암흑가처럼 흉물스러워졌다. 이렇게 잘못 흘러가는 세상의 방식을 맹목적으로 따를 수는 없다. 믿음의 동력을 갖춘 사람은 살아가는 일을 망치는 미신들을 단호하게 잘라버리고 생명을 누리게 할 진정한 길을 선택해야 할 것이다.

필자가 말하는 미신은 종교 집단에서 상투적으로 말하는 의미와는 다르다. 사람의 가치를 손상시키면서 돌아가고 있는 모든 움직임들은 다 미신일 뿐이다. 그것이 아무리 공인된 종교 명찰을 달았을지라도 사람의 가치에 손상을 입히는 움직임이라면 미신이란 평가를 피할 길이 없다. 미신을 완벽하게 제거하고 있는 예수의 가르침은 그 맛이 담백하다. 미신을 섞어놓은 종교는 그 맛이 느끼하다.

예수 명찰을 달기는 했지만 예수 이후의 움직임은 다시 느끼해지는 불행이 반복되었다. 종교라는 명찰을 달았다고 해서 느끼해도 되는 것은 결코 아니다. 세상에 느끼한 미신들이 얼마나 많이 깔려 있는가. 공인 종교만이라도 느끼한 기름기를 제거하고 담백한 맑은 장국을 끓여낸다면 얼마나 입맛 댕기는 밥상이 될까. 예수의 가르침과 삶 속에는 느끼함이 전혀 없었다. 그의 삶도 그의 가르침도 담백했다. 그의 가르침이나 삶이 그렇게 담백할 수 있었던 것은 그가 당시의 미신들과 과감하게 맞섰기 때문이다. 그러면서 미신의 연장 선 위에 있는 사회적 폐습을 쓸어버리기 위해서 자신을 아끼지 않고 내놨기 때문이다.

모세도 엘리야도 삶의 과정에서 선택의 중요성을 강조해서 가르쳤다. 선택의 긴급성에 대한 예수의 가르침은 더 절박하다. "너희는 내가 세상에 평화를 주려고 온 줄로 생각하지 마라. 평화가 아니라 칼을 주려고 왔다"(마10:34). 칼은 필요치 않은 부분을 제거하는 일에 사용되는 도구다. 생명의 길을 가는 사람은 죽음으로 가는 길에 대하여 '아니오'를 명확하게 외쳐야 한다. '아니오'가 없는 사람은 자신이 가야할 길을 아직 찾지 못한 사람이다.

자신의 길을 가는 사람은 예수의 가르침을 귀담아 듣는다. "내가 세상에 속하지 않은 것과 같이 그들도 세상에 속하지 않았다”(요 17:16). 그는 바울의 가르침도 마음에 담는다. “나는 그대들이 영에 속한 사람들에게 말하듯이 할 수 없다. (...) 그대들은 아직도 육에 속한 사람들이고 인간의 방식대로 살아가고 있다”(고전3:1-3).

하느님의 사람은 몸으로는 세상에 있지만 세상의 정신과 방법을 따라서 살지 않는다. 세상에 속하지 않는다는 말의 의미가 그것이다. “속한다”는 말의 의미는 “~의 지배를 받는다”는 의미다. “육(肉)에 속한다”는 말은 “육의 지배를 받으면서 살아간다”는 의미다. “영(靈)에 속한다”는 말의 의미는 “영의 지배를 받으면서 살아간다”는 뜻이다. 그는 하느님의 의가 자신에게 주어졌음을 명심하고 자신이 그 은혜의 소유자임을 명심하면서 살아간다.

하느님의 사람은 영의 지배를 받으면서 살아가는 사람이다. 영의 지배를 받는다는 것은 어쩐다는 말인가? 원래 사람은 하느님의 형상을 닮았다고 했다. 이 말의 의미는 아들과 아버지 사이에 공유된 요소가 있는 것처럼 하느님과 사람 사이에 공유된 그 형상의 작동에 의하여 사람이 하느님과 동행할 수 있다는 것이다.

하느님과 사람 사이에 공유되고 있는 이 부분을 ‘영(靈)’이라고 부르면 적절할 것이다. 자기에게 주어진 하느님의 영을 자각하고, 영에 속한 줄 자각하여, 영의 프로그램을 따르는 사람이 영에 속한 사람이다. 반면, 자신에게 이뤄진 일을 자각하지 못하고 주어진 특전을 활용하지 못한 채 살아가는 사람은 육에 속한 사람이다. 인디안 민화에 이런 얘기가 있다.

어느 개구쟁이가 산에 올라갔다가 독수리 알을 주워왔다. 그는 마침 알을 품고 있는 암탉의 둥지 안에 독수리 알을 넣었다. 얼마 뒤에 병아리들과 함께 독수리 알도 부화되어 나왔다. 독수리는 병아리들과 함께 자라났다. 보고 듣는 것이 병아리가 전부인 독수리는 자신도 병아리거니 하면서 병아리 행세를 했다. 날카로운 부리와 발톱이 자라왔지만 그 용도를 전혀 알지 못한 채 병아리 짓만 계속했다. 그러던 어느 날 밤에 쥐떼가 닭장을 공격해 왔다. 부리와 발톱의 용도를 모르는 독수리는 잔뜩 겁을 먹은 채 병아리들과 함께 도망치기에 바빴다. 등치만 커진 독수리는 병아리들에게서 마냥 조롱을 받으면서 세월이 흘렀다. 그동안 병아리들에게서 들쥐에게도 쫓기는 닭이라는 조롱을 수도 없이 들어왔다. 나이 먹어 늙은 어느 날, 이 독수리가 공중을 나는 독수리들을 보면서 혼잣말을 했다. "아! 세상에 저렇게 멋진 새도 있구나!"

자신이 무엇인지를 자각하는 일은 의미 깊은 큰 사건이다. 내부에서 떨기나무의 불을 보는 사람은 자다가 깬 사람이다. 지금까지는 그 불꽃을 전혀 의식하지 못하고 지내왔다. 모세도 호렙산에 올라오는 그때 그 시간에 비로소 눈이 열리고 그 내부에서 엄청난 변화가 일어났다. 그러면서 그는 전혀 새로운 사람으로 살아가기 시작했다. 그때까지 모세에게 내장된 하느님의 영은 작동되지 않고 거의 사장(死藏)되어 있었던 셈이다, 떨기나무에서 불꽃을 보는 그 순간에 그에게 내장되었던 하느님의 영이 가동되기 시작했다. 이것은 다른 측면에서 보면 하느님의 재창조 역사가 강하게 일어나는 순간이었다고 볼 수도 있다.

이렇게 사람이 자신의 내부에서 불꽃이 피어오르는 의식의 각성을 경험하는 방식은 사람마다 다르다. 그러나 멈춰있던 하느님의 영이 작동되기 시작한다는 내용면에서는 다를 바가 없다. 바울은 그 경험을 "자다가 깬다"고 했다. 어거스틴이나 엑하르트도 거의 비슷한 각성 경험을 했다. 많은 사람들이 고백하는 비일상적인 초월적 경험들은 자다가 깨면서 생겨나는 의식의 경험들이다. 물론 계속해서 잠만 자는 사람도 있을 터이다.

Part 7

인신공양(人身供養)

44 ■ 일어나라

하느님의 형상이라는 프로그램을 공유하는 사람과 하느님 사이에는 아무런 얽힘이 없었다. 사람들은 하느님의 발자국 소리를 들으면서 하느님과 동행하는 것이 가능할 정도로 그 삶이 순조로웠다. 그러나 그런 세월이 오래 가지 않았다.

하느님과 사람 사이에 삐걱거림이 시작되었다. 그러면서 둘 사이가 소원(疏遠)해지더니 결국에는 사람들이 '하느님 없는 자'가 되기에 이르렀다. 사람에게 주어진 하느님의 형상은 점점 방전(放電)되어 동력이 약화되다가 거의 사장(死藏)이 되는 처지에까지 이르렀다.

내부에 이런 문제가 발생하면서 그 얽힘이 외부로 나타내기 시작했다. 안에서 바깥을 만드는 일은 주변에서 종종 일어난다. 사람들은 홍수의 경고를 받기도 했고 소돔이나 고모라 사태와 같은 경험도 했고 바벨탑이 무너지는 참사를 겪기도 했다. 그러면서도 사람들은 '하느님 없는 자들'이었고, 여전히 '해서는 안 될 일'을 고집했다. 문제점을 아는 이들이 나서서 가르치고 권했지만 아무 소용이 없었다.

모든 것이 다 끝나고 마는가 싶은 때에 길 안내로 끝나지 않고 그 자신이 길이신 예수가 역사의 마당으로 뛰어나왔다. 그는 하느님에 대해서 가르치는 것만이 아니라 그 자신이 하느님과 하나였다. 그 자신이 길이고 하느님과 하나인 예수가 '하느님 없는 자'들에게 다가갔다. 그러면서 탈진한 사람들에게 재활을 위한 재충전 작업을 시작했다. 본격적인 재창조 작업이었다. 그의 출현이 재활 작업을 위해서였고, 그의 가르침 또한 재활작업을 위해서였고, 그의 죽음은 재활을 위한 긴급조치였다.

바울은 예수의 인격과 가르침과 죽음에서 하느님의 의를 발견하는 엄청난 공헌을 남겼다. 하느님의 의를 알아낸 이 발견은 인류 역사상 그 어떤 발견보다도 더 값지다. 사람들이 '하느님이 내게 의를 주셨구나!' 깨닫고 '나는 이 하느님의 의를 가진 자이구나!' 깨달으면서 '나를 의롭다고 인정해 주셨구나' 깨달으면 즉시 재충전이 시작된다. 하느님의 의를 발견하는 일, 그 의가 자신에게 주어졌음을 깨닫는 일, 이것이 재활의 열쇠다.

이 반전(反轉)이 이렇게도 설명되었다. "그대들은 지금이 어느 때인지 안다. 잠에서 깨어나야 할 때가 벌써 되었다. (...) 밤이 깊고 낮이 가까이 왔다. 그러므로 우리는 어두움의 행실을 벗고 빛의 갑옷을 입어야 한다"(롬13:11-12). 해가 중천에 떴다. 일어나서 출근해야 할 때가 지나고 있다. 하느님의 아들들은 일어나서 생활 현장으로 역사의 중심으로 나아가야 한다.

45 ▪ 기본동작 : 생각

이제는 더 이상 머뭇거리기 어렵다. 일어나야 할 때다. 진정한 각성을 필요로 하는 때다. 자다가 깨어나야 하는 각성의 아침이다. 모세가 호렙산 자락에서 자신의 내부에서 타오르는 불꽃을 발견한 것처럼 하느님의 아들들은 열린 문을 통하여 내부의 불꽃을 발견한다. 그리고 모세가 역사의 무대인 이집트로 달려갔던 것처럼 아들들은 모두 삶의 현장에서 생명의 핵심을 살아가기 시작한다.

각성의 본보기로 보이는 모세에게 나타난 불꽃을 더 살펴보자. 각성 이전의 아들들은 늘 닫힌 문 밖에 머무른다. 큰 아들이 담장 밖에 있기를 고집하고, 작은 아들은 아예 떠나서 먼 세상으로 돌아다녔다. 이들은 다 종 의식에 사로잡혀 있었다. 아들 의식을 가진 사람은 편한 마음으로 집 안에 머물지만 종 의식을 가진 사람들은 노숙(露宿)이 차라리 편하다. 그래서 이들은 닫힌 문이 열리기를 기대하지 않을 뿐만 아니라 문이 닫혀 있는 것을 오히려 다행이라고 느낀다. 왜 바깥에 머무르는 걸 편안하게 느낄까?

한 마디로 그렇게 살아보지 않아서 그렇다. 노숙인은 길가 생활이 차라리 편안할는지 모른다. 걸인 행세가 몸에 밴 사람은 대접받는 일이 어색할지도 모른다. 바깥 생활을 편하게 생각하는 사람은 문을 열고 안으로 들어갈 필요를 느끼지 않는다. 열린 문을 통해 안으로 들어가는 것이 각성이다. 사람들은 육체와 자신을 동일시하면서 살아가는 일에 익숙해져 있다. 당연히 자신을 육체라고 생각한다. 이런 방식에 길들여져서 자신을 바라보는 관점을 바꾸지 못한다.

무조건 묶여 있지 말고 실제상황을 잘 살펴서 그 관점을 바꿔보자. 자신이 육체를 가졌다는 것을 사람이 어떻게 아는가? 감각에 의해서 안다. 감각에 의해 그렇다는 것은 무엇을 말하는가? 감각이 경험하는 것을 사람이 알게 하는 것은 무엇인가? 감각 자체는 감각을 감각할 수 없다. 감각 이상의 무엇이 있어야 한다. 사람마다 자기 냄새는 못 맡는다. 내 냄새는 다른 사람이 감각한다. 자신의 감각을 감각하지 못한다면 그 감각을 알아차리는 무엇이 있어야 한다. 감각 내용을 알아채는 장치를 마음이라 일컫는다.

그러나 거기에 멈추지 않는다. 마음으로 감각을 안다면 마음이 아는 것은 무엇이 알게 되는가. 마음 자체는 마음을 경험할 수 없다. 마음보다 성능이 다른 무언가가 있어야 마음을 바라보면서 마음을 헤아릴 수 있다. 이렇게 마음속에서 일어나는 일들을 인식하며 어떻게 반응하는지 관찰하는 장치가 있어야 사람에게서 일어나는 일들을 설명할 수 있다. 육체를 아는 것은 감각이고, 감각을 아는 것은 마음이다. 이 마음의 움직임을 관찰하고 있는 그것을 일컬어 의식(意識)이라 부른다.

사람들 정신 현상에서 뚜렷하게 나타나는 문제 중 하나가 동일시(同一視)의 문제다. 자신과 특정 대상을 하나로 묶어놓고 살아가는 습관이다. 육체와의 동일시 속에서 사는 사람이 있다. 그러면 그의 삶은 육체의 한계 속에 갇힌다. 이 시대의 정신을 병들게 하는 정신의 흐름은 소유와의 동일시 속에서 사는 습성이다. 소유와 자신을 하나로 여기는 일이다. 우리는 옷과 자기를 동일시하는 여인들, 자동차와 자기를 하나로 여기는 남성들, 명예와 권력을 자기와 하나라고 생각하는 멍청이들 틈에서 살아간다. 물론 자신이 그 멍청이들 중 하나라는 걸 잘 안다.

또는 마음 현상들인 생각이나 느낌들과 자기를 동일시하며 사는 사람들도 있다. 그러면서 자신이 마음의 주인이라는 것을 인식하지 못하고 마음현상에 끌려 다니는 노예가 되고 만다. 호킨스가 알려준다. "이처럼 한정된 자신에 대한 관념을 극복하고 자아를 의식(意識)자체와 동일시할 때에야 우리는 깨달은 사람이 된다"(의식 혁명. pp.236-237).

육체는 '나'가 아니라 '그것'이다. 옷이나 자동차는 '나'가 아니라 그것들일 뿐이다. 마음도 그 속에서 움직이고 있는 생각이나 기분이나 느낌도 '나'가 아니다. 그것들은 '나'가 아니라 '그것들'일 뿐이다. '그것들'을 '나'로 알고 살아가자니 그 삶이 얼마나 기형(奇形)으로 돌아갔을까? '그것들'은 '나'를 지배하는 주인이 아니라 '나의 것'에 지나지 않으며, 소용되는 대로 '내가 사용하는' 생활 용품들일 뿐이다. 우리는 감각 현상과 마음 현상들 모두를 바라보고 있는 이 의식(意識)이 '나'인 줄 알아야 한다.

이 모든 잘못된 동일시들을 삭제하고 모든 주관적 객관적 상황들을 살펴보고 있는 의식(意識)과의 동일시를 이룩하면 그때 닫힌 문이 열리면서 새로운 세계가 열리게 된다. 이것이 자다가 일어나는 깨달음이고 각성이다. 지금까지 문이 닫혀 있었고 그렇게 눈이 감겨 있었던 까닭이 바로 그 잘못된 동일시 때문이었다. 그릇된 동일시만 삭제되면 문이 열리고 새로운 세계가 펼쳐진다. 잘못된 동일시가 바로 비늘이었고 콩깍지였고, 낫을 놓고도 기억자인 줄 모르게 하는 모든 맹(盲)의 근본 원인이었다.

위와 아래와 앞과 뒤를 뒤바꿔놓는 동일시의 혼란 때문에 세상은 뒤죽박죽이 된다. 잘못된 동일시 때문에 사람이 사람으로 살지 못하고 노예로 살아야 하는 일이 계속된다. '그것들'일 뿐인데, '나'라고 잘못 알고 그것들에게 묶여서 그들과 같은 수준에 갇혀서 사람으로 살아온 것이 아니라 감각으로, 생각으로, 느낌으로, 옷으로, 자동차로, 명예로, 그리고 권력으로 굴러다닌 셈이다.

'영에 속한 사람'(고전3:1)은 바로 '깨달은 사람'이고 이 사람은 '하느님의 영으로 인도하심을 받는 사람'(롬8:14)이다. '육에 속한 사람'(고전3:1)은 육과의 동일시에 묶인 사람이며 '육신을 따라서 사는 사람'(롬8:12)이다. 이제 상황을 정리할 필요가 있다. 지금까지 삶이 얽힌 이유가 밝혀진다. 잘못된 동일시에 의해 이치에 어긋나게 육신을 따라서 살았기 때문이다. 무엇이든지 이치에 어긋나면 편안치 않다.

이 어긋난 동일시를 바로잡는 획기적인 반전(反轉)이 하느님의 재창조다. 이 재창조의 종자 씨앗으로 사람들에게 주어져 있는 것이 하느님의 형상이다. 이때에 사람 내부에서도 뚜렷한 각성이 일어난다. 이렇게 각성한 사람이 늦잠을 자다가 일어나는 사람과 같다. "우리는 빚을 지고 사는 사람들이지만, 육신에 빚을 진 것이 아니다. 우리는 육신을 따라서 살아야 할 존재가 아니다. 그대들이 육신을 따라서 살면 죽을 것이다. 그러나 성령으로 몸의 행실을 죽이면 살 것이다. 하느님의 영으로 인도함을 받는 사람은 누구나 다 하느님의 자녀이다(롬8:12-14).

이제는 바울의 말대로 "믿음의 선한 싸움"(딤전4:7)을 싸워야 한다.

어긋난 세월이야 어쩌겠는가? 이제부터 싸워야 할 싸움만 잘 싸우면 된다. 전황(戰況)도 다 드러났다. 어느 방향으로 어떻게 싸울 것인가? 이 전쟁에서 이기려면 어떻게 해야 되는지 바울이 일러 준다.

육신을 따라 사는 사람은 육신에 속한 것을 생각하지만 성령을 따라 사는 사람은 성령에 속한 것을 생각한다. 육신에 속한 생각은 죽음이다. 성령에 속한 생각은 생명과 평화다. 육신에 속한 생각은 하느님께 품는 적대감이다. 하느님의 영이 그대들 안에 살아계시면 그대들은 육신 안에 있지 않고 성령 안에 있다(롬8:4-9).

하느님의 사람은 "은혜의 자리에 서 있는 사람"(롬5:2)이며 그의 삶은 "은혜가 의를 통하여 사람을 지배"(롬6:21)하는 아주 특별한 방식으로 진행된다. 그는 하느님의 은혜의 지배를 따라서 움직인다. 그가 살아가는 방식은 "은혜의 지배"다. 이것은 수동태 방식이다. 다른 이름으로는 하느님의 재창조다. 계속되는 창조와 피조의 관계다.

그렇다면 하느님의 아들들이 성령을 따라서 살아가는 방법은 무엇인가? 바울이 알려준다. '성령에 속한 것을 생각한다.' '생각한다' 이것이다. '생각'이 파란만장한 인간의 삶의 성패를 결정한다. '생각하는' 것이 삶의 최초 동작이며 삶의 기본 동작이다. 생각이 체내에서 화학 변화 등 각종 변화를 일으키면서 사람의 삶을 만들어낸다. 삶의 성격은 생명의 최초 움직임이며 기본 동작인 '생각'이 결정한다. 생각은 사람의 의식의 움직임의 화살표다. 이 화살표가 사람의 의식이 어느 방향으로 움직이는지, 어디에 가서 머무는지 알려준다. 생각을 따라서 삶이 움직이고 생각이 머무는 곳에 가서 삶이 머문다.

무슨 생각을 하느냐가 곧 그 사람의 인격이며 생활이다. '지금 무슨 생각을 하느냐?' 이것이 그 사람의 전부다. 바울은 생각의 중요성을 말하면서 이렇게 가르쳤다. "모든 생각을 사로잡아서 그리스도에게 복종시킨다"(고후10:5). 끊임없이 들고 나는 생각들, 쉬지 않고 오가는 생각들, 이것들을 정리정돈하지 않으면 그것들에게 얼이 빠지고 묻혀 버릴 지경이 된다. 그것들을 사로잡지 않으면 내부에서 일어나는 분란이 마치 전쟁마당처럼 되고 만다. 살아가는 것은 생각을 사로잡는 연속동작이다.

내부 정리를 하는 일의 핵심이 생각을 사로잡는 일이다. 그러기 위해서는 제멋대로 움직이는 것이 완전히 습관화 되어 있는 생각들과의 동일시를 삭제해야 한다. 이것이 재창조의 첫 단추다. 반야심경에 이런 생각들을 전도몽상(顚倒夢想)이라 했다. 생각들이란 뒤집힌 배 같은 잘못된 망상들이라는 가르침이다. 도대체 이 망상들은 왜 생겨나서 사람을 어지럽히는가?

생각을 발생시키는 것이 바로 에고라는 사실을 주목해야 한다. 그러니까 사람이 자신을 수습하자면 에고와의 동일시를 차단하고 에고의 작용으로 발생된 생각들과의 동일시도 차단해야 한다. 그렇지 않으면 생각들이 주인 행세를 하면서 사람을 머슴처럼 부리게 될 것이다. "생각을 사로잡는다"는 것은 생각과의 동일시를 차단하여 생각에게 끌려다니지 말고 일꾼으로 부리라는 뜻이다. 사람이 주인이고 생각은 '그것'일 뿐인 도구에 불과한데 언제부터 주객이 전도되어 배가 산으로 가고 있다.

생각의 주인은 사람이다. 생각에 사로잡히지 말자. 사람이 생각을 사로잡아야 한다. 무엇을 생각할 것인지는 주인이 결정한다. 종은 주인의 결정에 따라야 한다. 주인의 통제를 받아야 한다. 생각이 움직인 방향으로 생활이 움직인다. 생활의 촉이 생각이다.

생각이 움직인 방향으로 생활이 움직이고 생각이 서 있는 자리에 생활이 서 있으며 생각이 앉아 있는 자리에 생활이 앉아 있다. 화살로 말한다면 생각은 화살촉이다. 그 뒤를 따라가는 화살 몸통은 생활과 같다. 화살 몸통은 촉이 가는대로 끌려갈 뿐이다. 이처럼 맨 앞에서 사람을 끌고 가는 것이 생각이니까 이렇게 앞서가는 종 녀석을 바로잡는 것이 생활의 핵심이다. 통제하지 않는다든가 통제를 할 수 없는 상태가 되면 생활은 혼란에 빠진다.

생각의 중요성을 다른 관점에서 살펴보자. “즐거운 마음은 병을 낫게 하지만 근심하는 마음은 뼈를 마르게 한다”(잠17:22). “그 무엇보다도 네 마음을 지켜라. 그 마음이 바로 생명의 근원이기 때문이다”(잠4:23). “너의 마음을 바르게 이끌어라”(잠23:19). “무릇 그 마음의 생각이 어떠하면 그의 사람됨도 그러하다”(잠23:7).

마음의 움직임을 표현하는 말이 ‘생각’이다. 생각을 따라서 마음은 움직인다. 머물러 있는 것이 마음이고 움직이는 마음이 생각이다. 움직이고 있는 생각을 사로잡는 일이 평생의 과제인 마음 다스리기의 핵심이다. 108가지 번뇌로 들끓는 마음을 다스리려면 마음을 뒤집으면서 돌아다니는 생각을 사로잡아야 한다. 생각을 놔둔 채 마음을 다스린다는 일은 괜한 헛수고다.

그 마음 상태가 바로 사람의 상태다. 마음이 평안치 못하면 뼈가 마른다. 마음이 곧 생명의 근원이다. 생각이 얼마나 그 영향력이 무서운가? 미릿속으로 사과를 생각한다. 먹은 것도 아니고 만진 것도 아닌데, 생각을 했을 뿐인데 몸 안에서는 벌써 화학적 변화가 일어난다. 이 화학 작용은 곧 물리적 작용으로 진전할 것이다. 생각이 오장육부를 움직이고 몸 전체에 변화를 일으킨다.

생각이 얼굴을 만드는 성형(成形) 전문가다. 생각은 생명의 상태를 단숨에 바꿔놓는다. 산적(山賊)은 영락없는 산적의 얼굴을, 해적은 영락없는 해적의 얼굴을 들고 다닌다. 일부러 치장을 하거나 분장을 할 필요가 없다. 생각이 치장이나 분장의 전문가이기 때문이다. 별도로 비용 들이고 시간 낼 필요가 없다. 운명이라는 것이 있다면 그것의 주재료는 바로 생각이다. 얼굴을 만드는 생각이 운명을 만든다. 팔자의 근본 재료가 바로 생각이다.

생각을 사로잡는 작업은 어떻게 이뤄지는가? 생각을 사로잡아서 그리스도에게 복종시키라는 것이 바울의 지침이다. 다시 말하자면 '영에 속한 일을 생각하도록' 통제해야 한다는 말이다. 육에 속한 사람으로 육신에 속한 일을 생각하고 있다면 즉시 그 상황을 바로잡아서 '영에 속한 일을 생각하도록' 통제해야 한다.

바울이 자신의 일생을 돌이켜 보면서 '선한 싸움을 싸웠다' 했다. 그 선한 싸움의 내용이 바로 이 '생각 사로잡기'였다. 생각 사로잡는 일은 모든 사람에게 수어진 숙제다. 일체유심조(一切唯心造)라는 가르침은 삶의 핵심을 찌른다. 세상 만사가 마음 먹기에 달렸다는 가르침이다. 이 마음을 어떻게 처리하느냐에 사람의 명운이 걸려 있는데, 마음 처리의 핵심원리가 바로 생각 사로잡기다.

바로 이 문제에 붓다의 가르침이 집중되어 있다. 살펴본대로 성서의 가르침도 그렇다. 붓다는 진리의 길을 찾아가는 사람이 따라야 할 여덟 가지 지침을 제시했는데, 그 가운데 세 가지는 마음 다루는 방법에 대한 가르침이다.

그 하나가 정사유(正思惟)다. 행위 하기 전에 생각을 가다듬는 것이다. 다른 하나는 정념(正念)이다. 마음을 하나에 모으는 일이다. 또 하나는 정정(正定)이다. 마음을 안정시키고 집중하는 일이다. 바울이 말하는 '생각 사로잡기'의 구체적인 방법론이라고 봐도 좋을 정도다. 대학(大學)에 이런 가르침이 있다.

이른바 몸을 닦음이 마음을 바르게 함에 있다.
(所謂 脩身在 正其心)
마음이 없으면 보아도 보이지 않고
(心不在焉 視而不見)
들어도 들리지 않으며 먹어도 그 맛을 모른다.
(聽而不聞 食而不知其味)

생각이 정리되지 않아 마음이 흔들리면 보이지도 않고 들리지도 않으며 입안에 들어 있는 음식조차도 그 맛을 알 수가 없다.

마음이 콩밭에 가 있으니 집안일이 손에 잡히지 않는다. 잿밥에 마음이 가 있으니 제사가 엉망이 된다. 혼이 빠져나간 몸통은 시체와 같아서 제대로 생명활동을 할 수가 없다. 껍질만 가지고 사는 세월을 이제 정돈하고 '생각을 사로잡아' 제자리에 데려다 놓아야 한다. 보이지도 않고, 들리지도 않고, 낫노 모르는 허수아비식 인생을 이제는 끝내자. 그렇게 자신을 가다듬어서 생각을 움직여 마음을 제자리에 갖다 놓고 자신의 용처를 따라서 살아내야 한다. 이런 단계에 있는 하느님의 사람들에 관하여 루터는 이렇게 일러준다.

그리스도인은 모든 것의 우위에 서는 자유로운 군주(君主)로서 그 누구에게도 종속되지 않는다.

그리스도인은 모든 이에게 봉사하는 하인(下人)으로서 모든 이에게 종속된다.

46 ▪ 출근

하느님의 사람들은 잠에서 깨어난 사람들이다. 내부에서 일하는 하느님의 재창조의 동력을 힘입어서 흡사 죽은 것 같던 그 깊은 잠에서 깨어난 사람들이다. 이제는 삶의 마당으로 역사의 무대로 나가야 한다. 내부에서 만들어진 새 삶의 원리와 동력을 바깥으로 펼쳐야 한다. 재창조에 의해서 내부에 채워진 동력을 이웃을 위해 출력해야 한다. 호렙 산에서 힘을 받은 모세가 이집트로 향하는 것과 같다.

김 아무개와 이 아무개에게 하느님이 이루어 놓은 일은 실로 엄청나다. 그에게 일으켜 준 재창조의 역사, 그에게 의(義)를 안겨주고 무죄선언을 하며 의롭다고 인정한 일, 그에게 은혜를 연결시켜서 새로운 피조물로 만드는 등 엄청난 일들이다. 이렇게 큰 은혜를 받은 이 아무개와 김 아무개는 누구에게도 종속되지 않는 자유로운 군주처럼 당당하다. 동시에 김 아무개와 이 아무개는 모든 사람을 섬기면서 봉사하는 머슴이다. 바울은 이렇게 표현한다. "우리는 하느님의 작품이다. 선한 일을 하게 하려고 하느님이 예수 안에서 우리를 만들었다"(엡4:10).

하느님의 사람은 출근 준비를 마친 근무자와 같다. 그는 직무수행에 필요한 복장과 도구를 빠짐없이 갖추었다. 한 걸음 더 나아가서 그들은 종의 마음으로 종의 몸가짐으로 현장으로 달려간다. "그대들 안에 이 마음을 품으시오. 그것은 곧 그리스도 예수의 마음입니다. 그는 하느님의 모습을 지니셨으나, 하느님과 동등함을 당연하게 생각지 않으시고 오히려 자기를 비워 종의 모습을 취하시고 사람과 같이 되었습니다"(빌2:6-7).

모세는 호렙 산을 떠나서 이집트로 출근했다. 예수는 사람의 모습이 되어서 역사 속으로 출근했다. "그대들의 몸을 하느님이 기뻐하실 산 제물로 드리시오. 이것이 그대들이 드릴 합당한 예배입니다"(롬12:1). 생명은 생명의 법을 따르면서 생활한다. 죽음의 법은 죽음을 부르면서 죽음으로 몰아넣는다. "선한 일을 하게 하려고 우리를 만드셨다"는 바울의 말이 그런 뜻이다.

하느님의 사람은 선한 일을 한다. 삶 자체가 선한 일이다. 삶과 일이 하나다. 그러기 위해서 그는 자신의 몸을 생활예물로 드린다.

진정한 제물은 죽은 것이 아니라 살아 있는 제물이다. 살아가는 자신의 삶을 드리는 것이 진정한 예물이다. 죽은 예물은 자기 자신을 대신하는 대용품이기 때문에 바른 예물이 아니다.

산제물이 진정한 예물인 이유는 이것이다. 산제물인 자기 자신을 드리는 사람은 예물인 자기 자신을 관리해야 한다. 존재를 다듬는 사람이라야 자신을 드릴 수 있다. 존재를 드리는 사람은 존재를 다듬고 소유를 드리는 사람은 소유물을 다듬는다. 존재형으로 사는 사람은 되어가고 있는 자신을 계속해서 예물로 드리지만 반대로 붙박이 소유형으로 사는 사람은 소유 가운데 하나를 골라서 죽은 붙박이 예물을 드린다. 죽은 예물을 드리는 사람은 자기가 아닌 대용품으로 때운다. 자신의 존재 문제는 외면하고 되는대로 살다가 필요한 때 소유 가운데서 하나를 골라서 불쑥 내밀고 끝낸다. 그러면서 그의 의식(意識)은 소유에 머물게 되고 소유물로 문제를 해결하려니까 소유의 용도가 많아지니까 소유를 늘리고 그것으로 모든 문제를 해결하려는 바알숭배에 빠지게 된다. 결국 소유를 늘려야 되겠다는 걸신(乞神)과 아귀(餓鬼)의 습성이 정신과 생활을 지배하게 된다.

하느님에게도 대용품을 드릴 수 있다는 이 빗나감은 바알 숭배 논리를 인정하고 따르는 큰 불행의 시작이기도 하다. 이것이 종교계 부패의 뿌리가 되어서 '기도하는 집이 강도의 소굴'로 바뀌는 불상사를 낳기도 한다. 자신은 슬쩍 빠지고, 죽은 물건 가지고 하느님과 거래하겠다는 생각은 너무도 세속적이다. 그 결과로 종교계도 결국 물신(物神) 숭배의 수렁에 누 발이 다 빠졌다.

살아 있는 예물로 진정한 예물을 드리는 원칙을 지켰더라면 이 세상은 훨씬 반듯한 세상이 되었을 것이다. 하느님의 아들은 자기 자신을 하느님께 드리는 진정한 예배자다. 자기 자신이야말로 하느님께 드릴 수 있는 유일한 예물이다. 유일한 예물을 비켜놓고 대용품으로 땜질하는 일은 자기기만이고 하느님을 희롱하는 일이다.

47 ■ 생활제단

하느님의 아들들은 제물을 드리러 어디로 향해야 하는가? 이른바 '이름을 두신 곳'이라는 장소로 갈 수 있다. 이런 장소는 예배드리고자 하는 백성들의 편의를 위해서 준비된 시설물이다. 성전이 그런 곳이며 회당 또한 그런 곳이다. 예배당이 그렇고 성당이 그렇다. 모스코 또한 그렇다. 진리의 세계로 들어가기 원하는 학생들을 위해서 한 장소에서 공부 편의를 제공하는 학교의 존재이유와 같은 셈이다.

그러나 학교에서만 공부하는 줄 아는 학생이라면 공부는 글렀다. 학교에서는 공부의 방법만 깨우치고 실제 공부는 일상생활 속에서 이뤄진다. 성전이나 회당에서 하는 일은 예배의 원리를 배우고 예배 자체가 이뤄지는 곳은 일상생활 현장이다. 하느님의 사람들은 필요에 따라서 성전이나 회당을 찾을 수 있다. 그러나 그들은 거기에 오래 머물지 않는다. 짧은 시간이지만 최상의 마음가짐으로 예배를 드린다. 학교에서 하는 공부를 소홀히 하는 학생이 집에 와서 제대로 공부할 이가 없다. 거기에서 터득한 예배 정신을 실천하기 위해서 생활 현장으로 달려간다. 가정과 직장 등 자신이 있어야 하는 자리로 달려간다.

하느님의 아들은 생활 현장으로 달려가서 거기서 산 제물로 진정한 예배를 드린다. 거기서 드리는 제물은 물론 살아 있는 제물이다. '몸을 산 제물로 드리는' 이 예물봉헌의 원리를 나타내는 매우 아름다운 용어가 있다. 인신공양(人身供養)이라는 말이다. 이 말이 잘못 이해되어 산 사람을 불에 태워 제물 삼는 끔찍한 상황을 연상하게 된 것은 퍽 불행한 일이다. 그것은 순전한 오해에서 비롯되었다.

사람을 죽이는 것을 반기는 신(神)이라면 그는 가학성(加虐性)으로 뭉쳐진 악마일 것이다. 인신공양이라는 아름다운 말은 자신의 삶을 '산 제물'로 드리기를 권장하는 성서의 가르침과 같은 말이다. 제사를 드리는 그 정신과 형식의 의미를 이해하는 데 도움이 되는 이야기가 있다. 사람 살아가는 일의 핵심을 짚어주면서도 재미있어서 〈장미와 예수〉에도 이 얘기를 실었다.

김 아무개가 나이 먹어 세상을 떠나는 그 시간에 집안에서 개가 돌아다니며 소란을 피웠다. 식구들이 개를 붙잡아서 뜰 기둥에 묶어 놨다. 이후 그의 아들이 나이 먹어 세상을 떠나는 시간에는 집안 식구들이 마을에서 개를 구해다가 뜰 안 기둥에 묶어 놓았다. 그의 손자가 나이 먹어 운명할 때는 집안사람들이 멀리 있는 시장에 가서 개를 사다가 뜰 안 기둥에 묶어 놓았다. 사람 죽을 때는 개를 꼭 묶어 놓는 것이 하늘이 내린 법도이며 자손 된 도리라고 생각하여, 자손 대대로 지키는 전통이 되었단다. 사람 죽을 때는 개를 뜰 안 기둥에 묶어놓는 것이 하늘이 내린 법도인 줄 알았다니! 이런 일이 전통적 예절이나 예배형식 가운데 얼마나 많은가! 전통적인 의식(儀式)이라는 것이 대부분 그런 내력을 가지고 있다.

한국 전통 제사 의식에는 좋은 정신이 들어 있는 것이 사실이다. 그러나 거기에 배여 있는 형식주의가 많이 옅어지기는 했어도 여전히 지나친 면이 있다. 어동육서(魚東肉西)니 두동미서(頭東尾西)니 하면서 물고기는 동쪽에, 짐승고기는 서쪽에, 머리는 동쪽에, 꼬리는 서쪽에 놔야 한다고 신경을 쓰는 일은 싱거운 코메디 같은 느낌이 들기도 한다. 이러저런 절차와 형식을 다 털어내고 아버지가 좋아하던 호떡 안주에 막걸리 한 병을 드리면서 성묘 절차를 대신하는 대단한 효자를 본 일도 있다. 부모가 좋아하던 것을 드리면 된다는 것이 그의 소신이었다.

하느님의 아들은 붙박이 죽은 제물이 아니라 살아 있는 제물 곧 자신의 몸으로 산 제물을 드리면서 살아가는 사람들이다. 그가 제물을 드려야 할 제단은 자신이 살아가는 생활 현장이다. 그가 생활 제단 위에 올려놓는 제물은 무엇일까? 물론 죽은 제물은 아니다. 목숨을 내놓는 순교도 아니다. 목숨을 내놓는 순교 역시 죽은 제물을 드리는 것과 마찬가지다.

자신의 목숨을 드리는 죽은 제사는 자신이 세상을 떠나는 그 마지막 순간에 한번만 드리면 된다. 그 이전에는 계속 살아있는 예물을 드려야 한다. 진정한 제물을 드리는 사람은 살아 있어야 한다. 살아 있으면서 그 생명이 결실하는 열매를 제물로 드려야 한다. 죽은 제물을 드리는 일은 처음부터 잘못된 일이었다. 당초부터 얼버무리기였고 편법이었고 미봉책이었다. 이사야는 그 문제에 대한 깊은 고민을 이렇게 표현했다.

주께서 말씀하신다. '무엇하러 나에게 이 많은 제물을 바치느냐? 나는 이제 숫양의 번제물과 살찐 짐승의 기름기가 지겹고, 나는 이제 수송아지와 어린 양과 숫염소의 피도 싫다. 너희가 나의 앞에 보이려고 오지만 누가 너희에게 그것을 요구하였느냐? 나의 뜰만 밟을 뿐이다. 다시는 헛된 제물을 가져오지 말라. 다 쓸모없는 것들이다. 분향하는 것도 나에게 역겹고 모이는 것도 참을 수 없으며 거룩한 집회를 열어놓고 못된 짓도 함께 하는 것을 내가 더 이상 견딜 수 없다'(사1:11-13).

48 ▪ 예물 : 물건 아닌 덕행(德行)

하느님이 원하는 제물이 무엇인지 명확하게 정리해서 바른 제물을 준비하고, 바른 제사를 드리려고 마음 썼던 예언자 미가의 고뇌를 살펴보자. 이 문제에 대한 이사야의 고심은 위에서 읽었다.

내가 주님 앞에 나아갈 때에 무엇을 가지고 나가야 합니까? 번제물로 바칠 일 년 된 송아지를 가지고 가면 됩니까? 수천마리의 양이나 수만의 강줄기를 채울 올리브기름을 드리면 주께서 기뻐하시겠습니까? 내 허물을 벗겨주시기를 빌면서 내 만아들이라도 바쳐야 합니까? 내가 지은 죄를 용서해주시기를 빌면서 이 몸의 열매를 주님께 바쳐야 합니까?(미6:6-7).

이 질문에 대한 하느님의 대답은 이렇다.

너 사람아, 무엇이 착한지를 주께서 이미 말씀하셨다. 주께서 너에게 요구하시는 것이 무엇인지도 이미 말씀하셨다. 오로지 공의를 실천하며 인자를 사랑하며 겸손히 네 하느님과 행하는 것이 아니냐?(미6:8).

하느님이 원하는 제물은 무엇일까? 미가 예언자가 깨달은 사실은 이렇다. 공의(公義)를 실천하며, 인자(仁慈)를 사랑하면서, 하느님과 동행하는 것, 이 셋이다. 이것은 미가 예언자가 제시한 산 제물 목록이다. 바울은 조금 더 다듬어진 목록을 제시한다. "성령의 열매는 사랑과 기쁨과 화평과 인내와 친절과 선함과 진실과 온유와 절제이다. (...) 우리는 성령이 인도해 주시는 대로 살아가자"(갈5:22).

하느님이 원하는 제물은 죽어 있는 물건이 아니라 살아 있는 삶이었다. 바울은 그 사실을 이렇게 말한다. '성령이 인도하시는 대로 살아가자.' 성령이 인도하시는 대로 살아가는 것, 이것이 하느님이 원하는 예물이란 말이다. 바울은 그렇게 살아가는 사람들이 빚어내는 아홉 가지 덕목을 보여준다. 숫자는 편의상 도입된 것이지 특별한 규정은 아니다. 하느님이 원하는 예물은 죽어 있는 물건이 아니라 살아 있는 생활덕목이라는 사실을 명심하자. 하느님의 사람은 성령께 속한 사람이다. 그는 성령께 속한 일을 생각하는 사람이다. 그는 성령이 이끄시는 대로 살아가는 사람이다. 그가 드리는 제물은 성령의 열매인 아홉 가지 생활 덕목이다.

성령께 속하고 성령에 속한 일을 생각하고 성령이 이끄시는 대로 살아가는 이 좋은 나무는 아름다운 열매를 결실한다. 이 열매는 본성을 따라서 맺히는 자연산이다. 결과를 만들어내기 위해서 인공(人工)이 가미되거나 꾸미려는 어떤 조작도 없다. 나무는 전적으로 자신의 본성을 따라서 살기 때문에 자신도 모르게 좋은 열매를 순산한다. 이 나무는 자연분만 외에 인공분만이란 걸 모른다. 열매들은 다 자연산 옥동자들이다. 자연산 옥동자들 합이 아홉이다.

성령이 맺는 자연산 첫 열매이면서, 생활 제단에 첫째로 드려지는 제물은 사랑이다. 이 천지간 만물 중에 가장 소중한 제물이 바로 사랑이다. 하느님의 사람은 사랑을 존재의 원리로 움직이는 사람이다. 다른 덕목들은 하나같이 이 사랑에서 이어져 나오는 2차 산품이다. 성서는 하느님의 본성이 사랑이라고 단언한다. 이 사랑이 모든 율법의 완성이라 단언한다. 성서는 이 사랑이 없으면 내세우고 자랑하고 추구하던 모든 일들이 다 쓰레기들에 불과하다고 단언한다. 성서는 사람이 죽음의 세계에 빠져서 고통을 겪다가 거기서 빠져나오는 유일한 방법은 사랑이라고 단언한다. 사람들이 모두 죽음의 법에 묶여 있는데, 이 죽음의 법을 녹여 없애는 유일한 방법이 바로 사랑으로 작동되는 생명의 법이다. 사랑의 동력으로만 생명의 법이 돌아가기 시작한다.

그런 사정으로 하느님의 사람은 강도만난 사람에게로 다가간다. 본성을 따라서 움직일 뿐이다. 인위적이거나 조작되어서 그러는 게 아니다. 생기길 그렇게 생겨서 그렇고 천성이 그럴 뿐이다. 본성을 따라서 움직이니 그는 자연스럽게 움직일 뿐이다. 그가 나타내는 사랑은 본성을 따라서 나타나는 자연산이다. 하느님의 사람은 "성령의 인도를 따라서 살아간다"는 말이 그 말이다.

성서의 중심 교훈을 적절하게 표현하는 우리말이 있다. 사인여천(事人如天)이다. '하느님을 섬기는 마음으로 사람을 섬겨라.' 참으로 적절한 말이다. 이러한 표현과 같은 교훈이 성서에 여러 번 기록되어 있다. "가난한 사람에게 은혜를 베푸는 것은 주님께 꾸어드리는 것이다. 주께서 그 선행을 넉넉히 갚아 주신다"(잠19:17). "가난한 사람을 억압하는 것은 그를 지으신 분을 모욕하는 것이지만 궁핍한 사람에게 은혜를 베푸는 것은 그를 지으신 분을 공경하는 것이다"(잠14:31). 마태 25장에는 예수의 위대한 가르침을 뭉쳐놓은 비유가 있다. 너무나 유명한 가르침이다.

그때 임금은 자기 오른 편에 있는 사람들에게 말하기를 '내 아버지께 복을 받은 사람들아, 와서 창세 때로부터 너희를 위하여 준비한 이 나라를 차지하여라. 너희는 내가 주릴 때에 먹을 것을 주었고, 목마를 때에 마실 것을 주었으며, 나그네로 있을 때에 영접하였고, 헐벗을 때에 입을 것을 주었고, 병들었을 때에 돌봐 주었고, 감옥에 갇혀 있을 때에 찾아주었다' 할 것이다. 그때에 의인들은 그에게 대답하기를 '주님, 우리가 언제, 주님께서 주리신 것을 보고 잡수실 것을 드리고, 목마르신 것을 보고 마실 것을 드리고, 나그네 되신 것을 보고 영접하고, 헐벗으신 것을 보고 입을 것을 드리고, 언제 병드시거나 감옥에 갇히신 것을 보고 찾아갔습니까?' 하고 말할 것이다. 임금이 그들에게 말하기를 '내가 진정으로 말한다. 여기 내 형제자매 가운데 지극히 보잘 것 없는 사람 하나에게 한 것이 곧 내게 한 것이다.' (...) '여기 이 사람들 가운데서 지극히 보잘 것 없는 사람에게 하지 않은 것이 내게 하지 않은 것이다'(마25:34-45).

사람들에게 행하는 것이 곧 하느님에게 행하는 일이라는 선언이다. 사람을 외면하고 행하지 않는 일이 곧 하느님을 외면하고 행하지 않은 일이라는 선언이다. 이보다 더 크게 울리는 가르침이 어디에 있을까? 사람을 외면하고 백안시 하면서 하느님을 공경한다는 사람들의 행보는 얼마나 빗나가는 일인가? 사람에게서 하느님을 보지 못하는 사람들, 그들이야말로 진정 소경들이다.

사람을 외면하는 일이 곧 하느님을 외면하는 일이며, 사람에게 적의를 품는 일이 곧 하느님을 적대시하는 일이며, 사람들에게 총부리를 겨누는 일은 하느님을 향해서 방아쇠를 당기는 일이다. 사람을 공경하는 일 이것이 진정으로 하느님을 만나는 길이고 하느님을 경배하는 길이다. 하느님의 아들들이 제단 위에 올려놓는 첫째 산 제물이 사랑인 이유가 너무도 명백하다. 제물 1호인 사랑이 빠진다면 제 아무리 어동육서를 논하면서 차려 놓더라도 그것은 제사상이 아니다. '헛된 제물을 가져오지 말라!'

49 ▪ 사도(使徒)들

제물의 용도는 무엇인가? 정말 하느님이 제물을 받는 것일까? 하느님이 그걸 받아서 뭣에 쓴단 말인가? 제물은 제물을 드리는 사람에게 돌아오는 은총일 뿐이다. 제물은 드리는 사람을 위한 것일 뿐이다. 조상이 자식들에게서 제물을 받을 수 있는가? 제사는 자식들을 위한 것이지 흙속에서 무슨 수로 제사를 받으며 제물을 접수하겠는가? 오직 자식들의 사람됨을 도와주기 위한 수단일 뿐이다. 죽은 제물보다는 산 제물을 드려야 한다는 필연적 근거가 여기에 있다. 산 제물은 예물을 드리는 사람의 몸가짐과 마음가짐을 바로잡아주는 중요한 역할을 한다.

세상에서 살아가고 있는 사람은 그가 누구이든지 심각한 악순환(惡循環) 속에서 고생한다. 그 악순환 속에서 산 제물을 드리는 순례자는 사랑예물을 드린다. 이 산 제물이 하느님께 드려지면서 사실은 그 사랑의 원리가 순례자에게로 되돌아와 사용되기 시작한다. 살아 있는 예물인 사랑을 준비하고 드리면서 예배자는 선순환(善循環) 속으로 들어간다. 하느님에게 드린 예물이 예물을 드리는 예배자에게 은혜로 되돌아오는 셈이다.

사랑이라는 산 제물을 드리는 사람에게서는 이런 품성들이 나타난다. "사랑은 오래 참고 친절하다. 사랑은 시기하지 않으며, 뽐내지 않으며, 교만하지 않다. 사랑은 무례하지 않으며, 자기의 유익을 구하지 않으며, 성을 내지 않으며, 원한을 품지 않는다. 사랑은 불의를 기뻐하지 않으며, 진리와 함께 기뻐한다. 사랑은 모든 것을 덮어주며, 모든 것을 믿으며, 모든 것을 바라며, 모든 것을 견딘다(고전13:4-7). 하느님에게 드린 사랑예물이 예물을 준비해서 드리는 사람에게 고스란히 되돌아온다.

생활 제단에 드려지는 두 번째 산 제물은 무엇인가? 기쁨이다. 이것은 별도의 열매가 아니라 사랑이란 나무의 뿌리와 줄기에서 올라와 그 가지에 달린 열매다. 사랑의 표현들 가운데 하나인 셈이다. 기쁨이 성령의 열매인 이유를 살펴보자. 기쁨은 에고의 농단에서 벗어나 여기를 그리고 지금을 알차게 사는 사람의 특징이다. 지금 찌푸리고 있는 사람은 어제도 찌푸리고 살아왔고 내일 또한 찌푸릴 것이 확실하다. 오막살이에서 찌푸리고 사는 사람은 궁궐에 들어가서도 찌푸릴 것이 확실하다. 자신의 에고를 기준 삼아서 세상을 대하니 어느 하나 마음 편하게 대할 수가 없다.

기쁨으로 사는 사람은 그를 두르고 있는 실재(實在)의 흐름에 자신을 맞추는 사람이다. 싫고 좋고를 따지지 않고 살아가는 일에 소매를 걷고 나서는 사람이다. 자기를 중심 삼으니 싫음과 좋음이 생겨난다. 시간 들여서 그런 걸 따지는 일은 사람을 지치게 만든다. 하느님에게 자신을 일치시키면서 살아가니 하느님과 결이 맞는다. 어떤 상황도 인정하고 그 누구도 존경한다. 그 무엇과도 충돌하지 않으며 그 누구도 비난하지 않는다. 비난 대신 긍휼히 여긴다.

사랑 나무에서 열리는 그 다음 열매는 화평이다. 생활제단에 드려지는 세 번째 예물이다. 사람들마다 그 내부에 불안과 불만이 가득하다. 기울어지는 돌담처럼 불안하다. 툭 치면 금방 넘어갈 듯하다. 내부가 이렇게 불안하니 그 주변이 평안하긴 어렵다. 관계마다 삐끗하여 어긋나고 갈등이고 충돌이다. 조화로운 곳이 보이지 않는다. 모이기만 하면 분열이 일어나고 갈등과 충돌이 벌어진다.

하느님의 사람은 평화를 만드는 사람이다. "평화를 이루는 사람은 복이 있다, 하느님이 그를 자기 자녀라고 부르실 것이다"(마5:9). 이 예배자는 자신의 내부에서 생명의 법을 가동시키고 또한 그 주변에다 생명의 법을 확산시킨다. 자신에게 맺힌 살아 있는 제물을 드리는 이 제사는 얼마나 아름다운가. 산 제물을 드리는 사람은 자신에게 없는 것은 드릴 수 없다. 죽은 제물을 드리는 사람은 자신을 드리는 것이 아니니까 자기에게 없는 가짜를 얼마든지 드릴 수 있다. 자신에게 없는 죽은 물건을 드리는 데서 갖가지 추악함이 여기저기서 뛰쳐나온다.

사랑 나무에서 열리는 다음 열매는 인내다. 생활제단에 드려지는 네 번째 제물이다. 조용히 기다리는 사람은 얼마나 격조 있는 사람인가? 도무지 기다리려고 하지 않으면서 설치는 사람에게서는 무엇도 기대할 것이 없다. 사람을 난폭하게 만드는 것이 에고라 하는 문제의 폭군이다. 에고 때문에 잘못 되어 아병(我病)을 앓는 사람은 기다리지 못 한다. 제 맘대로 해야만 하니 기다릴 수가 없다. 순리대로 살기가 체질에 맞지 않으니 이제는 역리(逆理)로 밀치고 나가려 한다.

그러다가 일을 그르친다. 참고 기다리는 일이 살아가는 일상에 반드시 필요한 일임에도 불구하고, 우리는 참아야 되고 기다려야 되는 상황을 짜증스러워 한다. 그래서 삶의 필수 절차인 과정을 무시하거나 건너뛰려 하니까, 생활이 정식으로 진행되지 않으면서 문제가 자꾸 발생한다. 과정을 인정하고 존중하며 즐기기까지 하면서 생활 감각을 여유롭게 만들어야 한다. 결과만 생각하면서 허둥대지 말고 과정을 즐긴다면 그 삶이 훨씬 우아해질 것이다.

한국인의 특성 중 하나가 '빨리빨리' 병이라고 말한다. 얼마나 자랑할 만한 장점인데 흉이 되다시피 했는지 퍽 아쉽다. 명품 요리를 만드는 데 간을 맞추지 못한 셈이다. 에고를 잘 길들여서 나쁜 점이 드러나지 않게 하여 '기다리는 미덕'이 얼마나 멋있는지 경험하면서 그 미덕을 계속 쌓아 나가야 한다. 기다린다는 것은 하느님의 재창조를 염두에 두고 하는 말이다. 하느님도 작업할 시간이 필요하다는 사실을 인정하는 것이다. 기다릴 줄 모르는 것은 에고의 농단에 끌려 다닌다는 얘기다. 그런 자세는 곧 하느님이 일할 시간을 주지 않겠다는 것이니 얼마나 무모한 짓인가? 기다림이 하느님에게 드리는 산 제물이라는 점을 깨닫는다면 우리네 품격이 훨씬 멋있어질 것이다.

사랑 나무에 열리는 그 다음 열매는 친절이다. 친절은 말 그대로 사랑의 나무에서 열리는 아름다운 열매다. 생활 제단에 드려지는 다섯 번째 예물이다. 이 열매는 얼마나 아름다운지 성서에 있는 가르침을 보자. "따뜻한 말은 생명나무와 같지만 가시 돋친 말은 마음을 상하게 한다"(잠15:4). 친절하면 먼저 떠오르는 것이 언어다. 따뜻한 말이 있다. 얼마나 듣기 좋은가? 생명나무와 같다. 반면에 가시가 돋친 말은 얼마나 흉한가? "경우에 합당한 말은 은쟁반에 담긴 금사과다"(잠25:11). 얼마나 아름다운 제물인가! 자신의 언어가 하느님에게 드리는 산 제물이라는 사실을 감각하면서 살아간다면 살아가는 감각이 전혀 새로울 것이다. 예물을 드리고 있다는 자각 속에서 친절한 말을 잇는다면 그런 삶은 얼마나 아름다울까!

반면에 상처에 초를 붓는 것 같은 악성(惡性) 언어들이 얼마나 많은가? 말이란 그 사람의 됨됨이를 음성기호로 나타내는 것이다. 함부로 처리할 수 없는 일이다. 예수의 가르침을 보자. "선한 사람은 선한 것을 쌓아 두었다가 선한 것을 내고, 악한 사람은 악한 것을 쌓아 두었다가 악한 것을 낸다. 사람들은 심판 날에 자기가 말한 온갖 쓸데없는 말을 해명해야 할 것이다. 너는 네가 한 말로 무죄선고를 받기도 하고, 유죄선고를 받기도 할 것이다"(마12:35-37).

사랑 나무에서 열리는 다음 열매는 선함이다. 생활 제단에 드려지는 여섯 번째 예물이다. 마음속에 착함을 유지하고 그 착함을 생활 속에서 드러낸다는 일은 쉽지 않지만 진정 아름다운 일일 것이다. 야곱의 막내아들 요셉을 생각해보자. 형들에게서 모진 학대를 받으면서 인신매매꾼들에게 넘겨져 하루아침에 그 인생이 최악의 상황 속으로 굴러 떨어졌다.

최악 속에서 요셉은 최선을 발휘했다. 상황은 나쁘고 힘들었지만 사람은 끝내 착했다. 자신을 팔아버린 형들을 만나서도 그 선함을 지켜냈다. "형들이 내게 악한 일을 했지만 하느님이 그 악함을 선으로 바꿔놓았다"면서 착한 눈으로 형들을 바라보며 반겼다. 그는 최악으로 돌아가는 상황에 지지 않고 최선으로 그 상황을 이겨냈다. 그는 다가오는 악에 대하여 악으로 반응하지 않고 "선으로 악을 이기는" 진정 멋있는 생활 종목 선수였다. 선을 악으로 갚아버리는 일도 드물지 않은 세상에서 악에 대하여 착하게 대응하는 일은 얼마나 아름다운가!

사랑 나무에서 열리는 다음 열매는 신실함이다. 일곱 번째 예물이다. 살아가노라면 그 상황이 늘 요동치기 때문에 늘 일정한 가치관을 가지고 살아가기가 쉽지 않다. 그러나 하느님의 아들은 변함없는 일관성으로 이어지는 철학을 가지고 살아간다. 그래서 믿음직하다.

조석으로 변하는 것이 사람의 마음이기 때문에 종잡기 어렵지만 신실함을 제물로 드리는 사람은 어떤 상황 속에서도 의연하다. 이 신실함의 바탕은 하느님께 대한 변치 않는 신뢰다. 하느님께 대한 신뢰가 그 사람의 신실함을 만들어낸다.

아브라함의 신실함에 대하여 성서는 이렇게 그린다. "그가 믿은 하느님은 죽은 사람을 살리며 없는 것을 불러내어 있는 것이 되게 한다. 아브라함은 희망이 사라진 때에도 바라면서 믿었다. 그는 나이가 백세가 되어서 자기 몸이 죽은 것이나 다름없고 아내의 태도 죽은 것이나 다름없는 줄 알면서도 그는 믿음이 약해지지 않았다. (...) 그는 하느님이 약속하신 것을 능히 이루실 것이라고 확신하였다"(롬 4:17-21). 흔들리지 않는 하느님 신뢰로 인격과 생활의 기초공사를 완공한 사람의 인품은 얼마나 보기 좋을까! 그 인품을 살아 있는 제물로 드리는 일은 정녕 아름답다.

사랑의 나무에서 열리는 다음 제물은 온유이다. 여덟 번째 예물이다. 우리말 의미대로 풀어본다면 따뜻하고 부드러운 삶을 말한다. 차갑고 딱딱하기만 하여 냉골 같기만 한 세상에서 그렇게 살아간다는 일은 참으로 아름다운 일이다. 온유는 겸손과 같은 말이다. 미련하게 사는 사람들이 흔히 저지르는 중대 실수가 교만이다. 그렇게 흔하면서 그렇게 추악한 짓이 바로 교만이다. 교만은 가지고 있는 모든 장점과 업적을 단번에 망치는 망나니다.

권력에 취하는 사람들이 하는 짓을 보면 어처구니가 없는 경우가 허다하다. 권력은 교만이란 본성에다 불을 붙인다. 그래서 눈에 보이는 것이 없게 된다. 그리 되면 하는 짓이 모두 바보짓들뿐이다. 남은 일은 망하는 길뿐인 셈이다. 교만은 그렇게 사람을 불행하게 만든다. 권력 가지고 어리석은 짓들 하다가 망한 얘기들이 얼마나 허다한가? 사람들마다 큰 착각 속에서 살다가 수렁에 빠지는 이유는 나는 아니겠지 하는 허무맹랑한 예외 기대 심리 때문이다. 세상 돌아가는 이치가 '나'라고 하는 것을 예외조항으로 남겨두고 돌아갈 수는 없다. 왜 나를 예외로 삼으려 하는가? 이것이야 말로 미련한 교만의 극치다.

그런 반면에 겸손과 온유는 얼마나 아름다운 품행인가? 산상수훈 중에도 있다. "온유한 사람은 복이 있다. 그들이 땅을 차지할 것이다." 미련해서 교만이란 것이 뭔지도 모르고 거기에 빠지는 사람들은 '차지할 것이 없다.' 이미 모든 것을 다 말아먹었기 때문이다. 그 미련 가지고 얼마쯤 가다 보면 교만이 망쳐놓은 폐허 위에 홀몸으로 버려져 있다는 사실을 뒤늦게 깨닫게 된다. 온유는 그 자체로서도 아름답지만 뒤에 가서 '차지할 것'이 있게 하는 착한 덕목임이 틀림없다. 자신이 아들임을 자각하는 사람은 그 본성으로 온유라는 귀중한 열매를 제물로 드린다.

사랑 나무에 열리는 그 다음 열매는 절제다. 아홉 번째 예물이다. 절제는 산 제물을 드리는 사람이 가동시키는 종합적인 자기관리 체계다. 절제는 앞에서 말한 8가지 제물들의 상호관계를 조절해서 하나의 균형 잡힌 삶이 이뤄지도록 하는 조정기능이다. 죽은 제물을 드리는 것으로 끝내는 사람들은 '절제'의 필요성을 실감하기 어렵다. 살아 있는 사람은 몸가짐을 삼갈 수 있지만 죽은 사람은 절제할 필요도 능력도 없다. 잠든 사람도 절제할 수 없다. 술 취한 사람도 마찬가지다. 깨어 있는 사람, 제 정신으로 움직이는 사람만이 절제한다. 절제는 생명이 나타내는 자기 보존과 완싱을 위한 필수품이다. 이것이 작동되지 않는다는 것은 비상사태가 발생했다는 의미다.

모든 예물이 은총으로 전환되어서 드리는 자에게로 돌아와 그 사람을 변화시킨다. 기도는 상황을 변화시키지 못한다. 기도가 상황을 바꾼다면 세상은 하루아침에 뒤집어지고 말 것이다. 기도는 범죄행위가 될 것이고 기도하는 사람은 범죄자로 처벌을 받게 될 것이다. 그렇다면 기도는 무엇인가? 기도의 의미는 무엇인가? 왜 기도하는가? 기도는 기도하는 사람을 변화시킨다. 기도하는 사람 자체를 변화시켜서 당면한 상황을 잘 처리하도록 돕는다. 기도의 의미를 정확하게 일러주는 사무엘의 모범을 눈여겨보자. "말씀하십시오. 주님의 종이 듣고 있습니다"(삼상3:10). 기도의 근본 원리는 말하는 것이 아니라 듣는 것이다.

하느님께 드리는 예물의 의미 또한 마찬가지다. 하느님께 드리는 예물 아홉 가지는 드린 내용 그대로 그것을 드린 사람에게로 되돌아온다. 되돌아온 예물은 드린 사람의 내부에서 하느님의 재창조 작업 자재(資材)로 요긴하게 사용된다. 예물의 용도는 무엇인가? 그것은 하느님의 재창조 공사에서 원시(原始) 창조와 역사적 창조와 계속적 창조가 이뤄지도록 하는 필수 자재다. 이제, 왜 예물이 필요한지 그리고 예물은 왜 산 제물이어야 하는지 이유가 뚜렷하게 드러났다.

기도가 그렇고 예물이 그렇다. 사람들을 변화시켜서 그가 하느님의 재창조 공사에 주저하지 않고 참여하게 만든다. 산 제물을 드리는 사람들은 하느님의 창조역사를 돕는 당당한 사도(使徒)들이다. 그들은 자신들이 몸담고 있는 그 시대와 자신들이 몸을 두고 있는 그 지점으로 파송된 하느님의 사도(使徒)들이다. 이 사도들은 누구들인가? 바로 "너는 내 아들이다" 하는 하늘의 음성을 들을 뿐만 아니라 삶의 페이지마다에서 울리는 기쁜 소식들을 들으면서 감동으로 날들을 살아가는 하느님의 아들들이다.

하느님의 아들은 자신이 하느님의 의(義) 소지자(所持者)임을 자각하면서 그 의에 의해 작동되는 은혜의 지배 속에서 살아간다. 그러면서 자신에게서 '사랑으로부터의 재창조'가 진행 중임을 자각한다. 그 재창조에 의하여 자신이 새로운 피조물로 변환(變換)되었음을 감각하며 자신을 산 제물로 창조주에게 드린다. *

---

*공부한 책들

성경전서 – 표준 새번역 개정판, 대한성서공회
노자(老子) 도덕경, 윤재근 / 동학사
호모 스피리투스, D 호킨스 저 백영미 옮김 / 판미동
의식혁명, D, 호킨스 저, 이종수 옮김 / (주)한문화
PROCESS and REALITY, A, N. Whitehead.
역사적 예수, J. D, 크로싼, 김준우 역 / 한국기독교 연구소
창조 안에 계신 하느님, J. 몰트만, 김균진 역 / 한국신학연구소
마음 머물 곳을 찾아서, 김하태 지음 / 종로서적
철학의 길잡이, 김하태 지음 / 종로 서적
神學論壇 제 30집, 41집 외 / 연세대학교 신과대학
시간의 역사. S. 호킹 저, 김성원 옮김 / 두레과학
현대물리학과 동양 사상, F. 카프라 지음 / 김용정 역

*가르쳐 주신 분과 도움을 주신 책들이 끝이 없습니다.
2차 자료는 이루 다 정리할 수가 없어서 책의 내용과 직접 관련된 사실만 밝힙니다.